Keine Angst vorm Verzicht

Ulrich Wegst

Keine Angst vorm Verzicht

Ein Plädoyer für die wichtigste Kulturtechnik des 21. Jahrhunderts

BÜCHNER

Ulrich Wegst
Keine Angst vorm Verzicht.
Ein Plädoyer für die wichtigste Kulturtechnik des 21. Jahrhunderts

ISBN (Print) 978-3-96317-240-3
ISBN (ePDF) 978-3-96317-778-1
ISBN (ePUB) 978-3-96317-787-3

Coverabbildung: Oktay Ortakcioglu | istockphoto.com

Satz: DeinSatz Marburg | tn

Druck und Bindung: Totem.com.pl, Inowrocław, Polen
Die verwendeten Materialien sind zertifiziert als FSC-Mix.
Printed in EU

Bibliografische Informationen der Deutschen Nationalbibliothek

Die Deutsche Nationalbibliothek verzeichnet diese Publikation in der Deutschen Nationalbibliografie, detaillierte bibliografische Angaben sind im Internet über http://dnb.de abrufbar.

www.buechner-verlag.de

Inhalt

Einleitung

Es geht uns gut. Wir Glücklichen! Arbeit, soziale Sicherheit, Mobilität, Freizeitangebote: Alles da. Man nennt es Wohlstand. Darauf sind wir mächtig stolz – völlig zu Recht. Immerhin hat es die Arbeit vieler Generationen gebraucht, ihn aufzubauen. Es ist mehr als verdient, ihn jetzt zu genießen – nach all der Plackerei. Wenn »Geiz geil« ist, dann ist Wohlstand endgeil. Oder vielmehr: war es. Denn in den letzten Jahren mischt sich immer stärker ein schaler Beigeschmack in den Genuss. Wir merken nämlich, wie der einst wunderbare Wohlstand uns zu schaden beginnt. Das führt natürlich zu Irritationen: Etwas, das sich so gut anfühlt, wie kann das schädlich sein? Rauchen, Alkohol, klar, das haben wir mittlerweile eingesehen. Aber der Wohlstand als Ganzes? Der hat die Pest und das sind die Symptome:

- Klimawandel
- Umweltzerstörung
- Tierleid
- Ressourcenverbrauch
- Overtourism
- Politikverdrossenheit
- Flächenverbrauch
- Müllberge
- Überbevölkerung
- Artensterben
- Übergewicht
- Antibiotikaresistenzen
- Schuldenberge
- Zeitnot

Wäre der Wohlstand ein Patient, dann würden sich spätestens jetzt die Verwandten um sein Krankenbett versammeln, weil offenbar die Zeit gekommen ist, Abschied zu nehmen. Wie soll man diese Ballung morbider Probleme je in den Griff bekommen? Und will man es überhaupt? Oft fehlt den Betroffenen ja bis zum Schluss die rechte Einsicht, trotz schlimmer Krankheit. Dabei ist die angezeigte Therapie einfach umschrieben: Wenn Dir etwas schadet, vermeide es. Für die Zukunft würde das bedeuten: Nicht mehr so beherzt zugreifen, auch wenn die Früchte des Wohlstandes noch so sehr locken. Ein Teil davon müsste schlicht liegen bleiben. Wir wären aufgefordert, sehenden Auges zu verzichten. Denn diese Gleichung geht auf: Je mehr Verzicht, desto weniger schlimme Folgen. Da wir momentan praktisch auf gar nichts verzichten, sind die Folgen zu einem Berg angewachsen wie eine Abraumhalde. Das konnte man lange ignorieren, aber heute ist der Berg einfach viel zu groß dazu. Er wirft auf nahezu alles, was wir tun, einen bedrohlichen Schatten. Überdies verschandelt das Riesending das ansonsten so gefällige Landschaftsbild der Wohlstandsgesellschaft. Den notwendigen Verzicht zu leisten, um diesen Berg wieder wegzubekommen, das wird die prägende Erfahrung eines Großteils der Menschheit in diesem Jahrhundert sein. Es wird das 21. Jahrhundert definieren. Die bange Frage, die uns stets begleitet – nämlich, was die Zukunft bringt – ist damit beantwortet: Es wird der Verzicht sein. Er wird nicht mehr nur eine Notlösung für Notzeiten sein, sondern zur herausragenden Kulturtechnik unserer Epoche aufsteigen.

Aber der Reihe nach:

Vor 150 Jahren hat die Industrialisierung alles in Bewegung gebracht. Nie zuvor war so viel Energie, Material und Gewalt durch den Menschen entfesselt worden. Die härtesten und widerständigsten Rohstoffe wurden bearbeitet, gepresst, geschmiedet, geschlagen und schlussendlich bezwungen. Wir waren vom Nutzer zum Gestalter geworden. Hatten wir zuvor von dem gelebt, was wir gefunden hatten, lebten wir nun von dem, was wir erfunden hatten. 150 Jahre lang sprühten Funken, glühte Eisen, wir entwickelten und bauten Flugzeuge, wir machten die Eisenbahn immer schneller und Schiffe immer größer. Eine gemeinsame, nie dagewesene, gewaltige Kraftanstrengung der Menschheit hat eine neue Qualität in unser Leben gebracht: den Wohlstand. Ab jetzt war es möglich, nicht mehr bloß zu überleben, sondern sogar gut leben. Plötzlich wurde man älter als 40. Die Zeit, die man hatte, reichte nun zu mehr, als lediglich die nächste Generation in die Welt zu setzen. Überhaupt: Das Leben bestand nicht mehr nur aus dem Notwendigen. Das augenfälligste Beispiel dafür: Es gab einen Ruhestand. Also Jahre, in denen man gar nichts mehr tun musste. Nie zuvor in der Geschichte war so etwas möglich gewesen. Bisher arbeitete man, überlebte – und dann starb man. Schluss.

Davon ist lange keine Rede mehr. Inzwischen sind wir in einem Leben angekommen, das, wie ein Supermarkt, fast alles im Angebot hat: eine Überfülle an Nahrungsmitteln, unsere eigenen vier Wände, Familienglück, endlose Reisemöglichkeiten, Sport und Spaß, Genussmittel, globale Kommunikation und Gesundheitsfürsorge. Wir müssen, so scheint es, auf nichts verzichten, außer darauf, ewig zu leben. Ein ziemlicher Aufstieg auf der Karriereleiter der Spezies, wenn man bedenkt, dass wir einmal als Höhlenbewohner angefangen haben.

Es war ein historisches Ziel unserer Gattung, und zwar eines, das alle anderen immer überragt hat: sich vom Verzicht zu befreien. Nie wieder ein Bedürfnis zu empfinden, das unbefriedigt bleibt. Frei sein von der Zumutung des bloßen Existierens. Heute können wir uns ins Zeugnis schreiben: Ziel erreicht. Herzlichen Glückwunsch! Mit dem Erfolg sind wir auch einige große Sorgen losgeworden, denn von ihnen hat uns der Wohlstand befreit. Er schafft Arbeitsplätze, sorgt für die Finanzierung der Sozialsysteme und führt damit zu gesellschaftlicher Stabilität. Im Großen und Ganzen profitieren wir alle von ihm.

Der Wohlstand brauchte bislang also keine Imageberatung, er war auch so ein Star. Jetzt aber leidet sein Ansehen. Man merkt es daran, dass die Umstände unserem Denken einen Richtungswechsel aufgezwungen haben. In den Hochzeiten der Industrialisierung dachten wir vor allem daran, wie wir die Fülle an Ressourcen möglichst intensiv ausschöpfen können. Heute dagegen müssen wir überlegen, was wir überhaupt noch davon antasten dürfen. Die Antwort ist inzwischen bekannt: Nichts mehr. Denn in vielen Fällen sind die Erschöpfungsgrenzen des Planeten bereits erreicht, überschritten oder zumindest in Sichtweite. Und für uns selbst gilt das ja auch. Wie viel Beschleunigung und Arbeitsverdichtung werden wir eigentlich noch aushalten können? Dieselbe Antwort: Nichts mehr. Es sieht ganz so aus, als hätten wir uns in eine Sackgasse hochgearbeitet.

In so einer Situation ist Vernunft gefragt – und Einsicht. Beides Qualitäten, mit denen die Menschheit wenig glänzt. Auch wir sind am Ende nur Tiere und leben als solche psychisch vor allem im Hier und Jetzt. Von Anbeginn bis heute haben die Umstände unser Dasein bestimmt. Kam eine Hungersnot, dann hungerte man – zwangsläufig. Ein einfacher Ursache-Wirkung-Zusammenhang. Heute herrscht keine Hungersnot, heute herrscht Fettleibigkeit. Und viele Jahre in der Zukunft wird die zu einer Flut an Herz-Kreislauf-Erkrankungen, Diabetes und Gelenkproblemen führen. *Das* ist kein einfacher Ursache-Wirkung-Zusammenhang. Wer dagegen etwas tun will, muss heute handeln, obwohl ihn noch nichts dazu zwingt. Was uns früher die Umstände abgenommen haben, muss heute von uns selbst getan werden – vorausschauend, mit Einsicht und Vernunft. Die Aufgabe lautet, mehr als nur die Gegenwart für unser Tun zum Anlass zu nehmen. Das mag zunächst wie ein Nebenaspekt erscheinen. Tatsächlich ist es aber eine ebenso große, wie wichtige Aufgabe. Würden wir sie bewältigen – also wirklich vorausschauendes Handeln zu unserer Richtschnur machen – wäre das gleichbedeutend mit dem Erreichen einer höheren Stufe der Zivilisation.

Freilich, Prüfungen historischen Ausmaßes werden und wurden dem Menschen dauernd schon abgefordert: Weltkriege, Mondflüge, Wirtschaftskrisen, Erstbesteigungen, Entdeckungen – es war nie ein Mangel an Bewährungsproben. Jetzt kommt die nächste: Verzicht. Wie immer ist das alles Neuland. Historische Leistungen erbringt man nicht auf fertigen Landkarten. Deshalb kann man nicht einfach losstapfen. Man sollte tunlichst darauf achten, wohin man den nächsten Schritt setzt. Man muss seinen Weg stets einer kritischen Prüfung unterziehen. Dazu gehört dann auch die Frage, ob Verzicht wirklich die einzige Lösung ist. Oder ob es auch anders geht. Ob auch in Zukunft ein Wohlstand denkbar ist, so wie früher – ohne schlechtes Gewissen, weil ohne negative Folgen? Das sind Fragen, denen dieses Buch nachgehen wird. Auf der Wegstrecke werden wir nicht nur auf die zahlreichen Verzichtsforderungen stoßen, mit denen sich der moderne Mensch konfrontiert sieht, sondern auch auf das ökonomische, philosophische und politische Geflecht, das sich darum herumrankt.

Bevor wir dazu kommen, muss aber erst einmal die Kardinalfrage gestellt werden: Will das überhaupt jemand? Wäre Verzicht überhaupt durchsetzbar? Er geht uns ja zweifellos mächtig gegen den Strich, egal ob wir gerade einkaufen gehen, beim Essen sitzen – oder eben in der Wahlkabine stehen. Verzicht ist der Gottseibeiuns des Wohlstandsbürgers. Er ist die verpönteste Art der Problembewältigung. Und weil das so ist, wird um den Verzicht auch ein solcher Wirbel gemacht. Das Wort selbst ist stets umgeben von einer Art Pesthauch und gehört zu den Aussätzigen in jeder Konversation. Das Gegenteil des Verzichts ist der Genuss. Er ist die Lichtgestalt, die leidenschaftlich verehrt wird. Man genießt den Urlaub, das gute Essen, die Shopping-Tour und tausend andere schöne Dinge des Lebens. Und nichts kann und soll uns davon abhalten. Genuss hat den Status eines Menschenrechts. Und Menschenrechte, die schafft man nicht ab, erst recht nicht, wenn gewählt wird.

Verzicht, Freiheit und Demokratie

Demokratie

Demokratie ist das einzige politische System, in dem der Kunde König ist. Ein Kaufhaus sozusagen: Die Bürger können wählen aus einem breiten Angebot und entscheiden sich dann für eines, das ihren Begehrlichkeiten entspricht. Da stellt sich natürlich die Frage, ob es überhaupt möglich ist, in einer solchen Konstellation Verzicht durchzusetzen? Würde der nicht eher zum Ladenhüter? Immerhin wären diejenigen, die ihn bei einer Wahl unterstützen müssten, dann auch die Betroffenen. Es gibt Menschen, die deshalb behaupten, Demokratie sei ein Schönwetter-System. Würde das zutreffen, dann sähe es schlecht aus, nicht nur für den Verzicht, sondern mit allem, mit der Zukunft an sich. Man mag einwenden, dass beispielsweise das Strafrecht auch harsche Belastungen vorsieht, die von der Mehrheit getragen werden. Der Unterschied ist: Die Mehrheit geht davon aus, dass sie niemals davon betroffen sein wird. Harte Strafen sind immer nur für die anderen gedacht. Beim Klimaschutz geht das nicht. Da betrifft alles, was beschlossen wird, dann alle. Das ist der Unterschied zu fast jedem anderen Rechtsregime, das unsere demokratische Gesellschaft kennt: Hier wird die Mehrheit leiden müssen, nicht irgendeine Minderheit, von der man sich problemlos distanzieren kann. Die Gretchenfrage lautet also: Wird die Mehrheit Willens und in der Lage sein, für sich selbst Belastungen zu beschließen? Und wenn nicht, was wäre dann die Alternative? China – die Diktatur mit dem Ökoplan? Manch alte Klima-Aktivisten meinen genau das. Vielleicht auch müde geworden, ob all der Kämpfe und Diskussionen über Jahrzehnte hinweg, scheinen sie sich dem vermeintlichen Charme dieser Alternative nicht entziehen zu können. Die Versuchung ist offenbar groß, auf Leute zu setzen, die einfach mal auf den Tisch hauen und anordnen anstatt zu fragen. Kurzer Prozess anstatt unergiebige Debatten. Einer, der innige Sympathien für das chinesische Modell hegt, ist Jørgen Randers, Professor für Klimastrategien in Norwegen und immerhin Co-Autor von »Die Grenzen des Wachstums«.[1] Das wird im neuen Bericht an den Club of Rome (erschienen 2012) deutlich. Randers ist der Hauptautor und verantwortet damit Sätze wie diesen: »Offensichtlich gibt es klare Grenzen, wie viel staatliche Einmischung in westlichen Demokratien und besonders in den Vereinigten Staaten geduldet wird. [...] Bis 2052 wird China der Welt gezeigt haben, wie eine starke Regierung viel eher in der Lage ist, den Herausforderungen zu begegnen, die sich der Menschheit im 21. Jahrhundert stellen.« Das ist noch nicht alles, denn im weiteren Text wird den Lesern doch tatsächlich empfohlen, am besten nach China umzusiedeln, da es dort keine störende Demokratie gibt: »Ziehen Sie deshalb in ein Land, das fähig ist, proaktiv zu handeln. Das heißt, in eines, das in der Lage ist, seine Bevölkerung davon zu überzeugen, den schmalen Pfad [zu einem modifizierten Kapitalismus, Anm. d. Autors] zu wählen, oder ganz unverblümt – in eines, das sich nicht alleine auf die Demokratie und Marktwirtschaft verlässt. China hätte die Möglichkeit vorausschauend zu handeln.«[2] Auch bei anderen Aktivisten scheint der Kampf gegen den Klimawandel zu einem Feldzug gegen die Demokratie ausgeartet zu sein. So ist von Roger Hallam, einem der Mitbegründer von Extinction Rebellion, folgender Satz überliefert: »Wenn eine Gesellschaft so unmoralisch handelt, wird Demokratie irrelevant.«[3]

Absurde Gedankengänge. Gut, dass sie nur für eine Minderheitenmeinung stehen. Bei den Klimaschützern gibt es nach wie vor mehr Demokraten als Autoritäre. Aber auch die Demokraten sind keine feste Burg. Selbst bei ihnen hat inzwischen so mancher weiche Knie bekommen. Denn sie befürchten, dass die Klimakrise zu gewaltig für das System sei. Schließlich lasse sie ja so gar keine Handlungsalternativen, ohne Alternativen aber keine Freiheit und ohne Freiheit keine Demokratie.[4] Folgt man diesem Angstszenario, dann würden wir momentan Zeugen, wie die Klimakrise mit ihrem enormen Gewicht die Demokratie erdrückt. Und die Demokraten müssten hilflos dabei zusehen.

Da reibt man sich dann doch verwundert die Augen. Die heute demokratischen Gesellschaften haben viele Generationen gebraucht, um zu freien, gleichen und demokratischen Gemeinwesen zu kommen oft mussten erhebliche Opfer dafür gebracht werden. Und jetzt steht man angeblich vor der Wahl, den einen Fortschritt gegen den anderen eintauschen zu müssen: Demokratie gegen Klimaschutz. Das ist so absurd, dass es nicht wirklich erwogen werden kann. Ein Fortschritt in der Klimafrage kann und darf nicht mit gesellschaftlichem Rückschritt erkauft werden. Viele, auch der Autor dieses Buches, sind nicht gewillt, die Demokratie aufzugeben – egal was kommt. Es gilt dann die Maxime: Lieber als Demokrat verglühen, denn als Untertan kühl bleiben. Bemerkenswert ist in diesem Fall allerdings schon, dass gebildete, intellektuelle Klima-Aktivisten auf Stereotype hereinfallen, welche die Demokratie schon seit Anbeginn verfolgen. Eines davon wurde eingangs schon erwähnt: Demokratien sind wenig belastungsfähige Schönwetter-Systeme. Wäre das so, dann hätte es beispielsweise den Kriegseintritt der USA im Zweiten Weltkrieg nicht gegeben. Das Land war schließlich nicht unmittelbar bedroht, es hätte sich die Belastung ersparen können. Die Kritik ignoriert auch vollkommen, dass sich die Demokratie als eines der erfolgreichsten und beständigsten Gesellschaftsmodelle erwiesen hat. Das Dritte Reich, die Sowjetunion oder die DDR, sie alle sind untergegangen. So manche Demokratie dagegen, wie die britische, hat sie sämtlich überdauert. Wäre Demokratie tatsächlich ein reines Schönwetter-System, sie hätte nie ein so respektables Alter erreicht. Politische Systeme überleben dann, wenn sie belastungsfähig, wandlungsfähig und legitimiert sind. Für eine gute Demokratie trifft das in der Regel zu. Und das gilt auch dann, wenn die äußeren Herausforderungen so große sind, dass nicht mehr viele Wahlmöglichkeiten bleiben. Es wurde ja erwähnt, dass so mancher meint, wo keine Alternativen mehr bleiben, da ist es auch mit der Demokratie nicht mehr weit her. Die Geschichte widerlegt das: Während der Ölkrisen der 1970er Jahre gab es auch keine Alternativen. Das einzige Mittel, welches zur Verfügung stand, war Verzicht. Man denke nur an die Fahrverbote während der sogenannten »Autofreien Sonntage« – ja genau, Fahrverbote gab es schon einmal in Deutschland, sie sind keine Erfindung aus Brüssel. Dass die Demokratie oder das demokratische Selbstverständnis der Republik dadurch Schaden genommen hätten, ist jedoch nicht bekannt. Die damals größte Herausforderung für die Demokratie hieß RAF – und nicht Fahrverbot.

Man sieht: Freiheit und Demokratie auf der einen, sowie Verzicht auf der anderen Seite sind keine unüberwindlichen Gegensätze. Auch deshalb nicht, weil demokratische Offenheit erst ermöglicht, Probleme zu erkennen und zu benennen. »Die Grenzen des Wachstums« sind seinerzeit jedenfalls nicht in China erschienen und auch ein Buch mit dem Titel »Keine Angst vorm Verzicht« hätte dort wenig Chancen – jedenfalls solange die Parteilinie eine komplett gegenteilige ist. Dass wir begonnen haben, über Klimaschutz zu diskutieren, ist deshalb ganz sicher nicht der chinesischen oder anderen Diktaturen zu verdanken, sondern den Demokratien.

Freiheit

Wer verzichtet, verlässt das Reich der Freiheit und betritt das der Beschränkungen. Und das ausgerechnet jetzt, wo wir nach Kaiserreich, Faschismus und DDR erfolgreich alle Diktaturen hinter uns gelassen haben. Nun soll uns diese so schwer errungene Freiheit wieder genommen werden, und zwar ausgerechnet dort, wo wir es jeden Tag zu spüren bekommen: im Supermarkt, im Internet, Kaufhäusern, Reisebüros, Restaurants, Flughäfen und all den anderen Orten, die dem Konsum dienen. Es war, so gesehen, eine kurze Freiheit: gerade mal etwas mehr als 70 Jahre. Und wer in Ostdeutschland lebt hatte noch weniger, nämlich 30. Alles vorbei! Denn viele meinen, jetzt werfe schon das nächste Regime seine Schatten voraus: die Ökodiktatur. Der Verzicht, den sie mit sich bringt, wird zum Synonym für Freiheitsentzug. Es gibt ihn, den ewigen gesellschaftlichen Kampf zwischen »Freiheit und Autorität«[5]. Der liberale Vordenker John Stuart Mill hat ihm ein ganzes Buch gewidmet. Aber Hand aufs Herz: Ist das, was wir gegen den Klimawandel tun müssen, wirklich so bedrohlich, dass es eine weitere Runde dieses Kampfes einläutet? Beantworten lässt sich das, indem man erörtert, *wo* man seine Freiheit verliert und *wofür*. Das nämlich macht durchaus einen Unterschied. Dass man Freiheit aufgibt, passiert viel öfter im Leben als man sich bewusst ist. Menschen, die sich für Kinder entscheiden, geben beispielsweise erhebliche Freiheitsgrade auf. Sie tun das aber freiwillig und gerne, denn das *wofür* fühlt sich so gut an, dass es mehr Gewicht auf die Waage bringt als der Freiheitsverlust. Ganz ähnlich spielt sich das auch anderswo ab – beim Glauben beispielsweise. Denn wer sich einer Religionsgemeinschaft anschließt, unterwirft sich deren Regeln und muss im Gegenzug von der ein oder anderen Freiheit lassen. In Deutschland wird niemand gezwungen, eine Religion zu haben. Trotzdem entscheiden sich Millionen dafür. Sie tun das in dem vollen Bewusstsein, damit ein Stück Freiheit zu verlieren, wenn man die Sache ernst nimmt. Der Glauben ist ihnen wichtiger als die Freiheit.

Wir geben also ganz oft in unserem Leben Freiheiten auf, wenn wir im Gegenzug etwas bekommen, das als höherwertig empfunden wird. Ein wesentlicher Teil der Idee des Staates basiert darauf. Wo viele Menschen zusammenleben, können nicht alle alle Freiheiten genießen. Es braucht Regeln, an die sich ausnahmslos jeder halten muss. Nur dann kann das Zusammenleben funktionieren. Man bekommt aber auch etwas zurück dafür: nämlich soziale Absicherung sowie Schutz vor Kriminalität und Gewalt. Der Deal ist: Ein bisschen von seiner Freiheit gibt man auf, dafür bekommt man diese Sicherheiten. Die meisten Menschen finden, dass das ein guter Tausch ist. So ähnlich muss man auch den Freiheitsverzicht einordnen, der für Klimaschutz erforderlich ist. Das bringt uns zurück zur Ausgangsfrage: Wofür und wo verlieren wir denn hier Freiheiten? Das *wofür* ist das Überleben der Menschheit, und das *wo* sind *nicht* die Meinungsfreiheit oder freie Wahlen. Das *wo* ist stattdessen die Freiheit, ein Fahrzeug mit Verbrennungsmotor zu fahren, Plastiktüten zu benutzen, jeden Tag Billigfleisch essen zu können oder für 30 Euro übers Wochenende nach Mallorca fliegen zu können. Man sollte dieses *Wo* und *Wofür* in aller Ruhe gegeneinander abwägen. Bei vernünftiger Betrachtung erkennt man schnell: Das ist keine weitere blutige Runde im ewigen Kampf der Menschheit um die Freiheit. Es geht nicht darum, dass Aktivisten im Namen des Umweltschutzes »die Macht ergreifen« wollen oder die Wiederkehr kommunistischer Phantasien orchestrieren. Im Gegenteil: Die Demokratie kann und wird weiter voll bestehen, alle politischen Freiheiten ebenso. Der Klimaschutz steht dem nicht entgegen. Was dagegen aufgeschlagen wird, ist ein neues Kapitel kollektiver menschlicher Vernunft. Selbstbeschränkung aus purer Einsicht in fern in der Zukunft liegende Notwendigkeiten hat man schließlich im globalen Maßstab bisher nicht gesehen.

Die Gegner

Kein Kampf ohne Gegner. Bei vielen Wohlstandsproblemen stehen wir da einem gegenüber, der für seine Erbarmungslosigkeit bekannt ist: Es ist die Evolution. Gerade Demokratien haben es mit diesem Widersacher schwer, weil sie nicht einfach mit Unterdrückung auf ihn reagieren können. Die Evolution ist deshalb ein solches Problem, weil sie dafür sorgt, dass Verzicht nicht belohnt wird, jedenfalls nicht von unserem Gehirn. Sein Konzept des Daseins beruht im Kern immer noch auf der einen, uralten Überlebensstrategie, die sagt: »Nimm, was Du kannst, solange es da ist.« Unser internes Belohnungssystem, so die eindeutige Erkenntnis der Wissenschaft, ist darauf ausgerichtet, dass wir zugreifen, und nicht, dass wir es uns verkneifen. Mehr noch: Wir werden von unseren Hormonen regelrecht dazu abgerichtet, von Situation zu Situation noch entschlossener einzusacken, was nur geht.[6] Dazu braucht es nicht viel, nur ein bisschen Dopamin. Es kommt immer dann zum Einsatz, wenn wir Leistungen erbringen, die unserem Überleben dienen. Dann werden wir mit einem Hormonregen belohnt, der für Kaiserwetter im Gemüt sorgt. In längst vergangenen Zeitaltern war das angebracht. Denn das Überleben war schwer, das Durchhalten auch, und da hat Dopamin dann die nötige Motivation geliefert. In entwickelten Ländern kämpft heute aber niemand mehr ums Überleben. Das Prinzip läuft deshalb ins Leere. Es motiviert uns zu etwas, das gar nicht mehr notwendig ist. Das wird uns regelmäßig beim Einkaufen zum Verhängnis. Denn nachweislich wird sogar schon *vor* dem Kauf Dopamin ausgeschüttet, um alles in seligem Wohlgefühl zu ertränken, das uns vom Zugreifen abhalten könnte.[7] Unser Körper behandelt Einkaufen als Überlebensfrage. Das kommt davon, wenn man das Erbe längst vergangener Zeitalter immer noch mit sich herumträgt. Auf den Punkt gebracht heißt das: Verzicht ist gegen die Natur. Der Gegner ist die Evolution selbst. Ein bekannter US-Evolutionsbiologe, Robert Trivers, hat das einmal so zusammengefasst: »Wir haben uns zu Maximierungsmaschinen entwickelt. Es gibt nicht unbedingt einen Stopp-Mechanismus in uns, der sagt: Entspann dich, du hast genug.«[8]

Und nicht nur die Evolution stellt sich gegen uns. Unser Unterbewusstsein tut es ihr gleich. Denn wir Menschen haben ja als Gattung ein sehr langes Gedächtnis. Wir wissen, der längste Teil der Menschheitsgeschichte war geprägt von Hunger, Krankheit und frühem Tod. Wenn wir heute umso beherzter zugreifen, dann bekämpfen wir höchstwahrscheinlich auch diesen Dämon, der da in unserem kollektiven Bewusstsein haust. Jeder Bissen, den wir genießen, jeder Luxus, den wir uns leisten, ist ein historischer Sieg über die Unbill früherer Zeiten. Der Mensch fühlt sich am souveränsten und sichersten, wenn er im Wohlstand schwelgt. Das Wirtschaftswunder nach dem Zweiten Weltkrieg kann ganz wesentlich interpretiert werden als rauschende Siegesparty über den traumatisch erlebten Verzicht. Man konnte sich wieder sattessen, musste nicht mehr in Ruinen hausen und hin und wieder war sogar ein Urlaub drin, der nicht nur auf Balkonien verbracht werden musste. Der Konsum wurde gefeiert und niemand wäre auf die Idee gekommen, dass daran etwas falsch ist. Im Gegenteil: Man hatte es sich verdient. Auch nicht viel anders war es nach dem Fall der Mauer. Ein Großteil der Menschen bejubelte damals das Ende der Mangelwirtschaft mindestens genauso wie das Ende der Unfreiheit. Wenn man diesen Menschen heute, 30 Jahre nach dem Mauerfall, mit der Botschaft kommt, »die Sause ist vorbei, jetzt ist wieder Mangelwirtschaft angesagt, nur eben freiwillig«, dann fühlen sie sich um den Sieg über das DDR-System betrogen.

Das Fazit lautet: Verzicht ist machbar, jedoch nur, wenn man sich der Kräfte bewusst ist, die gegen ihn wirken. Denn historisch, biologisch und psychologisch ist da einiges vorhanden, das beträchtliche Energie aufbringt. Mit Appellen und Aufrufen alleine wird das nicht zu überwinden sein. Wer das glauben machen will, ist entweder in Wahrheit gegen Verzicht oder er hat die Mechanismen, die auf ihn wirken, nicht verstanden. Mit gutem Zureden wird man insbesondere auch deshalb nicht weiterkommen, weil der Mensch ja ungeheuer kreativ ist, wenn es darum geht, sich unangenehmen Dingen nicht stellen zu müssen. Wenn es eine Umgehungsstraße gibt, dann nehmen wir die auch. Welche sich da anbieten, das soll in den nächsten Kapiteln beleuchtet werden.

Vermeidungsstrategien

Widerstand

Jeder kennt das aus dem eigenen Leben: Je mehr man etwas muss, umso weniger will man. Was auf einzelne Menschen zutrifft, gilt auch für ganze Gruppen. Druck, ausgeübt von der Gesellschaft, löst reflexhaft Widerstand aus. Und weil das ein Automatismus ist, setzt er selbst dann ein, wenn der Druck ausgesprochen vernünftig ist. Stromtrassengegner, Impfopponenten, Windradfeinde, Anti-Mobilfunk-Aktivisten – die Liste ließe sich unendlich fortsetzen. Allen Fällen ist gemein, dass sie sich gegen Angelegenheiten richten, die in den Augen der Mehrheit als gerechtfertigt gelten. Gerade beim Impfen wird das deutlich. Systematische Impfungen haben seit der ersten Hälfte des 18. Jahrhunderts Verbreitung gefunden. Es ist unbestreitbar, dass sie seitdem Millionen von Menschen das Leben gerettet haben. Trotzdem formierte sich Opposition – und zwar fast von Anfang an. Heute ist sie sogar lauter und schriller als je zuvor – den sozialen Medien sei Dank. Nicht nur beim Impfen, sondern bei ausnahmslos allem scheint Widerstand in Zeiten von Facebook, Twitter und Co. die unvermeidliche Begleitmusik zu sein. Klar, dass der Klimaschutz da nicht ausgespart wird. Hier geht der Widerstand sogar soweit, dass er sich eine eigene Partei hält: die AfD. Auf deren Homepage war auch noch im September 2019 ein Satz wie dieser zu lesen: »Wir wollen das Projekt der Dekarbonisierung über die ›Große Transformation‹ beenden und den ›Klimaschutzplan 2050‹ der Bundesregierung aufheben.«[1] Und in Flyern der Partei ist die Rede davon, die Energiewende zu stoppen.[2]

In der Psychologie gibt es für dieses Phänomen einen Begriff: Reaktanz. Man versteht darunter eine Abwehrreaktion gegen die Einschränkung von subjektiven Freiheiten.[3] Zu den Nebenwirkungen der Reaktanz gehört, dass selbst die unmöglichsten Alternativen zum jeweils abgelehnten Verbot in den höchsten Tönen gelobt werden.[4] Bei den Impfgegnern ist dies zum Beispiel eine regelrecht skurrile Verherrlichung von Krankheit. Impfen ist aus Sicht, zumindest einiger von ihnen, der Versuch, der Natur und ihrem Lauf ins Handwerk zu pfuschen.[5] Auch bei anderen Gesundheitsfragen führt Reaktanz zu einem unüblichen Ausmaß von Toleranz gegenüber dem Siechtum. So ist es inzwischen eine Binsenweisheit, dass Rauchen zu einem tödlichen Strauß an Problemen führen kann. Atemwegs-, Herz-, Kreislauf- und Krebserkrankungen gehören dazu. Ihnen hat es der Raucher zu verdanken, dass er im Schnitt zwischen sieben und neun Jahren Lebenszeit drangibt.[6] Angesichts dieser Faktenlage müsste man meinen, dass Zigaretten nur noch im Museum zu bestaunen sind und der Name des letzten bekannten Rauchers längst in den Geschichtsbüchern geschrieben steht. Wir alle wissen aber: Das Rauchen lebt und der Raucher stirbt weiterhin. Mehr noch: Es gibt Menschen, die sich sogar verbissen dafür verkämpfen. So haben sich beispielsweise Gastronomen in den Jahren 2007 und 2008 mit Händen und Füßen gegen die Einführung von großflächigen Rauchverboten gewehrt. Die Raucher selbst natürlich auch. Es ging, wohlgemerkt, nur um das Rauchen in Gaststätten. Zu Hause wollte und will es den Rauchern niemand verbieten, sich ihre Gesundheit zu ruinieren. Aber das war nicht der Punkt. Die Auseinandersetzung drehte sich vielmehr um die Einschränkung von Freiheit. Ein führender Suchtforscher von der Frankfurter Universität bestätigt dies: »Das Thema Rauchen ist deshalb so emotionsgeladen, weil es da um Genuss geht und persönliche Freiheit. Und die Zigarettenindustrie, die Tabakindustrie hat das natürlich auch wunderbar in ihre eigene Werbestrategie umgesetzt und umgemünzt, dass sie uns suggeriert, Rauchen wäre an sich schon Freiheit. Aber natürlich haben viele Raucher und Raucherinnen ein Gefühl, ihnen würde durch das Rauchverbot ein Teil ihrer persönlichen Entscheidungsfreiheit genommen.«[7] Die Folge: Reaktanz – und das wie nach Lehrbuch. Es ist nicht verwunderlich, dass man dieses Phänomen bei praktisch jeder Verzichtsforderung antrifft. Es gehört zu den ältesten und häufigsten Vermeidungsstrategien überhaupt. Im Grunde handelt es sich um ein Weltkulturerbe.

Absolution

Aus Reaktanz wird insbesondere in den hochgradig kommunikativ vernetzten Industriegesellschaften schnell massenhafter Widerstand. Die Steigerungsform geht so: eine Reaktanz, mehrere Reaktanze, das Ganze. Dass sich hier eine Marktlücke auftut, nicht nur für politische Parteien, sondern auch für allerlei falsche Propheten und Gefälligkeitswissenschaftler, liegt auf der Hand. Nach nichts giert dieser Widerstand mehr als nach Rechtfertigung für das Unvernünftige. Wie oft hat man von irgendwelchen Bloggern und sonstigen Schreibern schon das Argument hören müssen, dass es genügend Leute gäbe, die starke Raucher waren und trotzdem uralt geworden sind. Garniert wird das dann meist mit abgenutzten Beispielen wie Helmut Schmidt und Winston Churchill.[8] Problem gelöst, Rauchen geht in Ordnung. Oder die zahlreichen Bücher, die lustvoll suggerieren, dick zu sein sei nichts, das geändert gehört. Das sind dann so Titel wie »Ich bin nun mal dick – ein Wohlfühlbuch«[9] oder »Ich bin dann mal dick! Mein Weg zu mehr Gelassenheit und Zufriedenheit trotz Übergewicht«[10], letzteres sogar von einer Ärztin verfasst. Auch immer wieder schön: »Enthüllungsartikel« über die gesundheitsfördernde Wirkung von Genussmitteln wie zum Beispiel Kaffee.[11] Die sind dann versehen mit verheißungsvollen Überschriften wie »Länger leben dank Kaffee?«.[12] Grundlage dafür sind meist Beobachtungsstudien, die rein systematisch schon wenig Beweiskraft haben.[13] Trotzdem wird das natürlich gerne gelesen, vorzugsweise bei einem schönen Tässchen Kaffee. Randnotiz: Was man da trinkt, ist ein Insektizid, das der Kaffeestrauch vor allem in seiner Zeit als Keimling einsetzt, um sich gegen gefräßige Krabbler zur Wehr zu setzen. Trotzdem hat sich das Heißgetränk zum Kerosin der Leistungsgesellschaft entwickelt. Länger arbeiten, weniger Schlaf – Kaffee macht es möglich.

Wir trinken also Insektenvernichter, und selbst dafür wird noch der Segen erteilt. Man greift gerne und viel auf solche Absolutionen zurück. Die sind auch deshalb eine beliebte Vermeidungsstrategie, weil bei vielen Menschen ein Gefühl der Bedrängnis herrscht. Von allen Seiten drücken Forderungen auf sie ein: Klimaschutz, Gesundheit, Soziales. Und sie laufen alle auf dasselbe hinaus: Hört auf mit der Prasserei, beschränkt Euch. An allen Fronten ist Verdruss. Da verschafft Absolution wieder Erleichterung. Man kann dann entspannter all jenen entgegentreten, die bei fast allem, was man tut, anklagend den Zeigefinger heben. Beim Essen, wo der Zeigerfinger-Mensch sagt: Bloß nicht zu viel davon. Beim Autofahren: Denk ans Klima. Beim Surfen im Netz: Werde nicht süchtig danach. Und beim Reisen: Muss das denn jetzt auch noch sein? Viele sind davon genervt, und dass gar ein Zeitalter des Verzichts heraufzieht, möchten sich nur die Allerwenigsten eingestehen. Die große Mehrheit hat sich für Absolution entschieden und wählt Politiker wie Trump, Bolsonaro oder Erdogan. Sie alle sind Anti-Verzichts-Politiker. Ihre Botschaft lautet: »Niemand soll sich etwas versagen müssen. Lasst Euch nicht einschüchtern von Klimaschützern, Gesundheitsaposteln und Wissenschaftlern. Was Ihr macht, ist in Ordnung und kann für immer so weitergehen.« Das ist natürlich gelogen, aber vielen ist das lieber als die Wahrheit.

Das gilt insbesondere für den Klimawandel. Ein Thema, das uns gar nicht mehr in Ruhe lässt, tagtäglich umschwirrt wie eine lästige Fliege. Viele macht das mürbe. Denen hilft die AfD. Sie hat sich das Muster der eben zitierten Dicken-Bücher zum Vorbild genommen: Der Klimawandel kommt, ja, aber wir fühlen uns trotzdem gut. Das hört sich dann im Originalton so an (Zitat aus dem Europawahlprogramm der AfD 2019): »Wir bezweifeln aus guten Gründen, dass der Mensch den jüngsten Klimawandel, insbesondere die gegenwärtige Erwärmung, maßgeblich beeinflusst hat oder gar steuern könnte. Klimaschutzpolitik ist daher ein Irrweg.«[14] Herrlich: SUV fahren, Kreuzfahrten machen, Interkontinentalflüge – Absolution für alles. Aber das Wichtigste ist – das ist bei konservativen und nationalistischen Parteien immer das Wichtigste: Es muss sich nichts verändern, alles kann so weitergehen wie bisher. Widerstand kennt ja viele Gesichter: Oft tritt er *für* eine Änderung der Verhältnisse ein, beispielsweise, wenn es gegen Unterdrückung geht. Aber es gibt eben auch den Beharrungswiderstand, der *gegen* jede Veränderung auftritt. Es ist der hinhaltende Unmut des störrischen Esels, der nicht vom Fleck will, weil er das Stillstehen mehr liebt als das Vorwärtsgehen. Und beim Verzicht ist es nicht anders: Er fordert ja nicht nur, dass man etwas aufgibt, sondern auch, dass man mit diesem Aufgeben etwas verändert. Manchmal scheint es, als ob dieser Aspekt des Verzichts, also die Veränderungserfordernis, für viele der eigentliche Grund ihrer Verweigerung ist. Man kann natürlich auf einen SUV verzichten, es fehlt einem nichts, wenn man stattdessen einen Kleinwagen mit E-Antrieb fährt. Und in einem urbanen Umfeld fehlt einem nicht einmal dann etwas, wenn man ganz auf einen Pkw verzichtet. Aber die Veränderung, die das mit sich bringt, die wird als psychischer Aufwand empfunden, der vielen zu anstrengend ist. Es handelt sich dabei zweifellos um ein Phänomen von Wohlstandsgesellschaften, denn die können es sich schlicht leisten, zu beharren. In ärmeren Gesellschaften würde sich beispielsweise gar nicht die Frage stellen, ob man gegen neue Stromtrassen oder Windräder ist. Man wäre schlicht froh, dass es überhaupt Strom gibt. Wohlstand bringt Beharrlichkeit. Das muss nicht immer schlecht sein, kann aber in Erstarrung enden.

Ignoranz

Der Mensch ist ein großer Ignorierer. Kein Tier könnte wagen, was wir uns andauernd leisten: Die Umstände, unter denen wir leben, einfach nicht zur Kenntnis zu nehmen. In der Natur würde so ein Verhalten früher oder später – eher früher – einen tödlichen Ausgang nehmen. Tiere sind gezwungen, sich immer und überall sofort mit den Herausforderungen ihrer Umwelt auseinanderzusetzen. Wir Menschen nicht, denn wir haben zwischen der Natur und uns einen Puffer angelegt, bestehend aus Technologie. Der dämpft zuverlässig alles ab und sorgt dafür, dass existenzielle Bedrohungen bei uns nur noch als Unannehmlichkeiten ankommen. Das ist der Grund, warum wir auf einem immer wärmer werdenden Planeten nicht längst damit beschäftigt sind, das Feuer zu löschen. Stattdessen drehen wir einfach die Klimaanlage höher: Problem gelöst. Auf solche Weise lässt sich schon seit Jahrzehnten der Klimawandel, zumindest in den wohlhabenden Ländern, ganz zuverlässig ausblenden. Auch andere Phänomene, wie beispielsweise die zunehmende Fettleibigkeit, erfahren eine gekonnte Ignorierung. Hier verlegt man sich darauf, sie einfach verbal wegzudefinieren. Wer fett ist, dem sagt man das nicht mehr so, sondern bezeichnet ihn als »vollschlank«. Zweifellos eine der absurdesten Wortkreationen der Moderne.

Wie gesagt, der Mensch ist groß im Ignorieren. Man könnte auf den Verdacht kommen, je intelligenter eine Spezies, umso mehr ignoriert sie. Denn Intelligenz führt zu Wissen. Das ist nicht immer angenehm. Ohne eine gewisse Kunstfertigkeit im Verdrängen würde man womöglich irgendwann den Verstand verlieren. Und natürlich erspart uns Ignoranz ja auch einiges mehr: schmerzhafte finanzielle Opfer, das Verlassen unserer Komfortzone oder die Gewöhnung an Neues. Ignoranz ist die intellektuelle Wohnzimmercouch. Ein Ort, an dem keine Anstrengung gefordert wird und sich nie etwas verändert, außer dass man von der linken auf die rechte Pobacke rutscht. Es ist ein erstaunliches Phänomen: Denn natürlich weiß jeder, dass die Probleme nicht weggehen und das dicke Ende irgendwann mit Macht kommt. Die Anstrengung, das zu verhindern, scheint aber viele noch mehr abzuschrecken als das dicke Ende selbst. Das liegt ja auch meist in der Zukunft, während der Mensch eben doch psychologisch eher im Hier und Jetzt lebt. Da ist ignorieren oft die bequemere Option. Ein Gefühl für eine eher abstrakte Zukunft und die dort drohenden Konsequenzen zu entwickeln, scheint den meisten schwerzufallen. Jeder Raucher ist der lebende Beweis für diese These. Ignoranz dürfte somit die Mutter aller Sünden sein. Das kann man auch daran ablesen, dass sie überall gleichermaßen die Rolle des Bösewichtes spielt: Umwelt, Gesundheit, Gesellschaft. Wenn man also fragt, auf was wir als erstes verzichten sollten, wenn wir uns die Zukunft nicht ruinieren wollen, dann wäre das die Ignoranz. Aber gut, das ist ja ein alter Menschheitstraum …

Zynismus

Eine weitere beliebte Vermeidungsstrategie ist der Zynismus. Das geht so: Man weiß, was kommt, tut aber nichts dagegen, außer ein verächtliches Lächeln aufzusetzen. Menschen verfallen dem Zynismus unter zwei möglichen Umständen:

> Umstand eins: Die Gefahr, die heraufzieht, erscheint so übermächtig, dass sie nicht zu bewältigen ist. Was soll man da noch machen, außer gute Miene zum bösen Spiel?
>
> Umstand zwei: Man ist sich der eigenen menschlichen Schwächen sehr bewusst. Man weiß, dass man bestimmte Laster trotz ihrer Gefahren nie wird abstellen können. Deshalb bleibt kaum etwas anderes übrig, als schicksalsverachtend weiter dem Laster zu frönen.

Ein gutes Beispiel für Umstand eins ist der Klimawandel, eines für Umstand zwei das Rauchen. Großprobleme und Laster bringen uns also an unsere Grenzen und dort wartet dann der Zynismus. Er gibt sich als guter Freund, mit dem zusammen man alles leichter ertragen kann. Letztlich ist er natürlich alles andere als gut, da er uns mit seinem fatalistischen Einfluss davon abhält, etwas gegen die Probleme zu unternehmen. Wer sich mit dem Zynismus anfreundet, bleibt eigentlich immer unter seinen Möglichkeiten. Da ist der Zyniker dem Gewohnheitskiffer wesensverwandt. Psychologen wissen längst um diesen Umstand und warnen, weitgehend ungehört, seit Jahren davor, Menschen mit Katastrophenszenarien in den Zynismus zu treiben. Je brutaler der Klimawandel geschildert wird, umso mehr Menschen haben das Gefühl, ohnehin nichts mehr ausrichten zu können.[15] Und wer einem immer wieder aufs Brot schmiert, dass schon ab der ersten Zigarette das Lungenkrebs-Risiko steigt[16], der löst bei einem starken Raucher nur den einen Gedanken aus: Dann ist ja eh schon alles egal.

Der Tod als Chance

Für nahezu jede Zumutung im Leben haben wir uns spirituell Tranquilizer geschaffen. Für die größte von allen, den Tod, ist das die Religion. Alle Weltreligionen halten die angstlösende Botschaft bereit, dass es auch nach dem physischen Ende eine Fortexistenz gibt. Und die ist oft noch vielversprechender – Stichwort Paradies – als es das schnöde irdische Dasein war. So wird dann der Tod umgewidmet zur Chance auf ein besseres Leben. Das ist Dialektik in höchster Vollendung. Und für Milliarden von Menschen funktioniert es. Sie reden sich auf diese Weise die Zumutung schön, dass ihr Leben endlich ist. Das ist ein Effekt, den sonst nur noch Drogen bereithalten. Die sind aber aufwendig zu beschaffen und teuer dazu. Eine Religion als Flucht aus der Realität kommt da entschieden günstiger und ist auch bequemer erreichbar als der nächste Dealer.

Das entrückte Schönreden ist eine so probate Methode, dass sie in tausend Abwandlungen für die großen und kleinen Probleme des Lebens gleichermaßen eingesetzt wird. Da wäre zum Beispiel die Wohnungsnot.

Man könnte sich dagegen auflehnen, gar empört sein. Nicht wenige machen aber genau das Gegenteil: Verklärende Akzeptanz. Sie begnügen sich mit radikal weniger Platz und machen sich das erträglich, indem sie es als Reduktion aufs Wesentliche adeln, ja sogar als spirituelle Rückkehr zum eigentlichen Selbst. Das Ganze bekommt dann noch den niedlichen Namen »Tiny Houses« und fertig ist der Trend. Von außerhalb der rosa Wolke betrachtet handelt es sich dabei aber im Grunde um bewohnte Schuhschachteln. Denn die kleinsten dieser Mini-»Häuser« weisen deutlich unter 20 Quadratmetern Grundfläche auf. Nicht selten sind sie aus rechtlichen Gründen auch noch auf Anhänger montiert, was bedeutet, dass es sich um bessere Wohnwagen handelt.[17] Eine andere Zumutung, bei der wir uns mit Selbsttäuschung behelfen, ist die massive Ausweitung des Niedriglohnsektors. Wer wenig verdient, kann sich wenig leisten und besitzt oft kaum mehr als das Nötigste. Kein Problem, das ist doch eigentlich großartig, sagen da manche Prediger und preisen den Minimalismus als Pfad der Erleuchtung und nachhaltigen Lebensstil der Zukunft.[18]

Es bleibt nicht aus, dass auch beim Verzicht, der beispielsweise für den Klimaschutz notwendig ist, manche auf diese Weise versuchen, aus der schwer verdaulichen Realität Schonkost zu machen. Klar ist: Wir werden Verzicht üben müssen, um das Klima zu retten. Je deutlicher das jedoch wird, umso mehr Schönrederei wird darum betrieben. Der Sache hilft das nicht unbedingt. Es wird trotzdem spannend sein zu beobachten, wie viele Menschen am Schluss tatsächlich daran glauben oder zumindest glauben wollen, dass Verzicht, wie von manchen suggeriert, keine Zumutung, sondern eine begrüßenswerte Chance darstellt. Der Klimawandel ist ein globales Phänomen, der Kampf dagegen muss auch global geführt werden. Demzufolge hat Verzichtsethik gute Chancen, die nächste große Weltreligion, und damit der beliebteste aller Tranquilizer, zu werden.

Was bleibt unter dem Strich? Das Erwartbare: Vermeidungsstrategien funktionieren für uns, nicht für die Probleme. Deren Lösung bleibt liegen, während wir uns einen schlanken Fuß machen. Eine Erkenntnis, die uns, wenngleich auch unwillig, dann doch zwingt, über konkretes Handeln nachzudenken. Natürlich muss man dabei nicht gleich das Kind mit dem Bade ausschütten. Vielleicht gibt es ja bequeme Varianten des Handelns.

Bequeme Auswege

Schlechte Nachrichten aus Schlaraffenland

Das Schlaraffenland existiert – das ist die gute Nachricht. Wir dürfen aber nichts davon haben – das die schlechte. Das kommende Zeitalter wird vor allem eines bringen: Verzicht. Klima, Gesundheit, Moral – alle sagen uns: »Lass die Finger von diesem und jenem.« Was dann am Schluss noch übrig bleibt, ist weniger von allem: Genuss, Lebensfreude, Freiheit und Sorglosigkeit. Wir hatten nie zuvor in der Geschichte einen größeren Wohlstand. Und doch mutet man uns zu, darauf zu verzichten. Immer stärker wird uns das ungute Gefühl beherrschen, inmitten von Wohlstand und Überfluss tatsächlich darben zu müssen.

Mehr noch: Wir sollen nicht nur auf einen beträchtlichen Teil dessen verzichten, was wir *aktuell haben*, sondern auch auf das, was wir zukünftig mehr *haben könnten*. Monika Meyer, die Geschäftsführerin des Forschungs-Institutes Wohnen und Umwelt in Darmstadt, hat das vorgerechnet. Das sieht dann folgendermaßen aus: Seit Kriegsende bewohnen wir pro Person in jedem Jahrzehnt fünf Quadratmeter mehr. Deshalb kommen wir heute im Schnitt auf 46,7 Quadratmeter. Die ständig zunehmenden Quadratmeter haben die ebenfalls ständig steigende Energieeffizienz der Wohnungen zu einem beträchtlichen Teil einfach aufgefressen. Wohlstand und Wirtschaftswachstum haben uns somit größere Wohnungen beschert, aber trotz aller Bemühungen keinen merklich sinkenden Energieverbrauch. Unsere vergeblichen Anstrengungen erinnern da sehr an den tragischen Steineroller Sisyphos. Deshalb sieht Frau Meyer vor allem diese Lösung: »Ein Nullwachstum wäre hilfreich.«[1] Die Dimension dieser Forderung kann man sich klarmachen, indem man sich vorstellt, was passieren würde, wenn man einem Zehnjährigen sagte: »Die nächsten paar Geburtstage gibt es keine Geschenke.« Verständnis und Einsicht wird man da sicherlich am allerwenigsten erwarten können. In Bezug auf Wirtschaftswachstum geht es uns allen letztendlich aber wie dem Zehnjährigen: Den Anspruch auf ein zukünftiges Mehr halten wir für gottgegeben und daher nicht verhandelbar.

Man muss das intellektuell ja auch erst einmal zusammenbekommen, dass wir auf so vieles von dem verzichten sollen, was wir uns in über hundert Jahren so mühsam aufgebaut haben. Wir denken an die Kohlekumpel, die schwer arbeitend und unter ständiger Gefahr zum wirtschaftlichen Aufstieg beigetragen haben. Soll das alles umsonst gewesen sein? Wir denken an Generationen von Ingenieuren, die aus Fahrzeugen Made in Germany eine Marke gemacht haben, die weltweit für Perfektion, Kraft und Bequemlichkeit steht. Alles für die Tonne – wirklich? Wir denken an die Pioniere, die aus bescheidenen Anfängen Tourismus-Imperien geschaffen haben, welche uns die ganze Welt zu Füßen legen. Beeindruckend, aber vergeblich? Wäre es nicht besser, wenn wir uns das alles erhalten könnten? Wenn es einen – oder sogar mehrere – bequeme Auswege gäbe? Dafür gibt es tatsächlich einige Kandidaten, als da wären: Werbung, freiwilliger Verzicht, Technologie und Ablasshandel. Ob die jedoch halten, was sie versprechen, wird im Folgenden erörtert.

Werbung

Folgendes Szenario: Die Politik steht vor einem beliebigen Problem. Bei der Entscheidung, wie damit umgehen, kann sie meist zwischen drei Optionen wählen. Die erste: Eine Lösung existiert, man muss sie nur umsetzen. Ein no-brainer, sollte man meinen, so wird's gemacht. Aber: In einer komplexen Welt wie der unseren sind Problemlösungen, die für alle von Vorteil sind, längst ausgestorben. Solche hat man zuletzt gesehen, als das Telefon noch nicht erfunden war. Heute dagegen muss praktisch immer jemand bluten, wenn man aktiv wird. Das jedoch behagt kaum einem Politiker. Manchen ist es daher gar nicht unrecht, wenn Option zwei greift: Es gibt schlicht keine Lösung – kommt durchaus vor. Dann kann man sich in legitimem Nichtstun ergehen. Und wenn das nicht möglich ist, dann greifen die Fatalisten unter den Entscheidern zu Option drei: Das Problem liegenlassen. Die ist gar nicht so unbeliebt und hat schon oft funktioniert. In den meisten Fällen jedoch kann die Politik diese Option nicht ziehen, zumindest nicht in aller Offenheit. Denn der Wähler hat eine recht genaue Jobbeschreibung für Abgeordnete und Minister im Kopf, und Untätigkeit steht da nicht drin. Gut, dass es für dieses Dilemma einen Ausweg gibt: die Werbekampagne. Sie ist so omnipotent, dass sie alle drei Optionen gleichzeitig in Wohlgefallen aufzulösen vermag: Sie tut niemandem weh (Option 1), sieht nach einer Lösung aus (Option 2) und vermittelt das genaue Gegenteil von Untätigkeit (Option 3). *Das* ist dann wirklich ein no-brainer für die meisten Entscheider und es verwundert nicht, dass dieses Instrument reichlich genutzt wird. Wer bereits ein paar Lebensjahre auf dem Buckel hat, kann ein Lied davon singen. Denn es ist kaum möglich, sich noch an alle der zahllosen Kampagnen zu erinnern, mit denen Bundes- und Landesregierungen die Republik überzogen haben. Zu den größeren gehörten: »Runter vom Gas«, »Alkohol? Kenn Dein Limit« und »Rauch-frei«. Da kommt bei manchen sicher Nostalgie auf, wenn sie diese millionenfach gedruckten und gesendeten Claims wieder lesen. Aber haben die auch zu etwas getaugt? Schwerlich. Denn die Wirkung von solchen Verhaltenskampagnen ist vielfach kaum messbar und in der Wissenschaft seit Jahrzehnten höchst umstritten.[2] Eine vor wenigen Jahren durchgeführte Meta-Analyse zu staatlichen Kampagnen hat aufgezeigt, dass dadurch nur bei 7,5 Prozent der Zielgruppe Einstellungen geändert werden konnten. Noch einmal: 7,5 Prozent! Da Einstellungen aber nicht gleich Verhalten sind, hat man sich auch letzteres angesehen. Dabei wurde festgestellt, dass hier der Wert sogar noch tiefer liegt, nämlich bei 5,8 Prozent.[3] Mal angenommen, es gäbe eine Kampagne zur Reduzierung von Flugreisen (»Heb nicht dauernd ab!«). Und die würde bei 5,8 Prozent der Fluggäste dazu führen, dass sie tatsächlich seltener bei Lufthansa und Co einsteigen. Jeder vernünftige Mensch würde das doch als Scheitern der Kampagne einstufen. Denn 5,8 Prozent sind bei den Klimaschäden, welche die Luftfahrtindustrie verursacht, ein Tropfen auf den heißen Stein. Kurz gesagt: Es hätte sich nichts geändert durch all die Anzeigen, Werbespots und Influencer-Einsätze. Verglichen mit Option 1 (Lösung da, wird umgesetzt, tut aber jemandem weh) steht somit jede Werbekampagne ärmlich da. Ordnungspolitische Maßnahmen beispielsweise erreichen oft fast 100 Prozent – siehe Gurtpflicht, oder das Thema Rauchmelder. Bei letzterem gab es jahrelang Kampagnen zur freiwilligen Installation in Wohnungen. Deren Erfolglosigkeit dürfte einer der Gründe sein, warum heute in Deutschland flächendeckend eine Rauchmelderpflicht besteht. Und das sind nur zwei Beispiel von vielen, in denen Werbung wenig und Gesetze viel erreicht haben.

Trotzdem der Nutzen also ganz offensichtlich minimal ist, wird fröhlich weiter geworben. Eines der jüngsten Beispiele: »Zusammen ist es Klimaschutz«, eine Kampagne des Bundesumweltministeriums – Kostenpunkt 1,5 Millionen Euro.[4] Oder »Achtung, Menschenrechte!« (Bundesarbeitsministerium[5]) – damit soll der Boden bereitet werden für weltweit humane Arbeitsbedingungen in der Produktion unserer Konsumartikel. Rechnungsbetrag hier: 2 Millionen Euro.[6] Letztere wurde sogar ausdrücklich zu dem Zweck gestartet, einstweilen konkrete Vorschriften zu vermeiden. Also solche, die Firmen verpflichten, in ihren Lieferketten auf menschenwürdige Arbeitsbedingungen zu achten.[7] Werbung statt Wirkung.

Es ist, wie es ist: Vielen Menschen fehlt die Disziplin, sich selbst zu etwas zu verpflichten. Da bleibt jede Werbung in den Wind gesprochen, scheitert am allzu Menschlichen. Der Fisch und sein Schicksal belegen das. In der breiten Bevölkerung ist längst bekannt, dass die Fischbestände stark belastet sind. Aber nur 37 Prozent geben in einer Umfrage an, dass sie ihr Essverhalten deshalb anpassen wollen.[8] Dieselbe Befragung dokumentiert aber noch eine andere Haltung: 83 Prozent wollen strengere Gesetze zum Fischfang. Das ist eine Differenz von 46 Prozent! Fast die Hälfte der Befragten verlangt damit praktisch vom Gesetzgeber, sie von der eigentlich nötigen Selbstdisziplin zu erlösen. Ähnlich lässt sich auch eine Studie der Universität Bonn interpretieren. Sie hat die Haltung von Verbraucherinnen und Verbraucher zur Tierhaltung in der Fleischindustrie erhoben. Ihr zufolge verlangen 78 Prozent der Befragten vom Staat eine stärkere Regulierung in den Ställen. Parallel stießen die Wissenschaftler aber auch auf die Einstellung, dass »ein Großteil der Befragten« die derzeitigen Haltungsbedingungen klaglos weiter tolerieren würde.[9] Diagnose: Schizophrenie. Oder aber ein kaum verklausulierter Hilferuf an den Gesetzgeber. Viele empfinden es offenbar als bequemer, erst gar nicht mit der Notwendigkeit einer individuellen Entscheidung belastet zu werden. Oder, wie es einer der Autoren der Bonner Studie ausgedrückt hat: »Immer konsistent zu handeln, ist zu anstrengend für die Menschen«.[10] Gesetze, so unangenehm sie gelegentlich sind, bedeuten letztendlich auch eine Stütze für richtiges Handeln. Wer könnte dasselbe über Werbung sagen?

Voraussetzung ist natürlich, dass die rechtlichen Regelungen gut gemacht sind. Ganz weit vorne ist da beispielsweise das Einwegpfand. Die Vermüllung von Natur und öffentlichem Raum insbesondere durch Getränkedosen stand noch Anfang der 2000er-Jahre jedem sichtbar vor Augen. Kein Spielplatz, kein Badesee und kaum ein Wanderweg ohne achtlos weggeworfene, nie verrottende Dosen. Trotz der offensichtlichen Problematik änderte sich nichts. Dann kam im Jahr 2003 das Einwegpfand, das im Übrigen von 73 Prozent der Bevölkerung befürwortet wurde, und die Zustände änderten sich.[11] Heute ist das Ergebnis der gesetzlichen Vorschrift für jeden erkennbar, denn es werden weniger Getränkeverpackungen einfach in die Landschaft entsorgt. Im Jahr 2010, also sieben Jahre nach Einführung des Pfandes, hatte man vorsichtig geschätzt, dass der Anteil der Getränkeverpackungen am Gesamtaufkommen weggeworfener Gegenstände von sechs auf drei Prozent gesunken sei, also eine Halbierung stattgefunden habe.[12] Und im Jahr 2015 konnte man feststellen, dass die Recyclingquote bei Dosen auf 95 Prozent gestiegen sei.[13] Auch das ist ein Hinweis auf den Rückgang der Verschmutzung des öffentlichen Raumes, denn was recycelt wird, ist nicht irgendwo auf einem Waldweg liegengeblieben.

Keine Werbekampagne hätte gleiches erreicht. Deshalb sind die zwar bequem für alle Beteiligten, aber ganz offensichtlich kein Ausweg. Werbung ist kein Mittel der Politik, sondern ein Instrument für Politikvermeider.

Die Mär vom freiwilligen Verzicht

Theorie und Praxis liegen oft so weit entfernt voneinander wie zwei Kontinente – getrennt von einem Ozean der Untätigkeit. Die Einsicht beispielsweise zum Klimaschutz ist da, die Ernsthaftigkeit des Problems erkannt und die Forderung nach konsequentem Handeln wird vielstimmig erhoben. So wurde 2019 im Rahmen einer Umfrage für die ARD ermittelt, dass nicht weniger als 81 Prozent der Deutschen beim Klimaschutz großen Handlungsbedarf sehen[14]. Man fragt sich allerdings, wen diese 81 Prozent gemeint haben könnten? Sich selbst eher nicht. Im realen Leben nämlich erlauben sich die Bürger weiter großzügige Ausnahmen. Ausgerechnet in dem Jahr, in dem »Flugscham« zum geflügelten Wort wurde und die Bewegung »Fridays for Future« die Schlagzeilen und Marktplätze beherrschte, geschah folgendes: Von Januar bis Juni 2019 konnten beim Verkauf von Flugbenzin zweistellige Zuwachsraten verzeichnet werden.[15] Im gleichen Jahr wurde auch das Kürzel »SUV«[16] zum Synonym für hemmungslosen Egoismus und extreme Klimaschädlichkeit. Und doch stellten genau diese SUV mit über 20 Prozent den größten Anteil an den Neuzulassungen.[17] Mehr Klimaschutz fordern, aber immer mehr fliegen und SUV fahren. Vernünftig passt das nicht zusammen. Zu erklären ist das nur so, dass fernab der großen globalen Erfordernisse, wenn es an die kleinen privaten Entscheidungen geht, der altbekannte innere Widerstand gegen den Verzicht wieder greift. Man hat das Jahr über schwer gearbeitet, jetzt wird man sich doch wohl auch mal etwas gönnen dürfen. Einen Flug in die Karibik zum Beispiel. Beim Klimaschutz ist eben jeder sein eigener Richter. Denn bislang entscheiden in den seltensten Fällen Gesetze darüber, wie weit der Klimaschutz im eigenen Leben zu gehen hat. Die einzige Instanz, die das momentan regelt, ist das eigene Gewissen. Und wir alle wissen: Dessen Unparteilichkeit ist häufig getrübt. So kommen dann all die großzügigen Urteile zustande, die Tag für Tag millionenfach in den Haushalten gefällt werden. Das betrifft dann Fragen wie: »Fliegen wir in den Urlaub oder fahren wir mit dem Zug?«, »Was machen wir mit unserem Geld: eine neue Küche oder eine Solaranlage aufs Dach?«, »Mit dem Bus ins Büro oder lieber bequem mit dem eigenen Auto?«. Der Mensch als sein eigener Richter ist eine Fehlbesetzung. Deswegen klappt Klimaschutz nur mit Ordnungspolitik, also klaren Vorschriften, die jeder zu befolgen hat. Freiwillig passiert da wenig. Vor allem aber: Gegen Ordnungspolitik zu sein ist ein Luxus, den sich die Politik in der jetzigen Situation nicht mehr leisten kann. Das wissen auch die politischen Entscheidungsträger – und greifen trotzdem bei allen sich bietenden Gelegenheiten wie Zwangskranke doch wieder zur Freiwilligkeit. Das Drehbuch, dem das folgt, ist immer dasselbe: Weite Teile der etablierten Parteien scheuen rechtliche

Vorgaben, aus Furcht, den Wählern etwas zumuten zu müssen. Die Zielgruppe ist sensibel und könnte ihre Gunst an der Wahlurne entziehen. Eine Politikergeneration wie die heutige, die sich im Wesentlichen nicht als Wertegarant oder moralische Führung, sondern als Dienstleister versteht, weiß deshalb, was sie zu tun hat: einen Appell an die Freiwilligkeit richten. Das muss reichen. Bisweilen ist die Wirkung dieses Verhaltens fatal, beispielsweise in einer Krisensituation wie der Corona-Pandemie. Auch hier hat die Politik – ganz dem Dienstleistungsgedanken verhaftet – über lange Zeiträume vor allem versucht, Zumutungen von der Bevölkerung fernzuhalten. Statt klarer Regeln gab es deshalb Aufrufe zu mehr Verantwortungsbewusstsein und dazu, guten Willen zu zeigen – »Gemeinsam schaffen wirs.« Das hat bei der Bekämpfung der Pandemie nicht nur wertvolle Zeit gekostet, sondern auch dazu beigetragen, dass ein erheblicher Teil der Bevölkerung den Ernst der Lage immer erst mit deutlicher Verzögerung realisiert hat.

Bestärkt, eher noch gedrängt, wird die Politik in ihrem Hang zur Freiwilligkeit von der Wirtschaft und ihren Verbänden. Die fürchten jedwede Ordnungspolitik, völlig ungeachtet ihrer ethischen oder sachlichen Richtigkeit, wie der Teufel das Weihwasser. Sie wird sehr einseitig als etwas betrachtet, das die unternehmerische Freiheit beschränkt. Unternehmer fühlen sich – durchaus nicht immer zu Unrecht – in Deutschland umzingelt von unterschiedlichsten Ansprüchen aller möglichen staatlichen Institutionen, die weitgehend ohne Gesamtkoordination erhoben werden. Das führt oft zu Widersprüchen, erhöhtem Verwaltungsaufwand und im schlimmsten Fall zu einem Schaden für die unternehmerische Tätigkeit an sich. Generationen von Politikern haben der Wirtschaft daher Entbürokratisierung versprochen. Dieser Punkt ist Standardbaustein aller Wahlprogramme, egal ob links, rechts oder Mitte. Es haben zahllose Kommissionen getagt und Empfehlungen ausgesprochen, es wurden Regierungserklärungen abgegeben und doch: Geändert hat sich wenig. Man sehe sich nur einmal die Bauwirtschaft an: Die hat ihre liebe Not mit 20 000 Vorschriften[18] von Bund, Ländern und Kommunen. Vieles davon mag berechtigt sein, das Problem ist die mangelnde Harmonisierung. So kommt es, dass von Bundesland zu Bundesland und von Kommune zu Kommune andere Anforderungen an das Bauen gestellt werden. Das führt die Bauträger naturgemäß oft an die Grenzen des Wahnsinns. Ein

Geflecht, in dem sie sich ständig neu verheddern, und die Politik hat es bislang nicht zu entwirren vermocht. Solche Beispiele von Handlungsunfähigkeit haben zu einem Abwehrreflex bei der Wirtschaft geführt. Der tritt dann so zuverlässig wie unterschiedslos, also ohne Ansehen der Sache, bei jedem neuen Regelungsvorhaben auf.

Wir fassen zusammen: Falsch verstandene Kundenorientierung der Politik und Abwehrreflex der Wirtschaft sind der Tod jeder Ordnungspolitik. Und das wiederum ist dann der Ursprung aller Freiwilligkeitsregelungen. Am liebsten würden in vielen Fällen Politik und Wirtschaft in trauter Eintracht eigentlich gar nichts tun. Wenn, ja wenn da nicht Druck von dritter Seite käme. Umweltverbände und -organisationen haben es zur Meisterschaft darin gebracht, mit relativ wenigen Akteuren eine so große Unruhe zu erzeugen, dass die Politik taktisch in der Falle sitzt. Nichts zu tun, ist dann nicht mehr durchhaltbar. Der probate Ausweg: Freiwilligkeitsregelungen. Sie täuschen Handlung vor, ohne den Adressaten konkret zu binden.

Das grundlegende Problem dabei, und zwar für alle Beteiligten: Es ist schlichtweg dumm, an einer Freiwilligkeitsregelung teilzunehmen. Derjenige nämlich, der sich vornehm zurückhält, führt ein angenehmes Leben als Trittbrettfahrer. Während alle anderen, die teilnehmen, sich mit zusätzlichen Kosten und Aufwand herumschlagen. Weil natürlich niemand darauf erpicht ist, als Dummkopf dazustehen, bemüßigen sich über kurz oder lang alle der vornehmen Zurückhaltung. Das Freiwilligkeitsprinzip scheitert dann mit der Gewissheit eines Naturgesetzes.

Ein schönes Beispiel dazu: die »Freiwillige Selbstverpflichtung zu Mitteln zum Schutz von Holz« aus dem Jahr 1997. In jenen düsteren Tagen konnte man Holzschutzmittel noch ohne jede Prüfung der Unbedenklichkeit auf den Markt bringen. Auch Kennzeichnungen waren keine vorgeschrieben. Für den Umwelt- und Verbraucherschutz sah es damit schlecht aus. Immerhin handelt es sich hier um Mittel mit aggressiver biozider Wirkung. Wie eingangs schon erwähnt, führt oft Druck von dritter Seite zu einer Freiwilligkeitsregelung. So war es auch hier. Denn Mitte der 1980er Jahre trat eine Interessengemeinschaft von Holzschutzgeschädigten auf den Plan. Sie reichte Klage ein und brachte damit die öffentliche Diskussion in Gang. Reaktion der Politik: Erst einmal nichts. Noch im Jahr 1994 beschränkte sich das Bundesgesundheitsamt darauf, an Verbraucher zu appellieren, nur zertifizierte Mittel zu kaufen. Das Problem verschwand auf diese zaghafte Weise natürlich nicht und so entschloss man sich 1997 zu einer Freiwilligkeitsregelung. Eine eindeutige Kennzeichnung der Produkte, sowie Registrierungs- und Prüfverfahren wurden da vereinbart – also wirklich wünschenswerte Maßnahmen. Außerdem sollte es Stichprobenkontrollen geben. Bei denen jedoch stellte sich später heraus, dass in Baumärkten unbekümmert weiterhin Mittel verkauft wurden, denen jede Unbedenklichkeitsprüfung fehlte. Und das betraf nicht einen kleinen Teil des Sortiments, sondern die Mehrheit. Manche Märkte boten sogar ausschließlich solche Mittel an. Auch ansonsten wurde die Verpflichtung nicht umgesetzt, kein einziges ihrer Ziele erreicht. Sie war damit für die Tonne.[19] 2012 rang man sich dann endlich zu einer rechtlichen Regelung durch und es gab ein EU-weit vorgeschriebenes Zulassungs- und Prüfverfahren für alle Biozide. Seitdem findet man keine unregulierten Produkte mehr in den Regalen.[20]

Nicht weniger spektakulär gescheitert sind Freiwilligkeitsregelungen zur Reduktion von CO_2-Emissionen bei Pkw. Um sich Vorschriften zu ersparen, hatte im Jahr 1998 die »European Automobile Manufacturers Association« (ACEA) der EU gegenüber hoch und heilig ein Versprechen abgegeben: Bis zum Jahr 2008 werden die Emissionen von Neufahrzeugen gesenkt. Alles, was in der EU verkauft wird, sollte dann durchschnittlich nur noch 140 g CO_2 pro Kilometer ausstoßen. Bereits 2005 wurde klar: Das fährt gegen die Wand. Die EU hat deshalb ab 2009 entsprechende Minderungsvorschriften verbindlich vorgeschrieben. Der Unterschied lässt sich an den Zahlen deutlich ablesen: Zu Zeiten der Freiwilligkeitsregelung nahmen die Emissionen von Neufahrzeugen jährlich im Durchschnitt um 2,4 g CO_2 pro Kilometer ab. Das war deutlich zu wenig: Statt beim ausgegebenen Ziel von 140 g landete man bei exakt 152,3 g. Nach Inkrafttreten der Regulierung stieg der jährliche Minderungswert auf 5,3 g CO_2 pro Kilometer.[21] Der Zielwert lag diesmal bei 130 g, zu erreichen bis 2015. Das wurde sogar vorzeitig erreicht, nämlich schon 2013.[22] Noch einmal zum Vergleich:

Freiwilligkeitsregelung:
140 g CO_2/km, zu erreichen innerhalb von 10 Jahren – Ergebnis: Ziel verfehlt

Regulierung:
130 g CO_2/km, zu erreichen innerhalb von 6 Jahren – Ergebnis: wurde vorzeitig erfüllt

Und wenn wir schon beim Thema Abgase sind: Auch beim Nichtraucherschutz hat man zunächst den Freiwilligkeits-Joker gezogen. Am Tisch saßen das Bundesgesundheitsministerium und der Hotel- und Gaststättenverband. Die beiden haben im Jahr 2005 eine sogenannte Zielvereinbarung geschlossen.[23] Danach sollten spätestens 2008 »mindestens 90 Prozent der Speisebetriebe mindestens 50 Prozent des Platzangebotes für Nichtraucher bereithalten.«[24] Aber bereits im August 2007 stellte die Landesregierung von Nordrhein-Westfalen ernüchtert fest: »Freiwillige Vereinbarungen des Deutschen Hotel- und Gaststättenverbandes – DEHOGA – mit dem Ziel, die Anzahl der Nichtraucherbereiche und Nichtraucherbetriebe schrittweise zu erhöhen, haben nicht zu einem ausreichenden Erfolg im Sinne eines wirksamen Nichtraucherschutzes geführt.«[25] Kurze Zeit später wurden in allen Bundesländern Gesetze verabschiedet, die, in unterschiedlicher Form, Rauchverbote für Gaststätten und Gastronomie vorsahen. Nach Aussagen von Wissenschaftlern hat dies, neben anderen Faktoren, für einen historischen Tiefstand der Raucherquote bei Jugendlichen gesorgt.[26] Somit lautet auch hier das Fazit: Ordnungspolitik schlägt Freiwilligkeit.

Dankeswerterweise gibt es Wissenschaftler, die sich mit dem Phänomen der scheiternden Freiwilligkeit einige Mühe gemacht haben. Durch sie wird die Alltagserkenntnis experimentell untermauert. Neben anderen haben das Forscher der Max-Planck-Gesellschaft im Jahr 2009 unternommen. Dazu entwickelten sie ein interaktives Computerspiel mit folgender Versuchsanordnung: Sechs Testpersonen bekommen ein Startkapital von 40 Euro. Es gibt einen gemeinsamen Topf, in dem Geld zusammenkommen muss und zwar 120 Euro. Zehn Spielrunden besteht Zeit dafür. Wird der Betrag erreicht, darf jeder den noch verbliebenen Rest seines Startkapitals behalten. Aber es gibt auch eine Kehrseite: Liegen am Schluss im gemeinsamen Topf weniger als 120 Euro, verlieren alle ihr gesamtes Geld. Egoisten konnten nun auf folgendes spekulieren: Die 120 Euro werden auch zusammenkommen, ohne dass ich etwas in den Topf werfe. Am Schluss hätte ich dann immer noch mein gesamtes Startkapital und damit den höchstmöglichen Gewinn. In jeder der 30 Versuchsgruppen gab es, wie nicht anders zu erwarten, Egoisten. Sie alle spekulierten gleichermaßen auf die dümmliche Gutmütigkeit ihrer Mitspieler. Selbstredend wurden deshalb die 120 Euro nirgendwo erreicht. Bemerkenswert ist, dass es auch eine Reihe von Altruisten gab, die sogar mehr einbezahlten, als erwartbar gewesen wäre. Aber selbst sie konnten das Verhalten der Egoisten nicht ausgleichen.[27] Damit ging die Sache im Experiment nicht anders aus als im wirklichen Leben.

Natürlich wissen die Egoisten um ihr unsoziales Verhalten und verstecken sich deshalb gerne in der Masse. Je größer die Anzahl der Beteiligten wird, umso stärker tritt das Phänomen der Trittbrettfahrer auf. Eines der schlagendsten Praxisbeispiele dafür kommt aus der Arbeitsmarktpolitik. Es ist unstrittig, dass alle Unternehmen gut ausgebildete Fachkräfte benötigen. Also *müssten* auch alle welche ausbilden – in einer idealen Welt. In der realen dagegen sind es lediglich 19,8 Prozent der Betriebe.[28] Alle anderen ersparen sich das. Sie machen eine einfache Rechnung auf: »Ich habe weniger Ausgaben und einen höheren Gewinn, wenn ich die anderen ausbilden lasse. Später hole ich mir die Fachkräfte dann einfach auf dem Arbeitsmarkt.« Umgekehrt ausgedrückt: über 80 Prozent der Unternehmen in Deutschland verhalten sich parasitär gegenüber den restlichen zwanzig – ganz einfach, weil es sich lohnt.

Und dieses Verhaltensmuster findet man nicht nur zwischen Menschen oder Unternehmen, sondern auch Staaten. Daher ist eine Vielzahl von Freiwilligkeitsregimen auf internationaler Ebene praktisch wirkungslos. So hätte beispielsweise der (inzwischen wieder zurückgenommene) Ausstieg aus dem Klimaabkommen von Paris die USA in eine komfortable Situation gebracht. Sie hätten sich damit Klimaschutzanstrengungen, welche die Staatskasse belasten und Umweltauflagen für die Wirtschaft verursachen erspart. Das Klima allerdings macht an Ländergrenzen nicht halt. Sollte es durch das Abkommen von Paris tatsächlich stabilisiert werden, hätten auch die USA davon profitiert. Sie hätten sich dann, wie der Rest der Welt, darüber freuen können, dass der Meeresspiegel nicht weiter ansteigt und weniger Extremwetter übers Land ziehen. Den Aufwand dafür hätten sie jedoch vornehm anderen überlassen. Gleiches gilt für die Staaten, welche formal noch Teil des Abkommens sind, aber seine Vorgaben schlecht oder gar nicht erfüllen.

Es ist das ewige Gerangel zwischen Eigen- und Gemeinnutz. Meist ist der Eigennutz der Stärkere der Streithähne. Der Gegensatz ist hartnäckig, kaum zu beseitigen. Aber es ist möglich, den Gemeinnutz zu stützen, und zwar durch Gesetze. Sie sind in Demokratien idealerweise das klassische und nahezu einzige Instrument, mit dem sich der ewig Unterlegene doch noch durchzusetzen vermag. Sie sind die Software, auf welcher der Staat läuft. Freiwilligkeitsregelungen als Problemlöser taugen dagegen nichts. Bei ihnen gilt: Note »ungenügend«.

Techno

Politik und Wirtschaft teilen ja manche gemeinsame Leidenschaft und eine der innigsten ist Technologie. Sie wird derzeit überhäuft mit Hoffnungen und Vorschusslorbeeren, wie man es schon lange nicht mehr erlebt hat. Der Technologie-Optimismus, welcher zuletzt nach dem Zweiten Weltkrieg seinen großen Auftritt hatte, feiert ein Comeback. Vergessen ist der Technologiepessimismus vergangener Jahrzehnte. All die düsteren Szenarien, dass Computer, Maschinen und Industrie mehr Schaden als Nutzen anrichten – kein Gedanke mehr daran. Es ist wieder schick, gläubig zu sein, denn Technologie bringt angeblich die lange ersehnte Erlösung. Es ist übrigens kein Zufall, dass diese Erweckungsbewegung in Zeiten des Klimawandels auftaucht. Denn jede technische Lösung für das Emissionsproblem, die uns den Verzicht erspart, wäre natürlich ein willkommener Ausweg. So wie Übergewichtige von der Schlankheitspille träumen, so gelüstet es uns Klimasünder nach etwas, das zum Besseren führt, ohne dass wir das Sündigen aufgeben müssen. Wie gesagt, in der Politik sehen das viele auch so. Hier ein Tweet des FDP-Chefs Christian Lindner vom September 2019: »Ich will nicht verzichten und will auch nicht, dass andere verzichten müssen. Ich will durch die beste und neueste Technik erreichen, dass die Menschen frei leben und sich frei bewegen können, während wir gleichzeitig etwas für den Klimaschutz tun.«[29] Ist das realistisch? Die Antwort lautet: Ja – ungefähr so wie die Schlankheitspille. Die enorme Zahl gescheiterter oder kaum realisierbarer großtechnischer Lösungen, die wie Kriegstrümmer am Wegesrand zurückgelassen werden mussten, belegt das eindrucksvoll.

Ganz oben auf der Liste der Technologien mit Erlösungspotenzial steht die Kernfusion. Sie hat es deshalb auf Platz 1 geschafft, weil man sich von ihr tatsächlich die Lösung *sämtlicher* Energieprobleme der Menschheit verspricht – und zwar emissionsfrei und ohne radioaktiven Abfall.[30] Sie ist sozusagen das Allerheiligste der Gläubigen. Was jeden stutzig machen müsste: Von der Atomkraft hat man Ähnliches dereinst auch gedacht. Sie hat die Phantasie beflügelt wie sonst nur noch der Warp-Antrieb und das Beamen. Und so sprießten sie denn, die Träume. Die SPD verabschiedete auf ihrem Bundesparteitag 1956 einen sogenannten »Atomplan«. Darin hieß es unter anderem: »Die Entwicklung von *Kernkraft*maschinen an Stelle der Dieselmotoren und anderer Verbrennungskraftmaschinen für feste und fahrbare Kraftstationen, für Schiffe, Flugzeuge und andere Verkehrsmittel muss den Platz Deutschlands in der Reihe der Industrievölker sichern«.[31] Und der Philosoph Ernst Bloch geriet in seinem Buch »Prinzip Hoffnung« von 1959 geradezu in verbale Ekstase: »Einige hundert Pfund Uranium würden ausreichen, die Sahara und die Wüste Gobi verschwinden zu lassen, Sibirien und Nordamerika, Grönland und die Antarktis zur Riviera zu verwandeln.«[32] Blütenträume, geträumt von der intellektuellen Elite der damaligen Zeit. Was daraus geworden ist, weiß man spätestens seit Tschernobyl und Fukushima.

Gelernt hat man daraus nichts. Denn bei der Kernfusion wiederholt sich die Geschichte. Auch hier wieder völlig enthemmte Heilsversprechen: »Unbegrenzte Energie. Kernfusion, die Kernreaktion, welche der Sonne und den Sternen Energie verleiht, ist eine potenzielle Quelle sicherer, emissionsfreier und nahezu unbegrenzter Energie.«[33] So steht es zu lesen auf der Homepage des Projektes ITER, das damit beschäftigt ist, in Frankreich einen Forschungsreaktor für die Kernfusion zu errichten. Der kommt aber nicht so recht vom Fleck: Baubeginn war im Jahr 2010, die Inbetriebnahme eigentlich für 2016 vorgesehen. Das hat sich zwischenzeitlich leicht verschoben und zwar auf das Jahr 2035.[34] Und so geht das mit der Kernfusion im Grunde schon seit den 1950er Jahren, als es hieß »in zwanzig Jahren sind wir soweit«.[35] Inzwischen gibt es das geflügelte Wort von der »Kernfusionskonstante«. Damit ist gemeint: Wann immer man in den letzten Jahrzehnten einen Experten gefragt hat, wann die Kernfusion denn nun komme, wurde stets der gleiche Zeitraum angegeben. Man kommt dem Ziel einfach nicht näher. Es ist die berühmte Fata Morgana, die in der Ferne verheißungsvoll leuchtet, aber doch nie erreichbar ist. Kein Wunder: Die zu lösenden technischen Probleme sind so groß, dass die Kernfusion trotz jahrzehntelanger Bemühungen immer noch meilenweit von der Anwendung im industriellen Maßstab entfernt ist. Ganz abgesehen davon: Wenn es in Zukunft tatsächlich eine saubere und unerschöpfliche Energiequelle gäbe, was wäre die Folge? Wahrscheinlich die, dass alle Hemmungen fielen und wir Energie wie im Exzess verbrauchten. Das wiederum hätte eine Expansion der Ökonomie zur Folge und damit mehr Umweltverbrauch, also das Gegenteil von Nachhaltigkeit.[36]

Auch jenseits der Kernfusion herrscht kein Mangel an Luftschlössern. Ein Hoch, das inzwischen wieder abgeflaut ist, hat in den letzten Jahren die CCS-Technologie erlebt. Das Kürzel steht für »Carbon Capture and Storage«. Gemeint ist damit die Idee, Kohlendioxid zu speichern, nachdem es aus den Abgasen, beispielsweise eines Kraftwerkes, abgeschieden wurde. Gedacht wird dabei hauptsächlich an Untertage-Speicher. Hört sich erst einmal gut an: Das böse Kohlendioxid verschwände wie der Gollum irgendwo in der Erde, anstatt die Atmosphäre mit seiner Anwesenheit zu belästigen. Genau da liegt aber das Problem: Die Garantie, dass das Gas *für immer* in dem gewählten Speicher bleibt, kann seriöserweise niemand übernehmen. Das wäre aber notwendig. Denn außer einer zeitlichen Verschiebung der Klimaverschmutzung wäre ja nichts gewonnen, wenn das gespeicherte CO_2 irgendwann über eine Leckage doch noch in die Atmosphäre gelangte. Ganz abgesehen davon, dass die CCS-Technologie selbst auch nicht wenig Energie benötigt. Um bis zu 40 Prozent kann sich bei ihrem Einsatz der Energieverbrauch einer Anlage erhöhen.[37] Man benötigt also erst einmal *mehr* Energie, um die Folgen der Energieerzeugung *weniger* werden zu lassen. Klingt nicht besonders vernünftig. Und natürlich ist der Speicherplatz auch nicht unendlich. CCS wäre damit so oder so nur eine begrenzte Lösung.

Auch immer wieder gerne genommen als Ausweg aus der Misere ist der Traum von der Wasserstoffwirtschaft. Der Wunderstoff kann per Elektrolyse gewonnen werden: Dabei wird Wasser mit Strom traktiert, es spaltet sich auf und übrig bleiben, säuberlich getrennt, Wasserstoff und Sauerstoff.[38] Wenn dies mit Hilfe von Strom aus erneuerbaren Quellen gemacht wird, ist es ein quasi klimaneutraler Prozess. Gleiches gilt auch für den Einsatz des Wasserstoffes in Brennstoffzellen, denn Emissionen entstehen hier praktisch nur in Form von Wasserdampf oder Wasser. Es verwundert nicht, dass man da ins Träumen gerät – so wie Jules Verne in seinem Roman »Die geheimnisvolle Insel«. Veröffentlicht im Jahr 1874 sah der Autor die Zeiten schon heraufziehen, in denen Kohle durch Wasserstoff ersetzt wird.[39] Der US-amerikanische Publizist und Fabulist Jeremy Rifkin ließ sich ebenfalls anstecken und widmete im Jahr 2005 ein ganzes Buch der sogenannten Wasserstoff-Revolution.[40] Die ist bis dato, 16 Jahre nach Rifkins und 147 nach Vernes Buch, ausgeblieben. Die Gründe sind vielfältig: So wäre der Aufbau einer umfassenden Wasserstoff-Infrastruktur technisch und finanziell sehr aufwendig. Zudem existiert, abgesehen von einigen industriellen Anwendungen und technologischen Nischen, bis heute kein Geschäftsmodell, bei dem sich mit Wasserstoff Geld verdienen lässt. Darüber hinaus weist die gesamte Technologie einen relativ bescheidenen Wirkungsgrad auf. Das bedeutet, es kommt nur wenig von der eingesetzten Energie auch tatsächlich beim eigentlichen Anwendungszweck (zum Beispiel ein Auto zu bewegen) an. Der meiste Teil geht im Herstellungs- und Umwandlungsprozess verloren. Man geht davon aus, dass in einem Wasserstoff-Fahrzeug nur 25 Prozent der ursprünglich eingesetzten Energie für das Fahren verwendet wird. Bei Batteriefahrzeugen liegt der Wert deutlich höher, nämlich bei 70 Prozent.[41] Selbst Verbrennungsmotoren, obwohl kein Beispiel für hohe Effizienz, liegen mit 35 bis 45 Prozent besser.[42]

Zwischenfazit: All diejenigen Akteure in der Politik, die Wählerstimmen lieber erschmeicheln anstatt erkämpfen, haben den großen Traum von der eierlegenden Wollmilchsau. Die besteht aus einer Energiequelle, welche klimaneutral ist, hohe Akzeptanz in der Bevölkerung genießt und Niedrigstpreise ermöglicht. Davon allerdings träumt die Menschheit bereits seitdem sie das erste Feuer angezündet hat. Zahllose Generationen haben sich – alle vergeblich – daran versucht. Es sprechen also mehr Gründe dagegen als dafür, dass ausgerechnet jetzt der Durchbruch gelingen sollte. In Wahrscheinlichkeiten ausgedrückt müsste man sagen, das geht gegen Null.

So mancher will sich damit nicht abfinden und stemmt sich mit an Verzweiflung grenzendem Draufgängertum gegen diese unangenehme Tatsache. Wie immer, wenn der Mensch so agiert, ist das Ergebnis mehr beängstigend als befreiend. Auf diese Weise ist unter anderem das

Geo-Engineering entstanden. Darunter versteht man nichts anderes, als dass der Mensch das Management des Klimasystems der Erde übernimmt. Was alleine schon deshalb befremdlich klingt, weil die hochkomplexe Funktionsweise dieses System bis heute noch nicht im Detail verstanden ist.[43] Hinzu kommt, dass der Mensch nach wie vor damit überfordert ist, umfassende Systeme zentral zu lenken. Das phänomenal gescheiterte Großexperiment der sogenannten Planwirtschaften sollte diese Lektion eigentlich längst gelehrt haben.[44] Man kann den Freunden des Geo-Engineerings zumindest nicht vorwerfen, dass sie im Klein-Klein unterwegs sind. Im Gegenteil, denn bei ihnen gilt die alte Macho-Devise noch etwas, die da lautet: Je größer, desto besser. So ist von dem US-Ozeanographen John Martin folgendes Zitat aus dem Jahr 1988 überliefert: »Gebt mir eine halbe Schiffsladung Eisen, und ich löse damit eine neue Eiszeit aus.«[45]

Dieser Prahlhans stößt uns praktisch mit der Nase direkt auf das systemische Problem des Geo-Engineerings: Wer etwas Großes anleiert, kann auch großen Unsinn veranstalten. Eines der überdrehtesten Werkzeuge im Koffer der Planeten-Schrauber nennt sich »Solar Radiation Management«, kurz SRM.[46] Ziel ist, die Erderwärmung zu stoppen, indem die Strahlung der Sonne in den Weltraum zurückbefördert wird noch bevor sie die Erdoberfläche erreicht. Der harmloseste Vorschlag, um das zu erreichen, besteht daraus, Spiegel im Weltall zu verteilen. Das wird aber nie über die Theorie hinauskommen, weil zu teuer und technisch ziemlich anspruchsvoll.[47] Einer der dafür ausgearbeiteten Pläne spricht von 750 Milliarden US-Dollar alleine zur Installation der Spiegel im Weltraum.[48] Eher zu bewältigen, aber auch bedrohlich anmutend, wäre es, Schwefel großflächig in der Stratosphäre auszubringen.[49] Vorbild dafür[50] ist ausgerechnet eine gigantische Naturkatastrophe: der Ausbruch des Tambora, eines Vulkans in Indonesien, im Jahr 1815. Es war eine der größten Eruptionen, die überhaupt bekannt sind.[51] Und damit wurde der Tambora ungewollt zum Geo-Ingenieur. Denn der Himmel verdunkelte sich großflächig, die Temperaturen fielen. Sogar noch der Sommer des Folgejahres war schön kühl, denn er fand einfach nicht statt. Aber es geschah noch viel mehr und viel Schlimmeres: Tausende Menschen starben direkt durch den Ausbruch und noch einmal tausende durch die Ernteausfälle, die ihm folgten und Hungersnöte ausgelöst haben.[52] Das müsste zumindest die Nachdenklichen skeptisch machen, wenn jetzt Geo-Ingenieure einen solchen Vulkanausbrauch quasi künstlich reproduzieren wollen. Denn eines ist klar: Ob es funktioniert, weiß man erst, wenn man es macht. Vorher testen kann man es nicht, und Modellrechnungen sind selten so perfekt, dass sie alle Eventualitäten abdecken.[53] Man hat also nur einen Schuss frei, und wenn der nicht sitzt, stürzt er die ganze Welt ins Unglück. Das sind Szenarien, wie man sie bisher nur von Atomwaffen und Kernreaktoren kannte. Auch der Aufwand, der betrieben werden müsste, ist so massiv, dass es geradezu absurd anmutet: Von 6 700 »Schwefel«-Flügen täglich (!) ist da die Rede und von acht Millionen Tonnen Schwefel, die sie pro Jahr verteilen müssten. Zudem müsste das Ganze 160 Jahre lang betrieben werden.[54] Dagegen hat der Tambora, mit gerade einmal einem Ausbruch, regelrecht kurzen Prozess gemacht.

Mal angenommen, es gäbe ihn doch, den einen großen Techno-Ausweg am Horizont. Dann bleibt immer noch ein unüberwindliches Problem: Man hätte schon vor 20 Jahren damit anfangen müssen, um noch rechtzeitig von der Wirkung zu profitieren. Sogar eine Studie, die im Januar 2018 für den Bundesverband der Deutschen Industrie erstellt wurde, also einer Organisation, die der Technologieskepsis völlig unverdächtig ist, räumt das ein. Die Autoren führen dort aus: »Mehrere ›Game-Changer‹ könnten die Erreichung der Klimaziele in den nächsten Jahrzehnten potenziell erleichtern und günstiger gestalten (unter anderem Technologien für die Wasserstoffwirtschaft und Carbon-Capture-and-Utilization-Verfahren). Ihre Einsatzreife ist aktuell noch nicht sicher absehbar und wird daher zur Erreichung der Ziele nicht unterstellt.«[55] Fortschritt und Veränderung brauchen gerade bei komplexen Systemen eben Zeit. Wie überraschend viel davon, das ist wissenschaftlich recht gut untersucht. Eine Studie aus dem Jahr 2018 weist anhand verschiedener konkreter Fälle nach, dass technologische Innovationen in der Regel zwischen zwei und vier Jahrzehnten benötigen. Diese Zeit wird gebraucht, um sie von der Erfindung, respektive Entwicklung, bis in den kommerziellen Massenmarkt zu bringen. Schneller geht es selten. Bei Technologien zur Erzeugung von Strom liegt das Mittel sogar bei 43 Jahren.[56] [57] Am Beispiel der Erneuerbaren Energien kann man das gut zeigen. Eigens für sie hatte man 1991 das »Stromeinspeisungsgesetz«[58] erfunden. Die Absicht dahinter war, den Erneuerbaren eine faire Chance gegenüber den konventionellen Energien einzuräumen. Die Hauptinstrumente dafür waren, dass die Netzbetreiber jeden Strom aus Erneuerbaren abnehmen mussten, und dass dafür festgelegte Vergütungssätze zu zahlen waren. Auf diese Weise konnten sie in der Konkurrenz gegenüber Kohle, Gas und Atom mithalten. Im Jahr 2000 wollte es Rot-Grün dann noch besser machen und brachte den Nachfolger, das Erneuerbare-Energien-Gesetz auf den Markt. Das ist nicht ohne Wirkung geblieben: Noch im Jahr 1990 betrug der Anteil der Erneuerbaren am deutschen Bruttostromverbrauch lediglich 3,4 Prozent, hauptsächlich bestehend aus Wasserkraft. Im Jahr 2019 lag er bei 42,1 Prozent.[59] Eine durchaus beeindruckende Entwicklung, aber eben eine, die 29 Jahre gedauert hat. Und selbst nach so langer Zeit ist noch nicht einmal die 50 Prozent-Marke erreicht. Würde man die gesamte Zeit ab der Erfindung messen, ausgehend zum Beispiel von der Solarzelle, käme man auf noch wesentlich längere Zeiträume. Außerdem beziehen sich die bisherigen Erfolge der Erneuerbaren nur auf den Stromsektor. In anderen Bereichen, wie dem Verkehr, bewegt sich ihr Anteil noch auf dem Niveau von homöopathischen Dosen.

Das zeigt: Auch dann, wenn man sofort beginnen würde, konsequent neue Technologien zu forcieren, würde man oft erst in Jahrzehnten die Ernte einfahren können. Beispiel Wasserstoffwirtschaft: Hier befinden wir uns noch im Stadium der Pilotprojekte. Von einer umfassenden Struktur, signifikanten Produktionsmengen oder funktionierenden Geschäftsmodellen in der breiten Anwendung sind wir noch weit entfernt. Selbst große Unterstützer einer Wasserstoff-Zukunft sehen das so. Zu ihnen gehört zuvorderst Japan, sicherlich eines der Länder, das am konsequentesten auf Wasserstoff setzt. Aber sogar dort rechnet man erst für das Jahr 2040 mit der vollständigen Realisierung eines CO_2-freien Wasserstoff-Systems.[60] Auch in anderen Bereichen, zum Beispiel der E-Mobilität, gilt: Eile mit Weile. Sogar die notorisch optimistischen Regierungsberater von der »Nationalen Plattform Elektromobilität«[61] gehen davon aus, dass die Elektromobilität noch im Jahr 2030 lediglich einen Anteil von 10 bis 15 Prozent am Pkw-Markt stellen wird.[62] Wenn man weiß, dass es rund 20 Jahre dauert, bis eine Pkw-Generation ersetzt wird[63], dann ist klar: Bis bei diesem Tempo der gesamte Pkw-Bestand ausgetauscht ist, dürfte es für die Rettung des Klimas zu spät sein. Wie bei so vielen anderen Zukunfts-Technologien gilt auch hier: Die Hoffnung trügt.

Ablasshandel

Wer im Materiellen scheitert, sucht sich sein Heil im Virtuellen. Womit wir beim Ablasshandel wären. Er kann eine lange Geschichte aufweisen, was daran liegen mag, dass stets Bedarf herrschte. Und immer ist auch irgendjemand geschäftstüchtig genug, ein Angebot zu machen. Die Kirche war einer dieser Anbieter. Jedenfalls so lange, bis die Moderne über sie kam und zunehmend weniger Menschen ihr Seelenheil im Sakralen suchten. Damit wurde dann auch dieser Kassenschlager zum Ladenhüter. Jetzt aber ziehen die Verkäufe wieder an. Und der Ablasshandel der Gegenwart ist keinen Deut besser als der aus der Vergangenheit: Geld gegen Gewissen. Nach diesem Prinzip hat man schon immer die Moral käuflich gemacht, wobei Gutes dabei nie entstanden ist. Das hat sogar die Katholische Kirche mittlerweile eingesehen. Deshalb überlässt sie das Geschäft mit dem sündigen Tun jetzt anderen. Ablässe kauft man heute nicht mehr in der Pfarrei, sondern bei denen, die einen Ausgleich für klimaschädliches Verhalten im Angebot haben – Firmen wie Atmosfair und andere. Die müssen sich übrigens ausgerechnet vom Papst Vorhaltungen machen lassen. Das hört sich dann so an: »Die Flugzeuge verschmutzen die Atmosphäre, aber mit einem Bruchteil der Summe des Ticketpreises werden dann Bäume gepflanzt, um den angerichteten Schaden zu kompensieren.«[64] Natürlich will er damit von der Kirche und ihren vergangenen Verfehlungen ablenken, unrecht hat er aber nicht. Bei der Lufthansa beispielsweise kostet der Klimaausgleich für einen Flug von Berlin nach Zürich gerade einmal 1,50 Euro.[65] Wenn man, so der Papst weiter, diese Logik auf die Spitze treibe, werde es eines Tages so weit kommen, dass Rüstungskonzerne Krankenhäuser für jene Kinder einrichteten, die ihren Bomben zum Opfer fielen. Das sei Heuchelei.[66] Irrt er sich da? Oder ist es tatsächlich möglich, sich vom Verzicht auf Flugreisen freizukaufen, indem man Ausgleichszahlungen leistet? Und welche Wirkung hat das? Es gibt da eine nette Anekdote aus Israel. Ende der 1990er-Jahre hatten dort einige Kindergärten Strafzahlungen eingeführt für Eltern, die ihre Kinder zu spät abgeholt haben. Was war der Effekt? Die Verspätungen haben sich nicht verringert, sondern sogar verdoppelt.[67] Die Eltern hatten das Gefühl: »Jetzt, wo wir dafür zahlen, können wir das erst recht machen.« Die als Geldstrafe gedachte Aktion hatte sich zu einer Art Gebühr für zeitflexibles Abholen entwickelt. Ähnlich scheint es sich auch bei den CO_2-Ausgleichen für Flugreisen zu verhalten. Anders ist nicht zu erklären, warum die Anbieter der Zertifikate von 2017 nach 2018 einen Umsatzzuwachs von 40 Prozent verbuchen konnten[68] – während gleichzeitig die Zahl der Flugpassagiere in Deutschland um 2,5 Prozent *angestiegen* ist.[69] Auch der CO_2-Ausstoß der Lufthansa befand sich weiter im Steigflug: Alleine von 2017 bis 2018 legte er um 10 Prozent zu.[70]

Und das liederliche Verhalten der Ablass-Käufer ist nur die eine Seite. Das, was mit ihrem Geld geschieht, die andere. Da gibt es beispielsweise ein Problem mit den Aufforstungsmaßnahmen, die bei vielen Kompensationsanbietern so beliebt sind. Sie wirken nämlich erst weit in der Zukunft und bringen somit für den Ausgleich der aktuell begangenen Klimasünde außerordentlich wenig. Ganz abgesehen davon, dass die Aufforstungsprojekte in der Kritik stehen, weil darunter auch solche seien, die Monokulturen schafften oder Herbizide einsetzten.[71] Nicht alle Anbieter investieren jedoch in Holz. Andere finanzieren zum Beispiel Windparks. Aber die brauchen gar keine Hilfe, denn für sie steht auch ohne das Geld aus dem Ablasshandel genug Förderung und Kapital zur Verfügung. Sie würden so oder so entstehen. Das wohl gewichtigste Argument gegen den Klimaablass ist jedoch, dass er das Übel nicht an der Wurzel, also bei der Quelle des CO_2 anpackt. Stattdessen tritt er erst dann in Aktion, wenn das Schadgas bereits raus ist und der Atmosphäre zusetzt. Notwendig wäre stattdessen, auf Flugreisen zu verzichten und *trotzdem* aufzuforsten. Denn wir befinden uns inzwischen in einer Situation, in welcher eine bloße Neutralisierung von Klimaschäden nicht mehr ausreicht. Stattdessen muss unter dem Strich immer ein Plus für das Klima stehen, damit die bereits bestehenden Schäden ein Gegengewicht finden.

Zusammengefasst: Unser Ausflug auf die bequemen Auswege – darunter Werbung, Freiwilligkeitsregelungen, Technologie und Ablasshandel – endet in Ernüchterung. Keiner dieser Wege wird uns zum Ziel bringen – schon gar nicht rechtzeitig.

In medias res – die Herausforderungen (eine Auswahl)

Kommen wir damit zum unangenehmen Teil: dem Verzicht. Denn darauf läuft es hinaus. Wir haben das ja alles durchdekliniert, die Vermeidungsstrategien und die vermeintlich bequemen Auswege. Dadurch wissen wir jetzt: Am Verzicht führt nichts vorbei. Aber diese Erkenntnis alleine ist natürlich noch viel zu abstrakt. Deshalb soll nun die Frage beantwortet werden, auf was genau wir eigentlich verzichten sollen, ja müssen. Vorausgeschickt sei das: Die Liste zieht sich quer durch unser Leben. Sie lässt wenig unberührt. Natürlich kennt man die ein oder andere Forderung bereits zu genüge. Aber in der Masse, als Gesamtliste, kann das schon etwas erdrückend wirken. Grob lässt sich diese Sammlung in vier Kategorien unterteilen: Klima, Umwelt, Gesundheit und Soziales. Die vier Bücher des Verzichts, wenn man so will.

Wo anfangen? Beginnen wir hiermit:

Verzicht für das Klima

Urlaub

Es gibt Vieles, das man lassen soll, um das Klima zu retten. Der Urlaub gehört auch dazu. Allerdings ist er die Heilige Kuh der Deutschen. Die keult man nicht, sondern vergöttert sie. Da können das ganze Jahr über ungekannte Trockenperioden oder verheerende Überschwemmungen das Land heimgesucht haben. Da können Wissenschaftler sich den Mund fusselig reden über den Klimawandel. Sobald der Sommer naht, ist das alles vergessen. Der Urlaub läuft für die meisten außer Konkurrenz, auch zum Klimawandel. Er ist das exterritoriale Gebiet im eigenen Kopf, zu dem die Scham keinen Zutritt hat. Die freien Tage haben im Land der Malocher quasi Grundrechtsstatus. Und so ist auch nicht überraschend, was in einer Tourismusanalyse vom Februar 2018 nachzulesen ist: »Noch nie in der Geschichte des Reisens haben so viele Bundesbürger eine Fernreise unternommen wie in den vergangenen zwölf Monaten. Parallel hierzu erhöhten sich auch die durchschnittliche Reisedauer und die Urlaubskosten, die zudem einen neuen Höchstwert erreichten.«[1] Und auf der anderen Seite? Da steht das Umweltbundesamt und tut zaghaft kund: »Bevorzugen Sie Reiseziele in der Nähe. Vermeiden Sie Flugreisen und Kreuzfahrten.«[2] Die Machtverhältnisse dürften klar sein. Recht hat am Ende der Reisende und nicht diese freudlosen Bio-Beamten.

Obwohl sie natürlich nicht falsch liegen. Immerhin gehen acht Prozent des weltweit anfallenden CO_2 auf das Konto des Tourismus.[3] Urlaub ist nur wenige Wochen im Jahr, aber die ausgelassene Party hinterlässt mehr Müll in der Atmosphäre als man je wieder aufräumen könnte. Erholung hat ihren Preis – nicht nur im Reisebüro. Und wenn man sich die

Trends ansieht, wird da auch so schnell nichts besser. Stichwort Verkehrsmittel: Am liebsten wird immer noch mit dem Pkw verreist, während die Bahn sogar Anteile verloren hat. Das fällt allerdings nicht mehr besonders ins Gewicht, denn bereits vorher hatte sie nur sechs Prozent Anteil am Urlaubs-Reiseverkehr.[4] Stichwort Kreuzfahrten: die Anzahl der Deutschen, die in See stechen, hat sich in den letzten zehn Jahren mehr als verdoppelt. Sie liegt nun bei 2,2 Millionen Bundesbürgern jährlich. Das bedeutet, da wird jedes Jahr die komplette Einwohnerschaft Hamburgs über die Meere geschaukelt. Ein Ende ist nicht in Sicht: Prognosen gehen davon aus, dass 2030, ausgerechnet in dem Jahr, das ein wichtiger Wegpunkt im Kampf gegen den Klimawandel werden soll, schon sechs Millionen Deutsche an Bord der Vergnügungsdampfer gehen werden.[5] Wie gesagt, der Trend läuft gegen das Klima. Das hat auch mit der mentalen Haltung zu tun. Im Juni 2019, dem zweiten Hitzesommer in Folge, wurden die Deutschen in einer repräsentativen Erhebung gefragt: »Hat die aktuelle Klimadebatte Auswirkungen auf Ihre Urlaubspläne dieses Jahr?« Die Antwort von 71 Prozent: »Nö.«[6] Die Branche suhlt sich in dieser herzlichen Zuneigung ihrer Kunden und tut wenig, um umweltverträglicher zu werden. Kreuzfahrten sind dafür das extremste Beispiel. Sie finden meist unter Fremdflaggen statt, also irgendwo im Nirgendwo zwischen lückenhaftem internationalen Recht und laxen Regeln des Flaggenstaates. Da existieren wenige bis keine Umweltvorgaben. Oder sie werden nicht kontrolliert. So kommt es, dass erst ein einziges Kreuzfahrtschiff weltweit unterwegs ist, das mit dem weniger emissionsträchtigen Flüssigerdgas angetrieben wird.[7] Das gilt in der widerspenstigen Branche schon als großer Fortschritt, obwohl es sich freilich auch dabei um einen fossilen Brennstoff handelt. Gleiches gilt für den Beschluss der Internationalen Schifffahrtorganisation (IMO), der eine deutliche Reduzierung des Schwefelgehalts im Treibstoff vorsieht, gültig ab 2020.[8]

Dabei ist Klimaschutz nur ein Grund, aus dem man kürzer treten sollte beim Reisen. Ein weiterer sind die wütenden Proteste, die überall auf dem Globus an notorisch beliebten Destinationen entstehen. Die Einwohner dort wehren sich gegen das, was man als »Overtourism« bezeichnet. Kurz gesagt meint das die Überforderung einer Region durch massenhaften Tourismus. Die Protestierer sind sich völlig im Klaren darüber, dass die Urlaubsgäste ein wichtiger wirtschaftlicher Faktor sind. Trotzdem sind viele inzwischen bereit, lieber auf einen Teil des Wohlstandes zu verzichten, als sich weiter wie die Bewohner von Disneyland zu fühlen. Die Reiseindustrie argumentiert ja gerne, dass Tourismus so eine Art Entwicklungshilfe mit Spaßfaktor ist. Denn schließlich bringe der Urlauber Wohlstand und Fortschritt in die darbenden Zielgebiete. Die Menschen vor Ort haben da inzwischen eine andere Sicht der Dinge. Sie empfinden Massentourismus oft als zerstörerische Kraft, die ganze Landstriche in unbewohnbare kulturelle und soziale Wüsteneien verwandelt. So massiv ist der Widerstand mittlerweile, dass sogar ein bekannter Reise-Informationsdienst (Fodor's heißt er) verzweifelt versucht, sich an die Spitze der Bewegung zu stellen, um von dort aus seine Geschäfte weiter zu betreiben. Das äußert sich jährlich in der Veröffentlichung einer sogenannten »No-List«. Die enthält Reiseziele, welche man besser verschonen sollte, wenn man nicht an ihrer Zerstörung beteiligt sein möchte.[9] Darunter findet sich auch ein Abschnitt mit der Überschrift »Places that don't want you to visit«.[10] Dazu gehören auf der Liste für 2019 die Osterinseln und auf der für 2018 Amsterdam. Für diese Orte gilt: Wer nicht willkommen ist und trotzdem hingeht, der ist eigentlich ein Invasor. Wer sich das zu Herzen nimmt und beschließt, auf Ziele innerhalb Deutschlands auszuweichen, der wird überrascht sein, dass es auch hier Orte gibt, die inzwischen schwer zu tragen haben an ihrem Schicksal. Zum Beispiel am bayerischen Walchensee. Von dort berichten Medien, dass insbesondere an Wochenenden der Touristenansturm so gewaltig ist, dass selbst die Polizei ihm nicht mehr Herr wird.[11]

Es gibt also viele Gründe, die gegen exzessives Urlauben sprechen. Aber noch ist keiner stark genug, um gegen den hochprozentigen Cocktail anzukommen, der aus den Zutaten Reise und Freizeit gemixt wird. Großzügig genossen macht der das Hirn weich und beschert so den Menschen Frieden vor allen lästigen Argumenten.

Weder Fisch noch Fleisch

Wir waren ja bei den Verzichtsforderungen für den Klimaschutz. Dabei denkt man nicht zuallererst an Schnitzel oder Heringsfilet. Und doch: Am Fleischkonsum leidet nicht nur das Tier. Wenn man so will als späte Rache für sein vorzeitiges Ableben hinterlässt uns nämlich jedes Schlachttier einen mehr oder minder gehörigen Klimaschaden. Bei Rindern, den Rekordhaltern, werden pro Kilo Körpergewicht gleich zwölf Kilogramm CO_2 fällig. Wobei alle Gase, die das Rind ausstößt (also auch Methan) hier eingerechnet sind. Deshalb spricht man von CO_2-Äquivalent. Wesentlich weniger rachsüchtig in der Beziehung sind Schweine und Geflügel mit vier Kilogramm CO_2-Äquivalent. Trotzdem: Tiere essen ist schlecht – auch für uns. Besser fährt, wer auf Gemüse setzt: Ein Kilogramm Möhren beispielsweise verursacht geradezu lächerliche 0,3 Kilogramm CO_2-Äquivalent.[12] So kommt es, dass ein Veganer in Deutschland zwei Tonnen weniger Treibhausgase pro Jahr verursacht als sein fleischverzehrender Mitbürger.[13] Und auch beim Landverbrauch, ebenfalls ein wichtiger Umweltaspekt, existieren massive Unterschiede: 26 Prozent der globalen Landfläche gehen für Viehhaltung drauf und noch einmal 6 Prozent für die Erzeugung von Futtermitteln. Der Anbau von Obst, Gemüse und Getreide dagegen beansprucht nur bescheidene fünf Prozent.[14]

Kein Wunder also, dass seit Jahren gefordert wird, weniger Fleisch zu essen oder – besser noch – die Finger ganz davon zu lassen. Insbesondere verschiedene UN-Organisationen machen sich dafür stark. Nachzulesen ist das beispielsweise in einem Bericht vom August 2019, den das Intergovernmental Panel on Climate Change[15], ein Wissenschaftsgremium unter dem Dach der UN, veröffentlicht hat. In aller Deutlichkeit wird beschrieben, dass Fleisch unverhältnismäßig viel Treibhausgase verursacht. Die Wissenschaftler führen als Beispiel die USA an. Dort macht Fleisch nach Gewicht rund vier Prozent der verkauften Lebensmittel aus, ist aber für 36 Prozent der von Lebensmitteln verursachten Emissionen verantwortlich.[16] Außerdem haben sie verschiedene Studien ausgewertet, die das Einsparpotenzial von Treibhausgasemissionen beziffern. Würde sich die ganze Menschheit nach dem Vorbild der mediterranen Ernährung versorgen, also moderater Fleischkonsum, viel Gemüse, ließen sich pro Jahr bis zu drei Gigatonnen CO_2-Äquivalent[17] einsparen. Würde rein vegane Ernährung weltweit Einzug halten, käme man sogar auf knapp acht Gigatonnen.[18] Zur Einordnung: Im Jahr 2017 betrugen die weltweiten Treibhausgasemissionen 53,5 Gigatonnen CO_2-Äquivalent.[19] Wie wir uns ernähren, macht also einen Unterschied.

Fleischverzicht hat auch deshalb Charme, weil er eine relativ leicht umzusetzende Klimaschutzmaßnahme wäre. Bei vielem anderen ist man von den Umständen oder Dritten abhängig. Wer beispielsweise nicht mehr mit dem Pkw zur Arbeit pendeln möchte, der ist auf einen gut funktionierenden Öffentlichen Nahverkehr angewiesen. Wo es den nicht gibt, ist auch der beste Wille nutzlos. Beim Fleischverzicht ist das anders. Es braucht nur die eigene Entscheidung, nichts sonst. Die könnte man sogar noch befeuern, indem man sich klar macht, dass vegetarische Ernährung nicht nur für das Klima, sondern auch die eigene Gesundheit Gutes tut. Übergewicht, Diabetes Typ 2, Atherosklerose, Gicht und diverse Formen von Krebs – all dem kann man damit vorbeugen helfen.[20] Das sollte eigentlich eine Steilvorlage für die Verbraucher sein, von denen 91 Prozent in Umfragen angeben, Essen müsse für sie gesund sein.[21] Und doch: Seit den Fünfzigerjahren hat sich der Fleischverzehr der Deutschen glatt verdoppelt und hält sich heute stabil bei rund 60 Kilogramm per annum. Die Deutsche Gesellschaft für Ernährung sieht gerade einmal die Hälfte davon als gesundheitlich vertretbar an.[22] Damit bleibt sie im Land der Fleischesser aber ein einsamer Rufer in der Wüste. Nur lächerliche sechs Prozent der Bevölkerung bezeichnen sich hierzulande als Vegetarier und ein Prozent als Veganer.[23] Hilfreicher wäre das umgekehrte Verhältnis: sechs Fleischesser auf 94 Vegetarier.

Weil das jedoch nicht absehbar ist, hat man sich auch hier auf die Suche gemacht nach bequemen Auswegen. Man hätte gerne den Verzicht, der ohne das Verzichten-müssen auskommt. Die Lösung dafür lautet: Fleisch ja, aber es soll kein Fleisch enthalten. Was sich anhört, als sei es der nächste Lebensmittelskandal – Stichwort: Analogkäse – ist tatsächlich einer der größten Food-Hypes der letzten Jahre. Überall auf der Welt, aber vor allem in Nordamerika, versuchen sich Start-ups unter beträchtlichem Einsatz von Ressourcen, Geld und wissenschaftlichem Know-how daran. Ihr Ziel ist, etwas zu schaffen, das aussieht wie Fleisch, sich auch so anfühlt und vor allem so schmeckt, aber kein Fitzelchen totes Tier enthält. Interessant war die mediale Begleitung des Phänomens, die darin bestand, selbst fingerhutgroße Fleischstückchen aus der Retorte als Lösung des Problems zu feiern, dass der Mensch ein unverbesserlicher Fleischfresser ist. Mehr als die besagten Mini-Stückchen gab es jahrelang auch nicht zu vermelden. Inzwischen hat sich das geändert und das fleischbefreite

Fleisch ist auch beim Discounter zu haben. Ob es sich jedoch auf breiter Front durchsetzen wird steht in den Sternen. Die vielen Medienberichte über Geschmack und Konsistenz der Produkte klingen oft bemüht positiv – und das ist eigentlich nie ein gutes Zeichen für ein neues Produkt. Der Eindruck beim Leser der Artikel ist: Man will sie wirklich allzu gerne, ist sich aber nicht sicher, ob man sie wirklich schon in der Hand hält, die vollwertige Alternative zu den althergebrachten tierischen Produkten.[24]

Wenn es Fleisch nicht sein soll, könnte Fisch die Alternative sein? Bloß nicht! Eigentlich gilt der ja als gesund, ganz im Gegensatz zu Rind und Schwein, die in dieser Beziehung in den letzten Jahren einen ganz schönen Imageschaden davongetragen haben. Aber die Betonung liegt auf »grundsätzlich«, denn das trifft eben nur dann zu, wenn man einen Fisch auf den Teller bekommt, der frei von Schwermetallen[25] und Mikroplastik[26] ist. Der allerdings ist zunehmend schwerer zu finden. Außerdem schlägt die immer aggressivere Überfischung der Bestände auf das Gewissen des Essers. Die führt inzwischen sogar bei häufig vorkommenden Fischarten zu gefährlichen Rückgängen der Population. Ein weiteres Problem ist der Beifang, also Tiere wie Robben oder Seevögel, die unbeabsichtigt in den Netzen landen und dort verenden. Als Faustregel gilt: pro Kilo Fisch ein Kilo Beifang.[27] Alle diese Umstände führen dazu, dass heute lange suchen muss, wer korrekten Fisch essen will. So listet der Greenpeace »Einkaufsratgeber Fisch« insgesamt 47 Fischarten auf, stuft davon aber nur drei als nachhaltig ein. Bei allen anderen gelte, so die Greenpeace-Experten: »Finger weg.«[28] Doch auch hier kann der Mensch auf seine über Äonen eingeübte Meisterschaft im Verdrängen bauen wie auf einen festen Felsen. So kommt es, dass trotz allem der deutsche Fischkonsum steigt – alleine 2018 von 14,1 auf 14,4 Kilo pro Person.[29]

Die Nation

Es ist eine Binsenweisheit, dass der Klimawandel nur international bewältigt werden kann. Und das trifft nicht nur auf ihn zu, sondern gilt für viele Menschheitsprobleme, als da wären: Antibiotikaresistenzen, Zerstörung von Lebensräumen, Artensterben, Wirtschaftskrisen und Pandemien. Wir haben drei Jahrzehnte hinter uns, in denen wir uns global ausgebreitet haben. Da darf es nicht Wunder nehmen, dass auch die Probleme sich globalisiert haben. Wer sich da hinter die eigenen Grenzen zurückzieht und Nation über Notwendigkeit stellt, tut weder sich noch der Menschheit einen Gefallen. Trotzdem erleben wir ausgerechnet jetzt einen Aufschwung des Nationalismus. Auffälligstes Indiz hierfür ist, dass bis Anfang 2021 (dem Ausscheiden von Präsident Trump aus dem Amt) von den fünf flächenmäßig größten Staaten der Erde drei von Rechtsradikalen geführt wurden: die USA, Brasilien und Russland. Und ein weiterer, nämlich China, ist zwar der Form nach eine Linksdiktatur, hat jedoch in den letzten Jahren immer stärker nationalistische Töne angeschlagen.[30] Wie kann es sein, dass das Gegenteil von richtig ein solches Phänomen geworden ist? Psychologen erklären dies mit einer Art kollektiver Verweigerungshaltung, die immer dann auftritt, wenn sich Menschen von übermächtigen Gefahren bedroht sehen. Man geht sozusagen lieber nach Hause und sperrt die Tür zu, als dass man draußen bleibt und sich dem drohenden Unheil stellt.[31] Dort, in den eigenen vier Wänden hat man die Dinge wenigstens noch unter Kontrolle. Ausgerechnet Demokratien fällt es sehr, sehr leicht, diesen Weg zu gehen. Denn sie sind nun einmal entscheidungsoffene Systeme, das bedeutet, auch offen nach rechts. Der Rückzug ins eigene Haus ist natürlich nichts anderes als Realitätsflucht, die langfristig schädlich wirken muss, so sicher wie das Amen in der Kirche. Kurzfristig jedoch verschafft sie der Psyche Ruhe. Man kommt hier deshalb zu einer weiteren Verzichtsanforderung: der Nation. Natürlich kann und muss man nicht ganz von ihr lassen. Aber man muss darauf verzichten, sie als Rückzugsraum zu nutzen, um sich den globalen Problemen nicht stellen müssen. Auf diese Weise missbraucht, ist die Nation vor allem etwas für Feiglinge.

Verzicht für die Umwelt

Im Kohleflöz

Verzichten werden wir alle müssen, aber die Landwirtschaft noch mehr als der Rest: Dünger, Antibiotika, Stallgrößen, Tierschutz, Treibhausgase, Insektizide und Herbizide. Die Landwirtschaft hat eine Menge auf dem Kerbholz. Dabei war sie einmal einer der wichtigsten Problemlöser für die Gesellschaft. Sie hat es geschafft, eine zuverlässige Nahrungsmittelversorgung auf die Beine zu stellen und das zu Preisen die sich, mit Einschränkungen, jeder leisten kann. Die Zeiten von Hungersnöten und Hamsterkäufen oder Einmachgläsern im Keller und getrocknetem Schinken auf dem Dachboden, sie sind längst vorbei – dank der Landwirtschaft. Das galt selbst für Corona-Zeiten, in denen Hamsterkäufer zwar stattgefunden haben, aber nicht nötig gewesen wären. Heute steht in der Regel alles immer zur Verfügung und das in rauen Mengen. Einerseits. Andererseits ist es schon ein Weilchen her, seitdem der Landstand das Hungerproblem gelöst hat. In der Zwischenzeit ist er zur Agrarindustrie mutiert, und die scheint sich darauf verlegt zu haben, Probleme nicht zu beseitigen, sondern zu schaffen. Wirklich zufrieden ist mit dieser Landwirtschaft eigentlich keiner mehr, außer er arbeitet beim Deutschen Bauernverband.

Das Problem liegt in der toxischen Mixtur aus antiquierten Ansichten und neuen Möglichkeiten. In ihrer Grundhaltung, so der Eindruck, sind die meisten Landwirte Vertreter einer alten Zeit, einer ganz alten. Die Natur ist für sie ein Produktionsfaktor wie der Kohleflöz für den Bergmann. Es ist kein Geben und Nehmen, sondern meist nur ein Nehmen. Die Crux ist: Heute kann der Bauer, wie er schon immer wollte, weil ihm die Technologie die Möglichkeit dazu gibt. Historisch gesehen war die Landwirtschaft so lange keine Umweltgefahr, wie sie nicht hochgerüstet war. Heute aber ist sie es. Bisweilen erscheint es gerade so, als würden Glyphosat und monströse Landmaschinen eingesetzt wie Kriegsgerät. Und die mannigfaltigen Programme, die mittlerweile auf den Computern und in den Maschinen des modernen Bauern laufen, wirken wie Schadsoftware für die Schöpfung. Man kann es ja verstehen: Jahrtausendelang war der Nährstand den Launen der Natur nahezu machtlos ausgesetzt. Da kann schon Aggression aufkommen. Die auszuleben ist heute Teil der bäuerlichen Kultur. Eine ganze Branche rächt sich an der Natur. Gerade so, als sei die eine Autokratin, welche man nach Jahrhunderten der Schreckensherrschaft endlich auf die Knie gezwungen hat.

Eines der unbestreitbaren Opfer in diesem Rachefeldzug sind Insekten. Lange war das überhaupt kein Thema. Die kleinen Tiere sind nicht gerade selten, unschön anzusehen und oft lästig. Um ihr Wohlergehen sorgt sich niemand groß. Erst vor wenigen Jahren wurde die Öffentlichkeit aufmerksam und musste dann erfahren, dass dort – im Niemandsland unterhalb ihrer Wahrnehmungsschwelle – eine ganze Tierklasse plötzlich am Verschwinden war. An manchen Orten hat die Biomasse der Fluginsekten seit 1989 um bis zu 80 Prozent abgenommen.[1] In menschlichen Maßstäben würde man von einem Massaker sprechen. Insekten aber schreien und klagen nicht, sie verschwinden einfach. Meist ist dabei Gift im Spiel. Verabreicht wird es von Bauern und Hobbygärtnern. Beide bringen gerne einmal Insektizide aus, um ihre Pflanzen vor sogenannten Schädlingen zu bewahren. Das Problem: Insektizide sind nicht wählerisch. Neben den Schädlingen nehmen sie bedenkenlos auch harmlose Tiere wie Tagfalter und Bienen ins Visier, darauf deuten wissenschaftliche Erkenntnisse hin.[2] Hinzu kommt die Zerstörung von Lebensräumen, an der die Landwirtschaft mit ihren Monokulturen und maschinentauglich ausgeräumten Feldern nicht alleine aber doch mit schuldig ist. Das alles hat mannigfache Auswirkungen, da Insekten in der Natur an vielen Stellen unverzichtbar sind. Weniger Insekten bedeutet weniger Pflanzen und Früchte, weil weniger Bestäubung. Außerdem sind sie Teil der Nahrungskette, und wenn sie ausfallen, hungern viele Vogelarten, was zur Folge hat, dass sie ebenfalls im Bestand zurückgehen. Von den Insekten geht somit ein Dominoeffekt aus, der eine Menge Steine zum Fallen bringen kann. Und am Schluss kommt das Problem dann wieder beim Verursacher an, nämlich der Landwirtschaft. Denn die braucht beispielsweise die Bienen, damit sie bei den Obstbauern die Blüten fleißig bestäuben. In China sind einige Obstbauern in ihrer Not schon einmal dazu übergegangen, Blüten mit Pinselchen selbst zu bestäuben. Der Erfolg war eher mäßig.[3] Hierzulande hat man von solchen Verzweiflungstaten noch nichts gehört, aber unter Umständen könnte man dahin noch kommen. Jedenfalls dann, wenn die Entwicklung nicht gestoppt wird.[4]

Allerdings machen nicht nur Insektizide den Kleintieren zu schaffen, sondern auch Herbizide – obwohl die gar nicht für sie gedacht sind. Der zweifelhafte Star unter den Pflanzenkillern ist Glyphosat. Das wird im Handel unter anderem mit dem vielsagenden Namen »Roundup« vertrieben, was man sehr frei mit »Tabula rasa« übersetzen kann. Denn Glyphosat ist ein sogenanntes Totalherbizid, was nichts anderes bedeutet, als dass es unterschiedslos alle Pflanzen wegmacht. Das Agent Orange für den kleinen Mann, eingesetzt im Vernichtungskrieg gegen das zersetzende grüne Wuchern in der Hofeinfahrt. Aber eben nicht nur. Denn ungewollt und indirekt geht es, in seiner im Handel vertriebenen Zusammensetzung, auch Insekten an den Kragen und von da ab allem, was weiter oben in der Nahrungskette folgt, wie Vögel oder Säugetiere. Das ist wissenschaftlich zuverlässig nachgewiesen.[5] Negative Wirkungen auf den Menschen, insbesondere als Auslöser für Krebs, sind umstritten, die Studienlage unübersichtlich – nicht zuletzt weil so manche Studie interessengesteuert ist. Viele argumentieren deshalb, dass hier das Vorsorgeprinzip zu gelten habe und auf Glyphosat zu verzichten sei[6]. Folgte man dem, wäre auf absehbare Zeit »verzichten« angesagt und nicht »ersetzen«. Wie bei so vielen Umwelt-, Klima- und Gesundheitsproblemen gibt es auch bei der Pflanzenschutzthematik nicht Wenige, die sagen, »dann nehmen wir eben etwas anderes, besseres«. Das wäre schön und einfach, ist aber unrealistisch. Denn die vorhandenen Alternativen zu Glyphosat sind oft weniger effektiv, nach heutigem Wissen nicht selten schädlicher[7] und vor allem schlechter untersucht als Glyphosat, da sie bislang eher im Schatten des Marktführers existiert haben. Bliebe noch die Hoffnung auf Neuentwicklungen und – wie immer wenn die Not groß ist – fehlt es auch nicht an hochgejazzten Erfolgsmeldungen über den neuen Wunderstoff, der das Unkraut weghaut *und* umweltverträglich ist. So werden derzeit verschiedene Säuren, zum Beispiel Essigsäure auf ihre Verwendbarkeit erprobt.[8] Auch ein bestimmtes Zuckermolekül mit dem futuristischen Kürzel »7dSh«, das man an der Universität Tübingen entdeckt hat, soll Großes leisten.[9] Und ja, sogar Unkraut jätende autonome Roboter fürs Feld sind schon Teil der Fieberphantasien.[10] Allen diesen Hoffnungen gemein ist, dass sie eben nur das sind: Hoffnungen. Sie sind noch Jahre von einer massentauglichen Einsatzfähigkeit entfernt, und bei manchen wird sich herausstellen, dass sie es bis dahin nie schaffen. Das Schöne ist: Man braucht sie auch gar nicht, denn Landwirtschaft geht nahezu ohne jedes Herbizid. Der Öko-Landbau macht das schon lange vor und liefert schließlich auch zuverlässig Nahrungsmittel.

Unter dem Strich bleibt die Erkenntnis: Die Landwirtschaft kann nicht so bleiben, wie sie ist. Denn all die Probleme, die sie verursacht, sind keine unzusammenhängenden Einzelfälle. Vielmehr sind sie systemisch bedingt. Um diese Probleme zu überwinden, müsste die Landwirtschaft auf einen Großteil ihrer Beherrschungsmacht gegenüber der Natur verzichten. Sie müsste den Acker vom Schlachtfeld in eine friedliche Koexistenz zurückverwandeln.

Müll

Nach einem guten Essen lehnt man sich zurück und tätschelt sich mit stolzer Zufriedenheit den angespannten Bauch. Die Kugel, die sich dort abbildet, ist in solchen Momenten gar kein Zeichen von Fehlverhalten, sondern von Wohlstand und Genuss. Gleiches gilt für die Leute, welche in der heimischen Kellerbar die ausgetrunkenen Alkohol-Flaschen drapiert haben wie Pokale: »Schaut her, hier wird das Leben in vollen Zügen genossen.« Und mit dem Müll ist es auch nichts anderes. Denn, seien wir ehrlich, auch er ist ein Ausweis von Wohlstand und gutem Leben. Je mehr Du davon hast, umso mehr hast Du gelebt. Am intensivsten überkommt einen dieses Gefühl jedes Jahr bei der ersten Müllabfuhr nach Weihnachten. Wer die größte Verpackung für Heimelektronik oder sonstige Freizeitartikel rausstellt, der hat sich für alle sichtbar einen großen Schluck aus der Pulle gegönnt. Wer Müll produziert, kann sich was leisten – wer viel Müll produziert, kann sich viel leisten. Aus diesem Grund hat auch noch nie jemand von »Müllscham« gesprochen.

Ganz im Gegenteil: Viele empfinden eine richtiggehende Lust daran, Müll zu produzieren. Auf YouTube bilden sogenannte »Unboxing«-Videos, also Auspack-Videos, eine quasi eigenständige Kategorie. Hier kann man Menschen dabei zusehen, wie sie Waren auspacken – mehr passiert nicht. Aber genau das scheint Vielen aufregend genug zu sein. Das Rascheln und Ratschen treibt ihnen wohlige Schauer über den Rücken. Der Trend hat sich inzwischen so verselbstständigt, dass Teile der Spielzeugindustrie mehr Mühe in die Gestaltung der Verpackung und das »Auspackerlebnis« investieren als in das Spielzeug selbst.[11] Die Lust am Müll, seine Funktion als Statussymbol im Wohlstand, das führt zwangsläufig zu den enormen Müllmengen, für die Länder wie Deutschland so berühmt wie berüchtigt sind. Natürlich ist das eine schnell vergängliche Lust und sie würde uns schleunigst für immer vergehen, wenn wir selbst für Lagerung, Sortierung und Entsorgung zuständig wären. Das sind wir aber nicht, denn unser Land verfügt über eines der besten Abfallentsorgungssysteme der Welt. Nachdem das ganze Verpackungszeug uninteressant geworden ist, stellen wir es einfach raus und sehr rasch, meist bekommen wir das gar nicht mit, erscheinen die Heinzelmännchen und laden den Haufen ein. Hast du nicht gesehen ist alles aus dem Blick. Deutschland produziert auch deshalb so entspannt und lustvoll Müll, weil er niemandem auf die Pelle rückt, sondern zügig und effizient weggeschafft wird. Einen Müllberg kann man eben nur dann anhäufen, wenn dafür nicht der eigene Hintergarten herhalten muss, sondern irgendein Areal weit draußen vor der Stadt, wo es niemand sieht. Oder China. Oder Indonesien. Dahin nämlich haben wir bis vor Kurzem nicht unbeträchtliche Mengen unseres Mülls exportiert. China allerdings kann es sich inzwischen leisten, auf die damit verbundenen Umsätze zu verzichten. Deshalb hat das Land Anfang 2018 die Schlagbäume so konsequent heruntergelassen, dass praktisch kein Plastikabfall mehr durchkommt. Der Erfolg war eindeutig: Noch 2016 hat alleine Deutschland 563 000 Tonnen Plastikmüll nach China verschifft. Nach Inkrafttreten des Verbotes fiel die Menge auf 13 000 Tonnen – ein Rückgang um knapp 98 Prozent.[12] Auch Indonesien und andere Länder haben Maßnahmen ergriffen, wenngleich nicht so konsequente.[13] Seitdem drängt sich der Müll unangenehm ins Bewusstsein der Deutschen, denn die Branche hat nun ein ernsthaftes Problem, ihn geräuschlos irgendwo loszuwerden.[14] Und wie bei so vielen anderen Dingen gilt auch hier: Technologische Lösungen sind in weiter Ferne oder schlicht unmöglich. Experten gehen davon aus, dass unter heutigen Bedingungen lediglich ein Drittel der Plastikabfälle ökonomisch und technisch recyclingfähig sind. Alles andere müsste, so wie heute auch schon, verbrannt werden. Dass das Abfackeln von ölbasierten Produkten nicht besonders klimafreundlich ist, dürfte aber jedem einleuchten. Bleibt als Handlungsoption übrig, erst gar nicht so viel Plastik zu produzieren – also darauf zu verzichten. Wir werden unsere barocke Lust am Müll zunehmend weniger ausleben können.

Rückschritt

Verzicht bedeutet erst einmal, dass spürbare Lücken entstehen: im Konsum, in der Bequemlichkeit, in den Gewohnheiten, im Wohlstand. Was aber, wenn die Folgen darüber hinausgehen? Wenn Verzicht nicht nur Lücken in der Gegenwart reißt, sondern uns in die Vergangenheit zurückwirft. Wenn Verzicht also Rückschritt bedeutet. Die Frage muss erlaubt sein, da zweifellos viele Dinge auf der Abschussliste stehen, die zunächst einmal enorme Fortschritte für die Menschheit bedeutet haben. Kunststoffe zum Beispiel. Heute verfemt als Ressourcenschleuder, Meeresverschmutzer und Müllproblem, waren sie zum Zeitpunkt ihrer Einführung ein echter Gewinn. Denn sie haben mitgeholfen, den Wohlstand zu verbreiten und ganz neue Designs zu ermöglichen. Für die Lebensmittelsicherheit waren sie geradezu ein Segen. Während früher Schaben oder Fliegen quasi mit zur Grundausstattung von Lebensmittelläden gehörten, findet man sie heute dort nicht mehr. Und zwar wegen des Plastiks, das die Nahrungsmittel schützend umhüllt. Da bleibt der Fliege nicht mehr viel zu beißen.[15] Nicht zuletzt deshalb ist heute rund die Hälfte unserer Lebensmittel in Kunststoff verpackt.[16]

Und ganz zu schweigen von den anderen Vorteilen des Plastiks: billig, bequem und leicht. Früher, das war, als man noch schwere Glasflaschen schleppte, Cremes und Salben in teuren Tiegeln kaufen musste oder Joghurt nur samt Porzellanbecher zu haben war.[17] Heute benutzen wir Plastikflaschen, Kunststofftuben und -becher. Alles davon ist in der

Handhabung besser und im Erwerb günstiger. Kein Wunder, dass Plastik trotz aller Kritik rasend beliebt ist. Alleine zwischen den Jahren 2000 und 2016 hat beispielsweise der Verbrauch von Kunststoffverpackungen in Deutschland um 74 Prozent zugelegt.[18] Nur ein Jahr später, 2017, geben in einer Umfrage 61 Prozent an, dass sie den »Trend zum verpackungsfreien Einkauf« begrüßen.[19] Auch hier findet sich also wieder die typische gespaltene Persönlichkeit der Konsumenten. Das Bewusstsein ist da, hat aber keine Auswirkung auf das Kaufverhalten.

Dabei gibt es wirklich gute Gründe hier Verzicht zu üben. Immerhin stammen mehr als sechs Millionen Tonnen des Mülls aus der Fraktion Kunststoff. Und die wiederum hat sich seit 1994 verdoppelt.[20] Einmal weggeworfen werden über zwei Drittel des Altplastiks schlicht und einfach verbrannt. Die Gelbe Tonne führt direkt ins Feuer. Das endet ganz ungut mit toxischen Rückständen, die aufwendig gefiltert und gelagert werden müssen.[21] Eine ziemliche Menge von dem Zeugs gelangt zudem ins Meer (wenngleich nicht hauptsächlich von Deutschland aus), tötet dort Tiere oder kommt wieder zurück zu uns – als schönes Fischfilet auf dem Teller.

Verzichten wäre also hilfreich, aber noch mal die Frage: Was ist dann mit der Lebensmittelsicherheit? Kommen die Schaben zurück in die Läden? Abschließend ist diese Frage noch nicht beantwortet, denn verpackungsarme Logistikketten sind aufwendig bis unmöglich. Das zeigt sich auch an sogenannten Loseläden, also Läden, die verpackungsfrei sind. Sie verkaufen gegenwärtig hauptsächlich Trockenware wie Müsli oder Nudeln.[22] Alles andere ist noch zu schwierig oder gar nicht bewältigbar ohne ein Mindestmaß an Verpackung. Eine Lösung wäre, wieder stärker auf regionale Lebensmittel zu setzen. Die könnten dann direkt beim Produzenten erworben werden und müssten gar nicht erst in eine Verpackung schlüpfen. Aber auch da dürfte man, sagen wir mal ein einer Großstadt wie Berlin, schnell an die Grenzen des Möglichen stoßen. Es wird also auf eine sorgsame Abwägung zwischen Fortschritt und Verzicht hinauslaufen müssen.

Verzicht für die Gesundheit

Süß, aber schädlich

Was macht uns Zucker nicht für eine Freude. Sein Genuss, das ist onanieren mit den Geschmacksnerven. Ein Verbot fühlt sich da für viele an wie ein Keuschheitsgürtel. Aber genau das wird gefordert: Lasst die Finger vom Zucker. Dass der nicht nur gesunde Seiten hat, ist schon lange bekannt. Und genau deshalb wurde schon eine Menge versucht, um von dem süßen Zeugs loszukommen. Seit Jahrzehnten experimentieren wir mit allerhand kalorienarmen Ersatzdrogen: Das Ende des 19. Jahrhunderts hat uns beispielsweise Saccharin und Xylitol gebracht. Im darauffolgenden Jahrhundert kamen Cyclamat und Acesulfam dazu und nach dem Millennium war der neueste Schrei Stevia[1] – aber nur einige Jahre, um dann von Erythrit als neuem Heilsbringer abgelöst zu werden. Allein: Gebracht hat das alles nichts. An die befriedigende Wirkung, Konsistenz und vielfältigen Einsatzmöglichkeiten des Zuckers reichen seine vermeintlichen Konkurrenten samt und sonders nicht heran. Der bequeme Ausweg, den Ersatz ohne Verzicht haben wir noch nicht gefunden. Wie bei so vielen Problemen gilt auch hier: High-Tech hat uns bislang nichts zu bieten, das wirklich hilft. Bleibt nur der gute alte Low-Tech-Verzicht.

Wer das konsequent durchzieht, begibt sich im Grunde auf einen kalten Entzug. Tatsächlich sind die Berichte von Zucker-Abstinenzlern kaum von denen zu unterscheiden, die man von Junkies kennt. Da ist die Rede von Entzugserscheinungen, darunter Übellaunigkeit, Kopfschmerzen und Schwindel.[2] Und auch die Tipps, die Ernährungsexperten geben, hören sich eher an, als kämen sie von Suchtberatern. Wenn einen der Heißhunger nach Zucker überkomme, so wird empfohlen, dann solle man bittere Salate essen, um das Verlangen zu dämpfen. Außerdem helfe es, sich körperlich abzulenken, zum Beispiel mit Kniebeugen oder einem »Gang um den Block«.[3]

Zucker macht sich so unverzichtbar, weil er dafür sorgt, dass Dopamin ausgeschüttet wird. Was das mit uns anstellt, haben wir schon im Kapitel »Der Gegner« beschrieben. Es sind jedenfalls nur die angenehmsten Dinge. Allerdings ist das eine Erfahrung, die dem modernen Menschen vorbehalten blieb, denn Zucker gehört noch gar nicht so lange zu unserem Leben. Den größten Teil ihrer Geschichte musste die Menschheit sich mit leidlich süßen Früchten und, wenn es hochkam, mit Honig zufriedengeben. Wir waren also situationsbedingt clean. Jetzt verfügen wir über den Stoff nicht nur in Reinform, sondern auch in rauen Massen und können den Kick genießen, wann immer wir wollen. Doch man macht ihn uns madig und preist den Schmerz und die Trauer, die mit der Entsagung von allem Süßkram verbunden sind, als reinigend und nützlich. Dieses Schema weckt doch unweigerlich unangenehme Assoziationen. Man sieht Bilder vor seinem geistigen Auge von verrückten Sekten und religiösen Fanatikern.

Ein Leben ohne Zucker, das bedeutet ja nicht nur Verzicht auf Schokolade oder Eis. Auch weitere stark zuckerhaltige Lebensmittel, wie Pizza und Pasta, sind tabu. Dazu addiert man jetzt noch die anderen Verzichtsforderungen: kein Fleisch, wenig Salz und keine exotischen Lebensmittel. Dann bleibt ein recht enger kulinarischer Korridor übrig. Den zu gehen, macht keinen Spaß, jedenfalls nicht den Geschmacksnerven. Am Ende einer ökologisch und gesundheitlich korrekten Ernährung wartet wenig mehr als Ödnis. Kein Wunder, dass man dort, an diesem Ende, nur ganz wenige Menschen findet. Und selbst bei denen ist man oft im Zweifel, ob sie nicht doch hin und wieder heimlich sündigen. Mit rohem Gemüse und Salat alleine jedenfalls wird keiner froh.

Das weiß auch die Politik, und weil es ihr höchstes Ziel ist, den »Kunden« Wähler zufrieden zu stellen, will sie ihm Pizza, Pasta und Zucker nicht nur nicht nehmen, sondern nicht einmal vermiesen. Das, und vor allem eine ausgeprägte Hörigkeit gegenüber der Agrar- und Lebensmittellobby, hat zu der jahrelangen Auseinandersetzung um die sogenannte Lebensmittelampel geführt. Gemeint ist damit eine grafische Darstellung auf Lebensmittelverpackungen, welche auf einen Blick anzeigt, wie gesund oder ungesund das ist, was man sich da in den Einkaufskorb legt. Meist bezieht sich die Information auf drei Komponenten: Fett, Zucker und Salz. Je nachdem, ob der Gehalt hoch oder niedrig ist, färbt sich das jeweilige Ampelfeld grün, gelb oder rot. Deutlich komplexer ist der sogenannte Nutri-Score, welcher von Wissenschaftlern in Frankreich und Großbritannien entwickelt wurde. Bei ihm fließen Basics, wie der Energiegehalt, der Zuckeranteil und die gesättigten Fettsäuren ein, aber zusätzlich auch der Fruchtanteil oder wie viel Proteine das Lebensmittel enthält. Dies wird dann bewertet, gewichtet und in einer sehr einfach zu lesenden Gesamtbewertung mit den Kategorien A bis E ausgewiesen. »A« wäre demnach ein gutes Lebensmittel, während man von »E« die Finger lassen sollte.[4] Laut Studien aus Ländern, in denen das System bereits zum Einsatz kommt, hat der Nutri-Score zu Änderungen des Einkaufsverhaltens geführt. Allerdings hat das nicht in revolutionären Ausmaßen stattgefunden, sondern in Form einer Verbesserung von etwas über neun Prozent des Gesamt-Nährwertes der erworbenen Produkte.[5] Während andere Länder, wie Frankreich, das System bereits im Jahr 2017 eingeführt hatten, tobte in Deutschland eine Lobby-Abwehrschlacht gegen jede eindeutige Form der Kennzeichnung.[6] Das hat unter anderem dazu geführt, dass im März 2008 der Antrag auf Einführung einer Lebensmittelampel im Bundestag von einer ganz großen Koalition aus CDU/CSU, SPD und FDP abgelehnt wurde. Im September 2019 wurde von der amtierenden Landwirtschaftsministerin dann mit großer Geste bekannt gegeben, dass der Nutri-Score auch in Deutschland komme. Der habe sich in einer Umfrage bei den Verbrauchern als das favorisierte Modell herausgestellt. Als diese Entscheidung bekannt wurde, war bei Verbraucherschutzorganisationen und Ernährungsexperten das Aufatmen deutlich hörbar. Bis der Haken an die Öffentlichkeit gelangte: Die Nutzung der Kennzeichnung soll für die Hersteller freiwillig sein.[7] Das bedeutet letztendlich, dass die Lobby auch weiterhin die Oberhand in diesem Ringen hat. Die Politik macht dabei mit und nutzt ihre Energie vor allem dafür, mit Taschenspielertricks Aktivität vorzutäuschen. Denn Tatsache ist: Wer etwas freiwillig einführt, der führt es gar nicht ein.

Diäten

Grundbedürfnisse sollte man nicht herausfordern. Sie wehren sich mit Macht, und die Wahrscheinlichkeit ist groß, dass man als Verlierer vom Platz geht. Trotzdem hat der Mensch während des gesamten Verlaufs der Zivilisationsgeschichte genau das getan. Geändert hat sich dabei lediglich das Grundbedürfnis, dem jeweils die Kampfansage galt. War es noch vor wenigen Generationen der Sex, während Essen schrankenlos erlaubt und Völlerei gesellschaftlich akzeptiert war, ist es heute genau umgekehrt. Man hat das schon fast vergessen, aber schlank war nicht immer schön. Supermodels von heute, tausendfach fotografiert und begehrt, hätte man in früheren Zeiten kaum eines Blickes gewürdigt. Schon in der römischen Antike galt Fettansatz wenn schon nicht als Zeichen von Schönheit, so doch von Wohlstand und war damit positiv besetzt.[8] Das Mittelalter ging noch weiter und erhob den Bauchansatz bei Frauen zum erotischen Nonplusultra. Auch das ließ sich noch steigern, nämlich im Barock, wo galt: korpulent gleich sexy. Dem Barock verdanken wir deshalb auch den Begriff »Rubensfigur«.[9] Ein Sprung in die Gegenwart: Der Körper wird jetzt nicht mehr aufgefüllt, sondern radikal zurückgehungert auf seine Kernform. Alles Fett muss weg. Dickleibigkeit ist verpönt, ja selbst ein leichter Bauchansatz gilt schon als unerotisch. Der Gegensatz könnte nicht größer sein: Heute drückt sich vor allem Armut[10] in Fettleibigkeit aus, denn sie gilt als Merkmal der Abgehängten, Willenlosen und Unambitionierten. Fett ist aus heutiger Sicht so eine Art Schimmel, der sich um den reglosen Körper von Faulenzern bildet.

Wer gut situiert ist, möchte sich genau davon abheben, und das geht zwar auch mit Statussymbolen wie dem Eigenheim oder einem SUV, am allerbesten aber mit einem schlanken und ranken Körper. Den hat man schließlich immer dabei, während das Haus dort bleibt, wo es ist, und der SUV im Zweifel außer Sichtweite auf dem Parkplatz steht. Die Folge ist: Diäten haben sich so weit verbreitet, dass man schon von einem kollektiven Verzicht sprechen kann. Einem der Wenigen in diesem Buch übrigens, der schon gelebt wird. Und das ist sogar ein ganz besonderer Verzicht, denn Diäten stehen für mit das Schwierigste, das es im Leben gibt: Maß und Mitte halten. Nicht fasten, nicht fressen, sondern immer schön dazwischen bleiben. Es ist, als müsste man durch den Tag balancieren. Die Mitte hat es generell in sich, denn sie ist der schwierigste Ort, an dem man sich aufhalten kann. Stets ist da die Gefahr und Versuchung, nach links oder rechts abzugleiten, sich einfach den Extremen hinzugeben und nicht ständig darauf achten zu müssen, die Ideallinie zu halten. Es ist so wie in einer Kurvenfahrt: Die Fliehkräfte treiben einen ständig zu den Rändern. Dort, beim Fasten oder Fressen, muss man keine Entscheidungen mehr treffen. Auf der Mittellinie aber schon, jeden Tag, vielfach. Was esse ich zum Frühstück? Kann ich mir noch einen Snack im Büro erlauben? Soll ich das Mittagessen ausfallen lassen – und wenn nicht: Was nehme ich? Sind Süßigkeiten ganz tabu oder ein bisschen erlaubt?

Und diesen täglichen Balanceakt vollführen wir vor allem wegen eines Paradoxons: Erst jetzt, in Zeiten des Überflusses, können wir es uns leisten, schlank zu sein. Und wir müssen es auch, denn wir leben nicht nur in Zeiten des Überflusses, sondern ebenso der Erkenntnis. Unangenehmerweise wissen wir, wie gesundheitsschädlich Übergewicht ist. Wir wissen, dass es für Probleme an Wirbelsäule und Kniegelenken verantwortlich sein kann, ebenso für Krankheiten des Herzens und der Gefäße sowie für Diabetes. Und als ob das nicht schon alles genug wäre, kommen noch Arthrose, Gicht und ein erhöhtes Krebsrisiko hinzu.[11] Vielen sind diese Fakten bekannt. Wenn man dann noch die soziale Ächtung der Fettleibigkeit hinzunimmt, überrascht es nicht, dass das Erreichen der schlanken Figur inzwischen nicht nur ein Ideal, sondern auch ein Geschäftsmodell ist. Allein mit Diätlebensmitteln aller Art werden in Deutschland jährlich eine Milliarde Euro Umsatz gemacht.[12]

Natürlich ist es hier nicht anders als anderswo, denn es gibt diesen einen übermächtigen Wunsch: Abnehmen ja, verzichten nein. Alleine die Google-Suche nach der Wortfolge »Abnehmen ohne Verzicht« liefert 43 000 Treffer.[13] Auch offline wird der Verzicht auf den Verzicht gerne verkaufsfördernd auf die Titel von Diät-Ratgebern gedruckt.[14] Wie so oft, ist auch hier die Werbung der Negativabdruck der Wirklichkeit. Jeder weiß, dass Abnehmen Verzicht in irgendeiner Form bedeutet. Also wird genau damit Werbung gemacht, dass es auch ohne geht. Gewicht verliert man jedoch nur mit einer negativen Energiebilanz, also dann, wenn man weniger Kalorien aufnimmt, als man verbraucht. Wie das für jemanden, der bislang eine positive Energiebilanz hatte, ohne Verzicht gehen soll, ist mit

Naturgesetzen nicht zu erklären. Also bleibt auch hier nur das Weniger als Mittel der Wahl, um das Idealgewicht zu erreichen.

Ganz aufhören

In den letzten Jahren ist immer wieder die Rede davon gewesen, dass Essen sich inzwischen zu einer Ersatzreligion entwickelt habe. Wir leben in einer Welt, in welcher sowohl der Herr im Himmel als auch sein Widersacher im Kellergeschoß des Glaubens einen schweren Stand haben. Vielleicht deshalb, weil sie einfach schon zu lange auf dem Markt sind und ihr Angebot in all den Jahrhunderten sich kaum verändert hat. Da kann es schon mal passieren, dass man aus der Mode kommt. Andererseits: Glauben will der Mensch. Denn das ist weniger anstrengend als Wissen, und somit eine Art Freizeitangebot für die geplagte Seele im stressigen Alltag. Hinzu kommt, dass in den Industrienationen der Mensch von den großen Gefahren des Lebens weitgehend verschont wird. Das lässt Raum, sich auf die kleinen zu konzentrieren. Wer in einem Bürgerkriegsland oder einer Dürrezone zu Hause ist, der macht sich in der Regel keine Sorgen um den Fettgehalt oder den Zuckeranteil in seiner Nahrung. Er macht sich Sorgen um Nahrung überhaupt. Auch dürfte es in solchen Gebieten relativ wenige Impfgegner geben oder Helikoptereltern. Wir halten fest: Leben in Wohlstand und relativer Sicherheit lenkt den Fokus auf die weniger existenziellen Gefahren. Beides zusammen – Wohlstand und Glaubensbedürfnis – führt dann zu solchen Erscheinungen wie der, dass sogar das Essen zur Religion wird. Und wie bei jeder anderen Religion auch, gibt es da beliebig viele Steigerungen der Intensität. Ganz intensiv wird es beim Fasten, das aktuell ziemlich im Trend liegt. Essen findet dann gar nicht mehr statt. Wenn das keine religiöse Inbrunst ist, die da aus den Gläubigen spricht! Die Fastenden sind die Impfgegner des Essens. Sie geben sich nicht mit Klein-Klein ab, sondern stellen gleich das ganze Konzept in Frage. Das Ungesündeste ist doch Essen überhaupt. Wer es sein lässt, der hat radikal gebrochen mit Fetten, Kohlehydraten, Geschmacksverstärken, Salz, Farbstoffen und all den vielen anderen Zumutungen für unseren sensiblen Wohlstands-Organismus. Er hat sich stattdessen auf eine höhere Daseinsebene begeben, in einen transzendental anmutenden Zustand. Diese Schlussfolgerung jedenfalls drängt sich auf, wenn man die euphorischen Äußerungen von Fastenden liest. Man fühle sich »leicht und gut«[15] wird da berichtet, der Geruchssinn verbessere sich, man würde aufmerksamer[16], überhaupt sei das alles eine »Reinigung von Körper und Seele«.[17] Niemanden würde es wundern, wenn auch diese Religion eines Tages von sich behauptete, dass sie Lahme wieder gehen machen könne und Blinde sehen. Im Hinblick auf das Thema dieses Buches muss man klar anerkennen: Fastende sind die Könige des Verzichts. Sie trotzen einem der stärksten Grundbedürfnisse des Menschen und widerstehen dem Drang zu nehmen, wonach ihr Körper mit jeder Zelle schreit. Sie verweigern selbst das Nötigste zum Leben im Namen eines höheren Daseinszweckes. Vielleicht, ja vielleicht, sind solche Menschen die Avantgarde des heraufziehenden Zeitalters des Verzichts.

Höhepunkte des Weglassens

Viele Fastende berichten, dass nach einigen Tagen der Kampf gegen den Hunger endet und stattdessen Euphorie einsetzt.[18] Es heißt, sie entdeckten in der Reduktion die wahre Erhebung. Auch von den sogenannten Minimalisten, also Menschen, die versuchen, mit möglichst wenig Besitz auszukommen, hört man, dass sie ganz ähnliche Zustände des Glücks erfahren. Die setzten ein, sobald man sich all des Tands entledigt habe, welcher den modernen Menschen umgibt.[19] Wenn solche Erlebnisse für einen allgemein vorhandenen Mechanismus stehen, würde das die Verhältnisse auf den Kopf stellen. Praktisch seit Anbeginn seiner Geschichte hat der Mensch versucht, sich durch Zuführung aller möglichen Substanzen in höhere Gefühlszustände zu versetzen. So dringend war ihm dieses Bedürfnis, dass er dafür zahllose Gesundheitsschäden in Kauf genommen hat. Und nun soll plötzlich der Entzug es sein, also das Weglassen, das gleiches auslösen kann? War die Vergangenheit, das stete Streben nach immer neuen Reizen und Kicks, Wohlstand und prallem Leben ein großer historischer Irrtum? Hätten wir uns das sparen können und mit dem Nichts höher kommen können als mit dem Alles? Was, wenn Verzichten bessere Gefühle auszulösen vermag als Völlerei? Verzicht würde zur neuen Form des Genusses. Er wäre dann keine Bürde mehr, sondern eine Lust, und fiele damit nicht nur leicht, sondern wäre sogar Ziel all unseres Strebens. Es würde geradezu eine Gier nach dem Weniger entstehen.

Aber das ist natürlich eine Illusion. Wenn es tatsächlich so wäre, dann müsste man die Leute schließlich nicht zum Jagen tragen. Verzicht wäre herrlich und damit ein Selbstläufer. Menschen würden große Anstrengungen unternehmen und viel riskieren, um in den erhebenden Zustand des Verzichts zu kommen. So ähnlich, wie sie das tun, wenn sie hinter dem Bahnhof versuchen, an ihre illegale Lieblingsdroge zu kommen. Außerdem ist es ja so: Die Euphorie beim Fasten setzt nach einer mehrtägigen, bitteren Leidenszeit ein. Die des Minimalisten erst dann, wenn er sich schmerzlich von seinem Hab und Gut getrennt hat. Da sind die meisten Drogen besser für den Kick, weil sie kein Leiden voraussetzen. Außerdem wird Verzicht vom menschlichen Organismus nicht wirklich belohnt. Der ist völlig anders gepolt, sonst gäbe es uns schon lange nicht mehr. Das High, das nach einer längeren Hungerphase eintritt, ist auch kein Belohnungsmechanismus, es ist streng genommen nicht einmal ein High, sondern lediglich ein Notprogramm der Natur. Es soll dem Menschen helfen, trotz körperlicher Schwäche wegen des Nahrungsmangels nicht aufzugeben und weiter seinen Lebenswillen zu bewahren.[20] Auch das Glück der Besitzlosigkeit ist nicht so eindeutig, wie es in einschlägigen Foren dargestellt wird. Der Mensch ist als Jäger und Sammler in diese Welt eingetreten und nicht als Minimalist. Dinge zu besitzen, ist auch ein Sieg über die Widrigkeiten der Natur. Es ist ein Teil der Zivilisation.[21] Und was aus einer Gesellschaft der Minimal-Besitzer wird, hat man in den vielen Real-Sozialistischen Ländern gut beobachten können: Verfall, Schlendrian und Motivationslosigkeit. Wofür arbeiten, wenn man nichts haben darf?

Esoterisches Schönreden hilft also nichts. Entsagung und Verzicht sind nun einmal nichts, das dem Menschen leichtfällt. Wo das Gegenteil behauptet wird, werden in der Regel Märchen erzählt.

Antibiotika

Antibiotika sind alles andere als ein Wunder – und doch fühlen sie sich so an. An einem Tag wird man niedergehalten von Fieber, Entzündungen, erbärmlichen Schmerzen und Kraftlosigkeit. Am nächsten ist das sämtlich von einem gewichen und man kommt sich regelrecht frei, leicht und unbeschwert vor. Der gefühlte Kontrast könnte nicht größer sein, und genau so etwas haben die Leute in früheren Zeiten als Wunder bezeichnet. Natürlich ist klar, was da wirklich passiert: Antibiotika sind die Erbfeinde aller Bakterien. Sie kennen deren schwachen Punkt und setzen genau dort an, um sie an ihrem schädlichen Tun entweder zu hindern oder sie gleich ganz um die Ecke zu bringen. Zimperlichkeit gibt es da keine, denn dieser Kampf, den die Antibiotika schon seit Jahrmillionen führen, hat sie Härte gelehrt. Eine ihrer Strategien ist, die Zellwand der Gegner aufzureißen, so dass alles Leben aus ihnen entweicht wie die Luft aus einem zerstochenen Reifen. Sie können aber auch den Stoffwechsel der Bakterien stören und so ihre Fortpflanzung verhindern.[22] Die Menschheit profitiert von diesen Fähigkeiten seit über 70 Jahren und sie haben vielen von uns das Leben gerettet. Heute nimmt jeder und jede Deutsche durchschnittlich an fünf Tagen im Jahr Antibiotika ein.[23] Aber das kann nicht so bleiben. In Zukunft, so sagt uns die Wissenschaft, dürfen wir die wundersam anmutende Wirkung von Antibiotika nur noch selten erleben. Bei Allerweltskrankheiten werden wir uns stattdessen mit Behandlungen aus dem längst vergangen geglaubten Zeitalter vor den Antibiotika begnügen müssen. Das bedeutet: mehr Qualen, mehr Schmerzen. Der Grund dafür sind Resistenzen. Denn so kampferprobt die Antibiotika auch sind, ihre Gegner haben gelernt, sich zur Wehr zu setzen. Die Überlegenheit ist verlorengegangen und der Ausgang des Ringens heute oft nicht mehr sicher, was bedeutet, dass Menschen sterben, *obwohl* sie Antibiotika eingenommen haben. Alleine in Deutschland betrifft das nach Schätzungen bis zu 6 000 Patienten jährlich, weltweit sind es sogar 700 000.[24] Durch die weite Verbreitung und massenhafte Anwendung des Wundermedikaments haben die Bakterien ungezählte Gelegenheiten bekommen, sich anzupassen. Einigen ist das gelungen und die leben jetzt prächtig. Wenn diese Entwicklung ungebremst weiterginge, dann würden im Jahr 2050 jährlich weltweit unglaubliche zehn Millionen Menschen an multiresistenten Keimen sterben – mehr als an Krebs.[25] Wir hätten einen Kampf verloren, den wir – im Gegensatz zu Krebs – schon einmal gewonnen hatten. Es wäre eine Tragödie. Die einzig wirkungsvolle Gegenmaßnahme ist Verzicht. Die strikte Reduktion des Einsatzes von Antibiotika. Wir stehen also vor der Wahl: weniger Antibiotika, und damit verbunden die Rückkehr längst vergessener Qualen – oder gar keine mehr und Millionen Tote.

Aber nicht nur in der Humanmedizin besteht Handlungsbedarf. Auch die Landwirtschaft muss sich zukünftig am Riemen reißen. Denn in den Ställen der Bauern werden nicht nur allerhand Tiere gemästet, sondern ebenso multiresistente Keime.[26] In 85 Prozent der Anlagen zur Schweinemast und in fast 80 Prozent der Anlagen, in denen Hühner fett gemacht werden, sind sie nachweisbar.[27] Es ist wissenschaftlich belegt, dass die Landwirte selbst zu den Risikogruppen für multiresistente Keime gehören – bei 80 Prozent von ihnen können sie nachgewiesen werden.[28] Viel Antibiotikum plus viel Tier ergibt viele, viele multiresistente Keime.[29] Und das trifft nicht nur die Verursacher am eigenen Leib. Auch bei Menschen, die nicht in der Landwirtschaft arbeiten, jedoch in Regionen mit hoher Tierdichte leben, kommen die schwer bezwingbaren Keime häufiger vor als im Durchschnitt der Bevölkerung.[30] Warum ist die Landwirtschaft kein Kraftquell für gesunde Nahrungsmittel, sondern für lebensgefährliche Keime? Weil die Betriebe immer größer werden, um immer billiger zur produzieren. Mehr Tiere auf möglichst geringem Raum senken zwar die Produktionskosten, erhöhen aber auch die Infektionsgefahr. Die billigste Art, der zu begegnen, ist der Einsatz von Antibiotika. Und gegeben wird derart reichlich, dass sogar der Mensch dagegen den Kürzeren zieht. Denn auf ganz Europa betrachtet, fallen mengenmäßig für ihn weniger Antibiotika ab als für die Tiere.[31] Einer der Gründe, warum wir heute von multiresistenten Keimen bedroht werden, ist also der, dass man in der Landwirtschaft die Produktionskosten drücken will. Ein Umstand, der im Kern überhaupt nichts mit der Gesundheit der Tiere zu tun hat, sondern nur damit, wie viel Gewinn man pro Quadratmeter Stallfläche machen kann. Das zu ändern, würde bedeuten: weniger Tiere, Absonderung von kranken Exemplaren, gezielter Einzeleinsatz von Medikamenten. Ökologische anstatt konventionelle Landwirtschaft könnte außerdem helfen. Bei ersterer werden in der Schweinehaltung bei unter einem Drittel der Tiere multiresistente Keime festgestellt. Ein weiterer wichtiger Hebel läge bei den Tierärzten: Die nämlich verschreiben die Antibiotika nicht nur, sie verkaufen sie auch. Jedem ist klar, welchen Mechanismus das in Gang setzt. Ein großes Interesse daran, *keine* Antibiotika zu geben, haben die Veterinäre jedenfalls nicht. Und dann wäre da noch eine Sache: Reserve-antibiotika, die für schwer kranke Menschen oft die letzte Hoffnung darstellen, müssten endlich aus der Tierhaltung gänzlich verschwinden. Immerhin: In dem Punkt hat sich die EU inzwischen auf den Weg gemacht, ein Verbot festzuschreiben.

Das muss schon als großer Sieg gelten, denn alles in allem passiert wenig. Die Lobbymacht der Bauern ist groß, die meisten Parteien kuschen. Man kann der Politik zwar nicht vorwerfen, dass sie ihre Hände komplett in den Schoß legt, aber ihre Tatkraft beschränkt sich doch eher auf homöopathische Dosen. Dies belegt das zentrale Programm in Deutschland, welches zur Bekämpfung der Multiresistenten aufgeschrieben wurde: Die sogenannte »Deutsche Antibiotika-Resistenzstrategie« (DART 2020). Auf wenig mehr als 30 Seiten werden hier sechs Ziele geboten, die wiederum unterfüttert sind mit teils eher kleinkariert wirkenden Maßnahmen: Arbeitsgruppen, mehr Forschung, Monitoring, Pilotprojekte. Was man vergeblich sucht, ist eine konsequente Maßnahme wie beispielsweise die Trennung zwischen Verschreibung und Verkauf von Medikamenten. In Dänemark ist das längst Standard und hat mit dazu beigetragen, den Verbrauch der Antibiotika in den Ställen merklich zu reduzieren.[32] Gleichfalls nicht zu finden, ist ein Verbot der Anwendung von Reserve-Antibiotika in der Tierhaltung. Auch hier gilt wieder: Die Angst vor Verzicht und der Macht von Lobbygruppen verhindert konsequente Lösungen. Dabei ginge es in Bezug auf die Landwirtschaft »nur« um ökonomische Einbußen, die sich ein einer wohlhabenden Gesellschaft wie der deutschen eigentlich abfedern lassen müssten. Zumal die EU schon heute jährlich 58 Milliarden Euro als Unterstützung für die Agrarbranche ausgibt – das ist mit 39 Prozent der größte all ihrer Etatposten. Davon gehen über 6 Milliarden nach Deutschland.[33] Die wiederum machen rund 40 Prozent des Einkommens bei unseren Landwirten aus.[34] Da würden ein oder zwei Prozent obendrauf zum Ausgleich für Antibiotikaverzicht den Kohl auch nicht mehr fett machen. Im Gegenteil: Im Vergleich zu anderen Landwirtschaftssubventionen und deren Folgen (Monokulturen, Überdüngung, Massentierhaltung) wäre hier ein unbestreitbar wichtiger und positiver Effekt erreichbar.

Verzicht aus sozialen Gründen

Die Kinderfrage

Wir kommen, im wahrsten Sinn des Wortes, zur Mutter aller Tabus: dem Verzicht auf Kinder. Fragte man sie, würden die meisten Menschen wohl sagen, das ist die ultimative Zumutung. Viele, wenn nicht die Mehrzahl, beziehen einen Großteil ihres Lebenssinns daraus, Nachwuchs in die Welt zu setzen. Biologisch betrachtet ist das ja auch der Hauptgrund des Daseins. Aber das gilt für den rohen Naturzustand. In einer fortgeschrittenen Zivilisation wie der unseren trifft das schon lange nicht mehr zu. Eine Spezies wie der Mensch, die sich so weit von ihren biologischen Begrenzungen emanzipiert hat, ist nicht mehr darauf angewiesen, sich verschwenderisch zu reproduzieren. Eigentlich ganz im Gegenteil. Denn Überbevölkerung ist es, die uns global Probleme bereitet, nicht Nachwuchssorgen. Deshalb ist die Erfüllung des Kinderwunsches in vielen Regionen der Welt schon heute eingeschränkt. In einigen ganz brutal durch die mangelhaften Lebensbedingungen, in anderen durch regierungsoffizielle Politik. Mit letzterem wurde China unter dem Schlagwort Ein-Kind-Politik so berühmt wie berüchtigt. Aus Sorge um Ernährungssicherheit, Fortschritt und Armutsentwicklung hatte die KP Ende der 1970er-Jahre ein rigides Programm der Geburtenbegrenzung eingeführt.[1] Das hat weltweit für Kopfschütteln und Empörung gesorgt, denn Nachwuchs haben zu dürfen, wird von den meisten Menschen als Grundrecht angesehen. Und damit liegen sie gar nicht so falsch, denn die UN-Frauenkonvention von 1979 sieht verbindlich das Recht auf freie Entscheidung über Kinder vor.[2] China, obwohl seit 1989 offiziell Signaturstaat der Konvention, hat sich darum nie geschert und seine harsche Bevölkerungspolitik über 30 Jahre verfolgt. Das ging so bis ins

Jahr 2015, dann wurde sie abgeschafft. Aber schrankenlos Gebären war auch jetzt nicht erlaubt, denn ab sofort galt die Zwei-Kind-Politik. Die steht jedoch nach wenigen Jahren bereits wieder zur Disposition. Inzwischen nämlich – Ironie der Geschichte – hat China zu wenig anstatt zu viel Nachwuchs. Eigentlich bräuchte das Land eine höhere Geburtenrate als es hat, um den demographischen Wandel abfedern zu können. Tatsächlich gehört die chinesische Gesellschaft heute zu einer der am schnellsten alternden der Erde.[3] Nun überlegt die Regierung also nicht eine Begrenzung von Geburten, sondern die Schaffung von Anreizen für mehr Kinder. Aber selbst von der Möglichkeit, zwei Kinder zu bekommen, haben nur die wenigsten Chinesen Gebrauch gemacht.[4] Sie plagen sich inzwischen mit Problemen, die in allen entwickelten Staaten früher oder später auftauchen: geringe Vereinbarkeit von Beruf und Familie, Wohnraummangel, hohe Lebenshaltungskosten.

Letztendlich ist China damit ein geradezu abschreckendes Beispiel für das Thema »Bevölkerungsplanung«. Der Grundgedanke jedoch ist ja nicht gleichzusetzen mit der roten Diktatur und erlebt deshalb in Zeiten des Klimawandels gegenwärtig eine Renaissance. Am weitesten vorgewagt hat sich da die Autorin Verena Brunschweiger mit ihrem vieldiskutierten Buch »Kinderfrei statt kinderlos«.[5] Darin bürstet sie mächtig gegen den Strich mit der Forderung, aus ökologischen Gründen auf Kinder zu verzichten. Immerhin könne man mit jedem Menschen, der nicht existiere, 58,6 Tonnen CO_2-Äquivalent pro Jahr einsparen.[6] Auch der ehemalige Weltbank-Ökonom Herman E. Daly stellt fest: »Übertriebene Sensibilität gegenüber Fortpflanzungsrechten scheint unsere Sensibilität gegenüber der Verantwortung für Fortpflanzung abgestumpft zu haben.«[7] Der Hass und die Shitstorms, die solche Vorschläge und Feststellungen auslösen, ist, gelinde ausgedrückt, gewaltig. Nirgendwo sonst sehen sich viele Menschen im Kern ihres Lebensmodells derart bedroht, wie dort, wo der Wunsch nach Kindern in Frage gestellt wird. Daneben verblassen ganz leicht alle anderen Forderungen, wie die auf den Verzicht nach Fernreisen oder einen eigenen Pkw. Das sind alles Dinge, die mit etwas gutem Willen unter Luxus oder Bequemlichkeit abgelegt werden können. Aber Kinder bekommen – das firmiert in einer ganz anderen Liga: den Grundrechten. Mehr als bei allen anderen Forderungen des Verzichtes stellt sich hier die Frage: Wie weit darf man gehen, und wie weit darf man in die Rechte von Menschen eingreifen, um das Klima und die Ressourcen des Planeten zu schützen? Die Antwort lautet: Weit – denn ein kollabierendes Klima oder eine überbevölkerte Erde griffe automatisch noch viel tiefer in die Rechte von Menschen ein, zuletzt sogar in das Recht auf Leben selbst. Es gilt also, wie bei so vielen existenziellen Entscheidungen, eine Abwägung zu treffen. Klar ist dabei: Einfach wegwischen kann die Argumente gegen das Gebären niemand. Denn sie sind nicht nur ein legitimer Debattenbeitrag, sondern auch gut begründet. Immerhin wären die schon erwähnten 58,6 Tonnen eingesparte CO_2-Äquivalente pro Jahr mehr als man mit jeder anderen Maßnahme erreichen könnte. Wer seinen Pkw abschafft, kommt gerade einmal auf 2,4 Tonnen, und wer auf Fleisch verzichtet, auf 0,8 Tonnen, also ein Siebzigstel.[8] Fakten zählen allerdings wenig, wenn ein Thema tabubelegt ist und Instinkte (in dem Fall den Fortpflanzungsinstinkt) anspricht. Ein Blick nach Japan könnte helfen, etwas mehr Gelassenheit in die Diskussion zu bringen. Bereits seit 1974 kommen dort weniger Kinder auf die Welt als nötig wären, um die Bevölkerungszahl aufrecht zu erhalten. Die Anzahl der geborenen Kinder erreicht zahlenmäßig nur noch zwei Drittel der Vorgängergeneration. Das hatte und hat zur Folge, dass die japanische Bevölkerung schrumpft, und zwar alleine zwischen 2008 und 2016 (also in nur acht Jahren) um zwei Millionen Menschen. Und nach den Prognosen wird sich dieser Trend rasant beschleunigen: Im Jahr 2060 wird die Bevölkerung des Inselstaates nur noch rund 68 Prozent ihres einstmaligen Höchststandes (128 Millionen) aufweisen und im Jahr 2100 lediglich noch 39 Prozent.[9] Für Ökologen geradezu ein Traum. Und das geschieht alles freiwillig, in einer Demokratie, in einem Rechtsstaat. Die Trends in anderen Industrieländern sind ähnlich, wenngleich nicht so rasant wie in Japan. Letztendlich bedeutet es aber, die Forderung, weniger oder gar keine Kinder zu bekommen, ist nicht so radikal wie sie sich anhört. Denn vielfach entspricht sie ohnehin bereits der Lebenswirklichkeit. Wir sehen hier eine der wenigen Entwicklungen, wo ökologisches Erfordernis und das Verhalten von Gesellschaften aufeinander zulaufen.

Privatsphäre? Ein veraltetes Konzept

Den Erfolg des Internets hat bislang wenig aufhalten können. Überhaupt gar nicht mehr aus dem Siegestaumel rausgekommen sind einige große Internetkonzerne, vor allem in den USA und China. Kein Wunder: Ihre Wachstumsdynamik ist in der Wirtschaftsgeschichte nahezu ohne Vergleich. Eigentlich gab und gibt es nur zwei limitierende Faktoren (von Spam-Mails und Virenangriffen einmal abgesehen). Der erste ist das unfreundliche Verhalten von Diktaturen, denen naturgemäß wenig an Transparenz und Meinungsfreiheit im Netz gelegen ist. Der zweite ist das, vor allem in Europa verbreitete, Bedürfnis nach der Unverletzlichkeit der Privatsphäre und Datenschutz. Diktaturen wegzubekommen ist schwierig, wenngleich so mancher Kommentator den Arabischen Frühling auch als »Facebook-Revolution« bezeichnet hat. Datenschutz dagegen, das ist ein weiches Ziel. Den anzugreifen, haben sich insbesondere die amerikanischen Internet-Riesen zur Aufgabe gemacht. Die Vizechefin von Facebook, Sheryl Sandberg, hat bereits im Jahr 2013 die europäischen Vorschriften als »kritische Bedrohung« für ihren Arbeitgeber bezeichnet.[10] Das war zu einer Zeit, als die Diskussion über die Datenschutz-Grundverordnung bereits in vollem Gange war. Facebook hat, wie auch andere Unternehmen, dagegen massiv lobbyiert. Dabei ist man sich nicht zu schade gewesen, auch ganz altbackene Drohungen aus dem Lobbyisten-Arsenal zu verwenden. Darunter die, dass man zukünftig auch auf Investitionen in den wenig willfährigen Ländern verzichten könnte.[11] Das Ziel war offensichtlich: weniger Datenschutz und Privatsphäre für mehr unternehmerische Freiheit und höhere Gewinne. Wie niedrig die Hemmschwellen der betreffenden Konzerne inzwischen sind, hat sich vor einiger Zeit herausgestellt. Da nämlich wurde öffentlich, dass Google, Apple und Amazon einige ihrer Angestellten (oder die von beauftragten Firmen) bei allem mithören lassen, was ihre digitalen Sprachassistenten in den Heimen der Nutzer aufzeichnen.[12] Dazu muss man wissen, dass die aus technischen Gründen und aufgrund von Fehlfunktionen viel mehr aufzeichnen als ihre Nutzer wissen oder wollen können. Nach Medienberichten soll da auch nicht selten sehr, sehr Privates dabei sein.[13] Zweifellos hat es hier eine Erosion gegeben, wobei die Gurus der Branche schon von Anfang an nie etwas anderes im Sinn hatten. Scott McNealy, der damalige Vorstandsvorsitzende des IT-Unternehmens Sun Microsystems, postulierte schon im Jahr 1999: »Man hat sowieso null Privatsphäre, kommt darüber hinweg.«[14] Die Jünger folgten und riefen die sogenannte »Post Privacy«-Bewegung ins Leben. Sie halten Datenschutz nicht nur für überholt, sondern brandmarken ihn sogar als schädlich für die Freiheit im Internet.[15] Einer der Hotspots dieser Bewegung war und ist die Piratenpartei. Julia Schramm, ehemals eines ihrer bekannteren Gesichter und zeitweilig im Bundesvorstand der Partei, hat zu dem Thema auf Spiegel Online im Jahr 2011 ein recht heiteres Interview gegeben. Hier ein kleiner Abschnitt daraus:

Spiegel online	Der Grundsatz ›Meine Daten gehören mir‹ gilt nicht mehr?
Schramm	Das ist zwar ein schöner Anspruch, aber meine Daten können mir nicht mehr gehören. Wir haben längst die Kontrolle darüber verloren. Ob wir es nun gut finden oder nicht: Privatsphäre ist so was von Eighties. (lacht).«[16]

Die Erwartung ist, dass wir mit unseren Vorstellungen von Gestern dem digitalen Fortschritt nicht länger im Weg herumstehen. Wie bei manch anderen Verzichts-Forderungen wäre auch hier die Gefahr eines Rückschrittes allerdings immanent, sind doch Privatsphäre und Datenschutz recht junge Errungenschaften. In Deutschland beispielsweise waren sie für die Bevölkerung der DDR erst nach der Wende erreichbar. Davor waren die Menschen gezwungen, in einem Staat zu leben, der nicht nur ein Informationsmonopol für sich beanspruchte, sondern das Recht auf informelle Selbstbestimmung in keinster Weise zu achten wusste. Im Gegenteil: Es wurde als ideologisch-weltanschaulicher Auftrag der staatlichen Einrichtungen betrachtet, Datenhoheit und Privatsphäre der Bürgerinnen und Bürger zu verletzen, wo immer das für notwendig angesehen wurde. Das Beispiel macht deutlich, dass Datenschutz auch eine Form von Wehrhaftigkeit gegen Machtansprüche ist.[17]

Das ist zweifellos einer der Gründe, warum die letzte Schlacht noch nicht geschlagen ist. Das Ringen dauert ja nun schon eine Ewigkeit, gefühlt seitdem der Mensch das Schreiben gelernt hat. Und heute balgen sich praktisch alle ohne Unterlass – Bürger, Sicherheitsbehörden, Soziale

Netzwerke, Verbraucherschützer und Unternehmen. Die Fronten sind dabei nicht immer klar und erwartbar. Denn je nach Lebenslage und Interesse ist mal der Eine, mal der Andere für mehr Datenschutz – oder eben weniger. Eines kann man aber mit Gewissheit sagen: Eindeutige Sieger gibt es nicht. Einerseits sind da – durchaus erfolgreich – die Datenkraken innerhalb und außerhalb des Netzes. Andererseits kann aber auch die staatliche Seite hin und wieder mit überraschend konsequenten Vorstößen aufwarten. Das jüngste Beispiel ist die Datenschutz-Grundverordnung[18] der EU. Sie hat gezeigt, dass mehr Datenschutz möglich und durchsetzbar ist. Jedenfalls dort, wo der Staat das will.

Bei der inneren Sicherheit will er es nicht. Hier würde er uns am liebsten digital so rückhaltlos durchleuchten, dass wir dastehen wie das Skelett auf dem Röntgenbild. Eines seiner Lieblingsinstrumente dafür ist die Vorratsdatenspeicherung. Dabei geht es um die anlasslose, großflächige Speicherung der technischen Daten (nicht der Kommunikationsinhalte) von Telefon- und Internetverbindungen. Dazu gehören beispielsweise die gewählte Rufnummer und das Datum des Gesprächs.[19] Es handelt sich sozusagen um ein Herzensanliegen der Bundesregierung, und wie hartnäckig sie dabei ist, zeigt die Tatsache, dass sie schon den zweiten Anlauf dafür unternimmt. Denn die Vorratsdatenspeicherung war bereits im Jahr 2008 eingeführt worden.[20] 2010 jedoch hat das Bundesverfassungsgericht der Regierung einen Strich durch die Rechnung gemacht und die entsprechenden Regelungen für nichtig erklärt. Auch auf europäischer Ebene gab es eine klare Ansage, denn der Europäische Gerichtshof erklärte die EU-Richtlinie zur Vorratsdatenspeicherung, welche Grundlage für die deutsche Regelung war, für ungültig. 2015 dann kam in Deutschland ein neues Gesetz, das aber wegen zahlreicher Klagen und bereits ergangener Urteile einstweilen ausgesetzt ist. Solange dies so bleibt, unterliegen die Provider keiner Speicherpflicht.[21] Dass die Gerichte so intensiv an der Sache beteiligt sind, kommt nicht von ungefähr, denn aus den gespeicherten Daten lassen sich für eine Menge Menschen Verhaltens- und sogar Persönlichkeitsprofile erstellen. Die Einführung der Vorratsdatenspeicherung wäre somit ein Verzicht auf Privatsphäre. Einstweilen sind es aber nur die Sicherheitsdienste, die verzichten müssen und zwar auf einen ganzen Berg von Daten, in dem sie liebend gerne wühlen würden.

Überhaupt die Datenberge. Mehr und mehr Alltag wandert ins Internat ab und mit ihm auch die zugehörigen Informationen. In der Konsequenz wird das Häufchen, welches jeder von uns im Internet hinterlässt, von Jahr zu Jahr größer. Das kann einem nicht immer recht sein. Schließlich will man beispielsweise mit Jugendsünden nicht ewig konfrontiert werden, die man irgendwann einmal auf Facebook in die Welt hinausgepostet hat. Deshalb haben Aktivisten und Wissenschaftler das »Recht auf Vergessenwerden« ersonnen. Damit ist gemeint, dass persönliche Daten im Netz mit einer Art festem Verfallsdatum versehen sind. Der Europäische Gerichtshof fand diese Idee gut und hat sie mit Bezug auf Suchdienste wie Google im Jahr 2014 per Grundsatzurteil zu geltendem Recht gemacht.[22] Weniger gut findet das natürlich Google, aber auch die Leute von Wikipedia können sich nicht so recht damit anfreunden, weil sie eine Beschränkung der Informationsfreiheit darin sehen.[23] Ginge es nach ihnen, müssten wir darauf verzichten, irgendwann in Vergessenheit zu geraten. Die Bürgerinnen und Bürger sehen das anders und machen rege Gebrauch von ihrem neuen Recht. Seit dessen Einführung im Jahr 2014 hat Google europaweit 865 164 Löschanträge bekommen, die sich auf rund 3,4 Millionen URLs bezogen haben. Deutschland hatte daran einen Anteil von 141 786 Anträgen und rund 560 000[24] URLs.[25]

Verglichen damit, was in Sachen Datenschutz weltweit läuft, vor allem unter der Flagge »Terrorismusbekämpfung«, aber auch im Hinblick auf Wirtschaftsspionage oder Cyber-Attacken, wirkt die Sache mit dem Antragsverfahren und der Löschung von Suchtreffern geradezu zivil. Denn Tatsache ist, dass bei vielen Staaten, insbesondere denen, die autoritär oder diktatorisch regiert sind, jedwede Hemmung im Hinblick auf Datenmissbrauch fehlt. Und manchmal gilt das leider auch für Demokratien. So berichtet Edward Snowden in einem Spiegel-Interview darüber, wie man sich bei der NSA darüber lustig machte, wenn man auf den elektronischen Geräten von Zielpersonen Nacktbilder fand. Er berichtet auch darüber, wie massenhaft Computer-Kameras angezapft wurden und er auf den privaten Stream eines Mannes gestoßen sei, der zusammen mit seinem Kind vor dem Rechner gesessen habe.[26] Irgendwo, in einem ganz anderen Teil der Welt war das – und bei der NSA hat man mitgeschaut und mitgehört. Die Begründung für solche Maßnahmen, im Aus- wie im Inland, ist immer gleich: »Datenschutz ist schön. Aber in Krisenzeiten wie diesen hat Sicherheit Vorrang«, so der ehemalige Bundesinnenminister Thomas de Maizière im Sommer 2016.[27] Wer Sicherheit will, muss auf Datenschutz verzichten – die Politik hat viel dafür getan, die Gesellschaft mit diesem vermeintlichen Nexus in die gewünschte Richtung zu drängen. Man kann schon die Uhr danach stellen: Jedem Terroranschlag folgt inzwischen die übliche Forderung nach besserem Datenzugriff für die Behörden – die oben erwähnte Geschichte der Vorratsdatenspeicherung ist nur ein Beispiel dafür. So reflexhaft findet das inzwischen statt, dass – zumindest in der öffentlichen Debatte – kaum noch über die Effektivität und den tatsächlichen Nutzen von Maßnahmen gesprochen wird: Jedes größere Unternehmen unterhält heutzutage selbstverständlich eine Controlling-Abteilung, die genau das tut: Nutzen und Effektivität beurteilen. Bei der inneren Sicherheit scheint man ohne solch ein Korrektiv auskommen zu wollen. Das jedoch kann leicht dazu führen, dass man wertvolle Ressourcen und Zeit mit nutzlosen Maßnahmen verplempert. So hat beispielsweise der Kolumnist Sascha Lobo nachgewiesen, dass alle Attentäter der islamistischen Mordanschläge in der EU zwischen 2014 und 2017 bereits im Vorfeld behördenbekannt waren.[28] Die Schlussfolgerung lautet, dass nicht weiterreichende Eingriffe in den Datenschutz gebraucht werden, sondern ein effektiverer Umgang der Behörden mit den bereits vorhandenen Daten. Ein Attentäter, wie der vom Berliner Breitscheidplatz, konnte schließlich in aller Ruhe seinen Anschlag vorbereiten, ohne dass irgendwo Warnleuchten angegangen wären. Und das obwohl es bei zahlreichen Behörden Datenbestände und Akten zu ihm gab. Gerade deshalb sind Regierungen und Parlamente ganz besonders in der Pflicht, jeden weiteren Eingriff in den Datenschutz im Namen der Terrorbekämpfung sorgfältig zu begründen und insbesondere seine Wirksamkeit nachzuweisen. Anderenfalls würde der erzwungene Verzicht auf Datenschutz zum Selbstläufer und die Bürgerinnen und Bürger irgendwann, ganz nach dem chinesischen Modell, durchschaubar wie Glas. Gerade in China kann man gut beobachten wo das endet: Kameras und Gesichtserkennung, die so präsent sind, dass man ihnen kaum noch entkommen kann, ebenso wie maximale Überwachung und Zensur im Internet. Das führt dann dahin, dass die Regierung das Land mit 570 Millionen (!) Kameras zur Gesichtserkennung vollpflastern will, und möglicherweise schon weit damit forgeschritten ist – so genau weiß man das nicht.[29] Andererseits ist es aber vergebliche Liebesmüh, die Website der New York Times[30] aufrufen zu wollen. Statt der erscheinen nämlich zwei lustige Comic-Polizisten im Manga-Stil namens Jingjing und Chaca, die alle User regelmäßig daran erinnern, dass das Netz überwacht wird.[31] Und zu allem Übel existiert auch noch ein soziales Bewertungssystem, das nahezu jede digital dokumentierbare Handlung der Bürgerinnen und Bürger mit einem Bonus oder Malus versieht. Das wird dann in einem Gesamtscore zusammengefasst, und der entscheidet zum Beispiel über das berufliche Fortkommen, aber auch über Strafen, wie beispielsweise drastische Reisebeschränkungen in Form von Flugverboten und der Untersagung der Nutzung von Schnellzügen. Alleine solche Beschränkungen wurden nach chinesischen Angaben im Jahr 2018 insgesamt 6,7 Millionen Mal verhängt.[32] Und das obwohl das System noch nicht einmal voll ausgebaut ist! Die Schlussfolgerung: Wie jede andere Verzichtsforderung auch, besteht die zum Abbau des Datenschutzes nicht aus eigenem Recht. Sie muss begründet, ihre Notwendigkeit und Wirksamkeit nachgewiesen werden.

Wie geht das?
Verzicht in der Praxis – Teil 1

Einsicht

In der Vergangenheit waren Not und Verzicht wie siamesische Zwillinge. Alleine hat man keinen der beiden je angetroffen. Wo sie in Erscheinung traten, taten sie das stets zusammen. Das hat sich geändert. Heute gehen sie getrennte Wege. Denn die Not, die der Klimawandel momentan auslöst, ist in den allermeisten Ländern noch überschaubar. Aber die Notwendigkeit zum Verzicht besteht bereits jetzt. Der eine Zwilling ist schon da, der andere kommt später – viel später. Der Charakter des Verzichts ändert sich dadurch grundlegend. War er früher schlichtweg ein Diktat, das durch physisch erfahrbare Zwangslagen erbarmungslos ausgeübt wurde, so ist er heute zuvorderst eine intellektuelle Leistung, die sowohl individuell als auch kollektiv erbracht werden muss. Die Einsicht in die unausweichliche Notwendigkeit des Verzichtes muss jeder für sich selbst gewinnen, denn die momentanen Umstände tun es nicht für ihn. Kurz gesagt: Im Unterschied zu allen früheren Verzichtsphasen könnten wir uns heute auch gegen den Verzicht entscheiden. Menschen, die während des 30-jährigen Krieges gelebt hatten, konnten gar nicht anders, als zu verzichten. Die Umstände ließen ihnen keine Wahl. Der Mensch im Zeitalter des Klimawandels könnte sich gegenwärtig auch anders entscheiden, denn noch lassen die Umstände ihm die Wahl. Es ist ähnlich wie bei einer Diät: Man kann es jeden Tag einfach sein lassen. Daher auch die hohen Abbruchraten bei Diäten, die laut Studien um die 30 Prozent liegen.[1] Verzicht für Klimaschutz, bedeutet, eine ganze Gesellschaft auf Diät zu setzen. Und bisher zeigt sich: Die Abbruchraten hier sind noch höher. Vielleicht auch deshalb, weil das mit dem kollektiven Abspecken gar nicht funktionieren kann. Weil eine Ökonomie ohne Wachstum und Wohlstand, wie wir sie kennen, unmöglich ist. Das folgende Kapitel befasst sich mit dieser Frage.

Wachstumsschmerz

Die multiplen ökologischen Probleme legen die Axt an unser Wirtschaftsmodell. Denn früher oder später landet man bei der Frage, ob Wachstum vielleicht die Ursache sein könnte. Es erscheint ja logisch nachvollziehbar, dass ökologische Grenzen einerseits und nie endendes Wirtschaftswachstum andererseits unvereinbar sind. Endlosigkeit und Grenzen sind natürliche Widersprüche. Die Mehrheit der Ökonomen dagegen bringt das noch problemlos zusammen.

Dabei ist schon heute, wo nur die Industrienationen im High End-Bereich leben, das Klima bereits beängstigend geschädigt. Zudem sind viele Ressourcen erschöpft oder nahe davor. Von diesem Konto kann man nur abheben, was drauf ist, und den Kontostand verringern wir in rasendem Tempo. So hat sich der Stoffdurchsatz der Weltwirtschaft alleine im 20. Jahrhundert um gewaltige 800 Prozent gesteigert.[2] Wer so wirtschaftet, hat bald nichts mehr. Was für uns Wachstum ist, erweist sich damit als schmerzliche Angelegenheit für den Planeten. Man reißt alles aus ihm heraus, was verwertbar ist: Metalle, Kohle, Seltene Erden und Diamanten. Man amputiert ihn: Tag für Tag werden ihm ganze Wälder abgetrennt, gehäckselt und zerschnitten. Auch die Schutzschicht des Planeten, seine Haut sozusagen, nämlich die Atmosphäre, lassen wir nicht in Ruhe. Wir traktieren sie mit aggressiven Gasen und Giften, so dass sie löchrig und durchlässig wird und eines garantiert nicht mehr gewährleisten kann: Schutz. In den Adern des Planeten, den Flüssen und wasserführenden Schichten, schwappen Gifte und Nitrate, die das Wasser zum Schadstoff werden lassen, der in alle Verästelungen des planetarischen Organismus gelangt. Was wäre, wenn auch Schwellen- und Entwicklungsländer zu unserem Lebensstil aufschlössen? Aus und vorbei wäre es.

Hinzu kommt, dass die Fixierung auf Wachstum zunehmend wirtschaftlicher Unsinn ist. Denn die Kosten übersteigen den Nutzen in einigen Fällen deutlich.[3] Ein Beispiel: Das Land Niedersachsen ist mit einem Anteil von 11,77 Prozent an der Volkswagen AG beteiligt. Im Jahr 2015, als der Abgasskandal begann, hat diese Beteiligung dem Land Einnahmen von rund 6,5 Millionen Euro beschert.[4] Im selben Jahr hat Niedersachsen deutlich mehr, nämlich 18,5 Millionen Euro für den Küstenschutz, also vor allem Deiche, ausgegeben.[5] Nun muss man wissen, dass der Küstenschutz nicht nur, aber auch durch den Klimawandel so hohe Ausgaben verursacht. Schon heute wird bei allen Erhöhungen und Neubauten von Deichen ein Anstieg des Meeresspiegels um 50 cm in den nächsten 100 Jahren berücksichtigt. Und die Sperrwerke werden so ausgelegt, dass sie um bis zu einem Meter in der Höhe nachgerüstet werden können.[6] Das alles kostet Geld und ist in den 18,5 Millionen Euro enthalten. Das Land gibt also mit hoher Wahrscheinlichkeit mehr Geld für die Bekämpfung der Folgen des Klimawandels aus, als es direkte Einnahmen aus der Verursachung des Klimawandels durch den Autokonzern VW hat. Ökonomisch macht das gar keinen Sinn.

Die Autoindustrie bietet überhaupt eine ganze Fülle an Beispielen dafür, dass die Wachstumsstory eine tragische Wende genommen hat. Das mag auch daran liegen, dass die Branche Opfer ihres eigenen Erfolges geworden ist. Immerhin trägt sie mit fast acht Prozent direkt und indirekt zum Bruttoinlandsprodukt bei.[7] Sie bietet im Kernbereich und bei den Zulieferern insgesamt 1,75 Millionen Arbeitsplätze, was vier Prozent aller Erwerbstätigen im Land entspricht.[8] Aber die Kundenbasis erodiert langsam, und zwar von unten her. Der Nachwuchs ist nicht mehr autoaffin. Zumindest der in den Städten. Dort sagen die Bewohner zwischen 18 und 25 Jahren, wenn man sie fragt, nur noch zu 36 Prozent, dass der eigene Pkw ihnen wichtig sei.[9] Das dürfte nicht zuletzt daran liegen, dass die Leute es satthaben. Denn der verfügbare Straßenraum kann mit der Masse an Fahrzeugen nicht mehr Schritt halten. In allen größeren deutschen Städten ist das schon lange der Fall, und die öffentliche Hand baut bereits seit Jahrzehnten ebenso hilflos wie vergeblich, aber mit enormem Mittelaufwand dem immer rasanter steigenden Bedarf hinterher. Die Folge: zubetonierte, verkehrslastige Stadtlandschaften, und trotzdem weiterhin Dauerstau sowie Verkehrschaos. Wachstum, das an seine Grenzen stößt.

Wandel statt Reparaturen?

Kann es also sein, dass da mit Reparaturen gar nichts mehr zu machen ist? Muss man stattdessen an den Grundmechanismus heran: das Wachstum an sich? Die Denkschulen gehen da weit auseinander: Die einen sagen, man müsse nur auf die richtige Art wachsen, nämlich grün, dann könne das schon alles weitergehen. Dann gibt es andere, die meinen, ein Stopp – also Nullwachstum – wäre die Lösung. Und aus der ganz radikalen Ecke kommen sogar Forderungen nach einer Schrumpfung der Ökonomie. Da will man quasi den Zeitstrahl der Wirtschaftsgeschichte umdrehen. Die Vertreter dieses Ansatzes gehen davon aus, dass wir schon heute viel weiter gegangen sind, als wir es je hätten tun dürfen. Deshalb sei nun das Zurückschrumpfen auf ein normales wie verträgliches Maß angesagt.[10] Wenn die Ökonomie dann entschlackt sei, könne man vom erreichten, niedrigeren Niveau aus verträglich wirtschaften. Dabei sei jedoch streng darauf zu achten, dass kein neues Fett in Form von erneutem Wachstum angesetzt wird. Die Ökonomie der Zukunft, die uns da entgegenkommt, ist ein eher hagerer Geselle. Ihm sieht man den Wohlstand und die Völlerei der Vergangenheit nur noch an seinem trauernden Gesichtsausdruck an.

Der Mensch assoziiert die guten Zeiten seiner Geschichte immer mit Wachstum, Aufbau und Zugewinn. Obwohl der Planet so offensichtlich unter unserem Wachstum leidet, können wir deshalb schlecht davon lassen. Wir haben folglich ein Wirtschaftsmodell geschaffen, in dem Verzicht systemfremd ist. Es basiert auf stetigem Wachstum, und das ist nur mit dauernder Nachfrage, also dem Gegenteil von Verzicht, zu erreichen. Die herrschende Lehrmeinung, genauso wie die überwiegende öffentliche Meinung, besagt deshalb, dass Wachstum für die Volkswirtschaft essentiell sei. Diese Haltung hat es sogar bis ins Grundgesetz geschafft. Dort ist das Wirtschaftswachstum ausdrücklich als Förderziel ausgewiesen.[11] Eine statische oder gar schrumpfende Ökonomie wird als Fehlentwicklung betrachtet, die es zu korrigieren gilt. Deshalb erhebt sich selbst dann, wenn die Ökonomie nur geringfügig und kurz ins Minus dreht, bereits ein vielstimmiges Wehklagen von Medien und Wirtschaftsverbänden. So wurde im August 2019 bekannt, dass das deutsche Bruttoinlandsprodukt im zweiten Quartal im Vergleich zum ersten um 0,1 Prozent gefallen war. Im Vergleich zum Vorjahr musste eine Stagnation festgestellt werden. Wenig Dramatisches also. Trotzdem wurde vom Bundesverband der Deutschen Industrie umgehend die Forderung erhoben, mit einem groß angelegten Konjunkturprogramm »das Schlimmste zu verhindern«.[12] Das Betriebssystem der ökonomischen Lehre heißt auch bei den Lobbyisten »Wachstum«. Der Begriff davon und das Verständnis darüber wurde im Laufe der Zeit modernisiert. Es ist jedoch nicht entscheidend, ob heute »Wachstum 4.0« oder eine ältere Version läuft, denn das Grundprinzip bleibt stets dasselbe: eine Expansion an allen Fronten. Das betrifft sowohl die Steigerung des Bruttoinlandsproduktes als auch die stete Ausweitung des Systems »Wirtschaft« zu Lasten des Ökosystems.

Der Grund dafür ist gar nicht schwer zu begreifen: Wachstum löst viele Probleme. Es schafft Arbeitsplätze und bringt die nötigen Steuermittel zur Finanzierung der Sozialsysteme sowie anderer staatlicher Leistungen. Das wiederum führt zu gesellschaftlicher Stabilität, was sich bei den zufriedenen Kunden der Politik schlussendlich in der begehrtesten aller Währungen auszahlt: Wählerstimmen. Vordergründig profitieren alle von Wachstum. Das Verständnis dafür, dass die Wirtschaft nicht das System selbst ist, sondern nur ein Teilsystem der planetaren – endlichen und begrenzten – Ökologie[13] setzt sich dagegen nur langsam durch. Der ehemalige Weltbank-Ökonom und Träger des Alternativen Nobelpreises, Herman E. Daly, hat das schon im Jahr 1996 wie folgt formuliert: »Die Welt bewegt sich von einer Ära, in der das vom Menschen produzierte Kapital der beschränkende Faktor war, hin zu einer Ära, in der das verbliebene natürliche Kapital der beschränkende Faktor ist.«[14]

Statements wie dieses haben durchaus zu lebhaften Debatten geführt. Die Publikationen zum Themenfeld »Wachstum und Ökologie« sind zahlreich. Das Problem ist: Die Debatte wird auch schon recht lange geführt. Spätestens mit der Veröffentlichung der für ihn erstellten Studie »Die Grenzen des Wachstums« im Jahr 1972 hat der Club of Rome sie im globalen Maßstab angestoßen. Wir diskutieren nun also seit nahezu fünfzig Jahren – und sind immer noch nicht zu einem Ergebnis gekommen. Außer, man würde es als Ergebnis betrachten, dass stur weiter am hergebrachten ökonomischen Wachstumsmodell festgehalten wurde. Das Bruttoinlandsprodukt aller OECD-Staaten betrug in dem Jahr, als »Die Grenzen des Wachstums« veröffentlicht wurde, 4 183 Dollar pro Kopf. Im

Jahr 2018 lag es bei 45 651 Dollar. Die Linie dazwischen ist – abgesehen vom Jahr 2009 als Folge der Finanzkrise – nahezu eine Gerade.[15]

Der Traum vom Grünen Wachstum

Wie ausgeprägt die Abhängigkeit vom Wachstum ist, zeigt sich daran, dass selbst klimaschutzaffine Gruppierungen wie die Grünen nicht so recht davon lassen können. Jedenfalls seitdem sie in der Mitte der Gesellschaft angekommen sind. Dort nämlich will man das Klima durchaus schützen, aber man will auch weiter Wachstum. Letzteres gehört zur DNA der Mittelschicht. Das ist leicht erklärbar, wann man sich ihre Position vergegenwärtigt: Einerseits grenzt sie sich, so gut es geht, nach unten ab gegenüber dem Prekariat. Das ist eine kulturelle, wie materielle Abgrenzung, die unter anderem der steten Angstvorstellung geschuldet ist, womöglich dorthin abrutschen zu können. Symbolisiert das Prekariat doch vor allem ein Leben von der Hand in den Mund, mit einer auf das Minimum zusammengeschrumpften Selbstbestimmung. Die Abgrenzung zu diesem Milieu nimmt bisweilen schon die Form einer Abschottung an. So beispielsweise im Jahr 2010 in Hamburg anlässlich eines Volksentscheides gegen eine von allen Parteien im Parlament gutgeheißene Schulreform. Diese hatte im Kern vorgesehen, die Grundschulzeit von vier auf sechs Jahre zu verlängern. Damit hätten alle Schülerinnen und Schüler zwei Jahre länger gemeinsam gelernt, bevor sie auf die verschiedenen nachfolgenden Schularten aufgeteilt werden. Die Initiatoren der Reform hatten sich dadurch mehr soziale Gerechtigkeit versprochen, da schwächere und benachteiligte Schüler länger mit bessergestellten zusammen seien, und dadurch in ihrer Entwicklung und im Lernerfolg profitierten.[16] Die Gegner, vorwiegend aus dem bessergestellten Hamburger Bürgertum, hatten dagegen die Befürchtung, dass ihre Kinder von den sozial Schwächeren ausgebremst und in ihrer Entwicklung behindert würden. Sie waren im Grund dafür, dass die Kinder möglichst früh selektiert werden und dann wieder unter ihresgleichen sind. Die längere Grundschule war aus ihrer Sicht eine Statusbedrohung.[17] Diese letztere Gruppe hat dann einen Volksentscheid initiiert und auch gewonnen. Das Ziel war erreicht, die bestehenden Verhältnisse zementiert, die Abgrenzung durchgesetzt. Fazit: Die Mittelschicht will möglichst weit weg vom Prekariat sein.

Dann gibt es aber noch die Oberschicht. Ihr Leben hängt den Menschen aus der Mitte permanent wie eine Karotte vor der Nase und nichts täten sie lieber, als sich den Leckerbissen zu schnappen. Die Position der Mittelschicht als zweitbeste Schicht produziert ohne Unterlass Motivation, in die erstbeste aufzusteigen. Das Vehikel dafür ist Wachstum, weil nur das die notwendigen Hebekräfte entwickelt. Wer im Mittelmanagement von Daimler arbeitet, tut sich mit dem Aufstieg in höhere Sphären zweifellos leichter, wenn der Konzern immer mehr Autos verkauft. Das muss dann auch eine neue Mittelstandspartei wie die Grünen akzeptieren, was ihr gar nicht so schwer fällt, kommen doch nicht nur die Wähler aus der Mittelschicht, sondern inzwischen auch ihre Funktionäre und Mandatsträger. Die leben dann den Mittelstandstraum vor, so wie zum Beispiel Kerstin Andreae, gelernte Volkswirtin und langjährige Bundestagsabgeordnete der Grünen aus dem badischen Freiburg. Sie stieg im Sommer 2019 zur Vorsitzenden der Hauptgeschäftsführung des Bundesverbandes der Energie- und Wasserwirtschaft auf[18], Jahresgehalt: 600 000 Euro.[19] Verzicht auf Wachstum zu vermitteln, fällt da schwer. Der Ausweg der Partei lautet deshalb »Grünes Wachstum«.[20] Die Idee dahinter ist, dass eine weiter ansteigende Wirtschaftsleistung von einem steigenden Verbrauch an Ressourcen entkoppelbar ist. Der Begriff ist ein echter Gassenhauer der Politik geworden und wird nicht nur von den Medien, sondern auch anderen Parteien gerne aufgegriffen. Sogar beim Bundesverband der Industrie hat diese Denkschule inzwischen Fuß gefasst, auch wenn man den Begriff des »Grünen Wachstums« natürlich nicht in den Mund nimmt. Allerdings macht eine Studie, die der Verband im Jahr 2018 hat erstellen lassen[21], folgende Rechnung auf: Zur Erreichung der Klimaziele entstehen Kosten von (netto) 470 bis 960 Milliarden Euro bis 2050. Dies sind pro Jahr 15 bis 30 Milliarden Euro. Bei entsprechender politischer Umsetzung wären die gesamtwirtschaftlichen Auswirkungen dieser Anstrengungen jedoch neutral[22], und zwar vor allem wegen der eingesparten Energieimporte. Das bedeutet, es entstünde weder ein positiver noch negativer Effekt in Bezug auf das BIP. Damit verbunden wäre eine umfangreiche Erneuerung der Volkswirtschaft sowie die Erschließung neuer Exportchancen. Was anderes ist das, als der Traum vom Grünen Wachstum, geträumt vom BDI? Aber zeigt sich hier wirklich ein Ausweg? Oder ist das Wunschdenken, ähnlich dem Techno-Optimismus, der bereits früher in diesem Buch angesprochen worden ist? Wunschdenken deshalb, weil suggeriert wird, wir müssten keine wirklichen Abstriche machen, wenn wir nur das alte Wirtschafsmodell mit einer neuen Farbe – grün – wieder zum Glänzen bringen.

Grünes Wachstum ist zweifellos eine verlockende Idee und auf jeden Fall fortschrittlicher als plumper Wachstums-Kapitalismus. Allerdings wäre für ihr Funktionieren eine absolute Entkopplung von Wachstum und Ressourcenverbrauch notwendig. Das bedeutet, die Wirtschaft wächst, der Verbrauch an Ressourcen nicht. Das jedoch ist bislang noch nirgends gelungen. Da teilt das »Grüne Wachstum« sich seinen Platz in der Geschichte mit vielen anderen Idealvorstellungen, die auch nie so recht das geworden sind, was man sich ursprünglich einmal vorgestellt hat. Das Maximale, das hier und da erreicht wurde, war eine *relative* Entkopplung, was bedeutet, der Ressourcenverbrauch ist *langsamer* gewachsen als die Wirtschaft.[23] Ein Fortschritt, zweifellos, aber kein ausreichender, denn das Guthaben auf dem Ressourcenkonto verringert sich damit nach wie vor, nur nicht mehr so schnell. Zudem bedeutet Wachstum eben immer auch ein Zuwachs an verfügbarem Geld für Konsum. Wenn das ausgegeben wird, ist Ressourcenverbrauch fast zwangsläufig unvermeidbar.

Das gilt selbst dann, wenn die neuen Produkte, beispielsweise eine Heizung, sehr viel effizienter sind als die alten. Denn hier kommt der sogenannte Rebound-Effekt ins Spiel. Der beschreibt ein recht interessantes Phänomen: Wer einspart, hat mehr Geld zum Ausgeben. Und das wird dann in neue Produkte investiert, die man sich sonst nicht geleistet hätte. Die verbrauchen auch wieder Energie und schon ist die Einsparung wieder dahin. Erkannt wurde das schon im Jahr 1865, als der britische Ökonom William Stanley Jevons feststellte: Je effizienter die Dampfmaschinen werden, umso mehr (!) Kohle wird insgesamt verfeuert. Und seitdem, dem Jahr 1865, hat niemand diesen Effekt in den Griff bekommen. Beispiel Flugverkehr: Die Maschinen haben eine bemerkenswerte Effizienzentwicklung hinter sich. Zwischen 1990 und 2017 konnte der Kerosinverbrauch pro Passagier um 42 Prozent verringert werden. Das hat aber nicht dazu geführt, dass der *Gesamt*verbrauch an Kerosin zurückgegangen ist. Im Gegenteil: Der ist im selben Zeitraum um 85 Prozent gewachsen –

eine Folge der Tatsache, dass der Flugverkehr sich verdreifacht hat.[24] Wir fliegen also mit effizienteren Maschinen, dafür aber mehr. Einsparungen: Fehlanzeige. Der Rebound-Effekt stört den Traum vom Grünen Wachstum also ganz erheblich.

Letztendlich führt an der Erkenntnis kein Weg vorbei, dass faktisch jedes Wachstum mit Ressourcenverbrauch verbunden ist. Das gilt selbst im Internet-Zeitalter. Reine Software, mit der viel Geld verdient und das Wachstum angekurbelt wird, mutet ja zunächst recht ressourcenschonend an. So mancher träumt bereits von einer Entmaterialisierung der Wirtschaft durch Bits und Bytes. Schön wär's. Denn man benötigt schließlich massenhaft Strom, um Software vorzuhalten und zum Laufen zu bringen, und der muss, ganz materiell, irgendwo erzeugt werden. Alleine für den Betrieb der deutschen Rechenzentren braucht man rein rechnerisch vier mittlere Kohlekraftwerke. Ein schöner Vergleich wurde dazu in einer Greenpeace-Studie gezogen: Wenn das Internet ein Land wäre, läge es weltweit auf Platz sechs des Stromverbrauchs.[25] Außerdem sind die ganzen zugehörigen Gerätschaften – Smartphones, Tablets, Smart-Watches, Computer – massive Ressourcenfresser in ihrer Herstellung. Eine kanadische Studie hat beides zusammengerechnet – Internetnutzung und Endgeräteherstellung – und daraus eine Prognose für das Jahr 2040 erstellt. Das Ergebnis: Setzt sich das bisherige Wachstum der Branche fort, wird sie in 20 Jahren die Quelle für 14 Prozent aller Emissionen sein. Das entspräche dann der Hälfte dessen, was der Verkehr in die Luft bläst.[26]

Nullwachstum

Wenn also Grünes Wachstum keine Lösung ist, dann bleibt als Steigerungsform logischerweise die Reduktion auf null. Der Diskurs darüber wird unter dem Label »Postwachstum« geführt. Gemeint ist damit, dass wir die ökonomische Orientierung vergangener Zeiten hinter uns lassen sollen. Eine zukünftige Wirtschaft, so die Verfechter dieser Lösung, kann und muss ohne Wachstum auskommen. In diesen Gedanken-Sphären wird es dann allerdings hart. Eine Ökonomie ohne Wachstum läuft zwangsläufig auf das radikale Zurückstutzen einer Menge Freiheitsgrade hinaus. Sie wäre beispielsweise ein vorwiegend regionaler Wirtschaftskreislauf. Denn ihre Befürworter vertreten die Auffassung, dass »global arbeitsteilige und geldbasierte Wertschöpfung nicht vollständig dematerialisiert, also von Ressourcenverbräuchen und Umweltschäden entkoppelt werden kann«.[27] Aus der Erkenntnis folgt die Forderung nach einem »Rückbau globalisierter Wertschöpfungsketten«.[28] Die Vorstellung geht in Richtung einer Art von Ökonomie-Nationalismus. Der auch schon an anderer Stelle zitierte Ökonom Herman E. Daly formuliert das so: »Man soll von der Ideologie der globalen wirtschaftlichen Integration durch Freihandel, freie Mobilität des Kapitals und exportorientiertes Wachstum abgehen und sich in Richtung einer eher nationalen Orientierung bewegen, die in erster Linie die heimische Produktion für die inländischen Märkte entwickelt und erst dann zu internationalem Handel übergeht, wenn dieser deutlich effizienter ist.«[29] Die Verfechter einer solchen Strategie locken gern mit dem Argument, dass man so zwei erstrebenswerte Dinge auf einmal erreichen könne: Ökologie und Autarkie. Letzteres hat ja während der Corona-Krise geradezu eine Renaissance erlebt. Grund war die schmerzliche Feststellung, dass globale Lieferketten verletzlich sind und nur eine nationale Produktion – beispielsweise von Medizinprodukten – vor Engpässen im Krisenfall bewahren kann. Aber auch jenseits von Krisenszenarien gelte, so die Befürworter: Wer möglichst viel Produktion ins Land hole, der könne nicht nur umweltfreundlicher herstellen, sondern sei auch weniger anfällig für negative Entwicklungen der Weltwirtschaft.[30] Da könnte etwas dran sein. Man sehe sich nur einmal die Textilindustrie an. Derzeit stammen rund 90 Prozent der in Deutschland gekauften Bekleidung aus dem Import.[31] Entsprechend gering ist der Einfluss der Bundesrepublik auf die Produktionsbedingungen. Was schlecht ist, denn die sind anerkanntermaßen in sozialer und umweltpolitischer Hinsicht oft skandalös. So gesehen hatte Donald Trump mit seiner protektionistischen, auf die heimische Wirtschaft gemünzten Linie geradezu ökologisch und sozial fortschrittliche Wirtschaftspolitik betrieben. Wer hätte das gedacht? Allerdings benötigt man ein gehöriges Maß an Phantasie für dieses Modell, würde es denn in aller Konsequenz umgesetzt. Fragt man sich doch, wie beispielsweise Smartphones in Deutschland hergestellt werden sollen ohne die Seltenen Erden aus China.

Und da hören die Fragen nicht auf, sondern fangen erst an. Die nächste ist nämlich die nach der Arbeit. Null-Wachstum benötigt weniger Arbeitsplätze. Der Zusammenhang ist recht simpel: Wenn einerseits die Produktivität steigt, andererseits aber das Wachstum verharrt, sinkt der Bedarf an Arbeitskräften.[32] Wer nicht will, dass die Arbeitslosenzahlen ansteigen, muss deshalb die Arbeit besser verteilen, und zwar über das Instrument der Arbeitszeitverkürzung. Außerdem wird man, sagen die Postwachstums-Theoretiker, mehr Arbeit in die Sektoren verschieben müssen, welche – klassisch ökonomisch betrachtet – eine geringe Produktivität aufweisen, wie beispielsweise die Pflege.[33] Darüber hinaus wird man künftig den Durchmarsch der Maschinen nicht mehr ungestraft stattfinden lassen können. Maschinen zahlen, im Gegensatz zu Menschen, keine Sozialabgaben. Aus Sicht des Sozialstaates ist also jede Technik, die Menschen ersetzt, ein Entzug von Solidarität. Die Forderung lautet deshalb, dass eine sogenannte Maschinensteuer erhoben werden soll. Aus systemischen Gründen müssten aber nicht die Maschinen selbst, sondern ihre Besitzer höher besteuert werden. Mit den Einnahmen könnte ein Teil dessen, was dem Staat an Erträgen durch fehlendes Wachstum wegbricht, ersetzt werden.[34] Eine weitere Maßnahme zur Flankierung einer stagnierenden Ökonomie setzt bei den Produkten an. Die nämlich müssen langlebiger werden[35], um den Ressourcenverbrauch zu verringern. Da werden sicherlich nicht nur Smartphone-Produzenten hellhörig. Denn die generieren ihre teilweise traumhaften Gewinne ja gerade aus der Kurzlebigkeit und den schnellen Modellzyklen. Und da hören die denkbaren Zumutungen für die Hardware-Konzerne noch nicht auf. Denn es steht auch noch die Forderung nach sogenannten Ausgleichszöllen[36] im Raum. Die sollen dafür sorgen, dass die Umwelt- und Sozialkosten, welche bei Billigimporten oft nicht enthalten sind, wieder in den Preis des Produktes integriert werden. So will man der heimischen Wirtschaft mit ihren Erzeugnissen, in denen diese Kosten bereits enthalten sind, wieder eine faire Marktchance eröffnen. Dieses Instrument existiert übrigens bereits[37], müsste aber breiter angewendet werden. Ein weiteres Problem, das in einer Postwachstums-Ökonomie gelöst werden müsste, ist, dass der Finanzbereich seit jeher systemisch auf Wachstum ausgerichtet ist. Einer der Hauptgründe dafür ist das Kreditwesen, das den Banken die Fähigkeit verschafft, neues Geld zu schöpfen. Dies geschieht, indem sie deutlich mehr Geld verleihen, als sie tatsächlich hinterlegt haben. Jeder dieser Kredite benötigt aber Wachstum, um wieder zurückbezahlt zu werden, und die steigende Geldmenge ist dabei ein Teil dieses wachstumsabhängigen Systems. Als Lösung wird vorgeschlagen, dass Banken zukünftig nur noch Geld verleihen dürfen, das sie real auch haben.[38] In eine ähnliche Kerbe schlägt die Forderung nach einer Einschränkung der Kapitalverkehrsfreiheit. Wer mit seinem Kapital an günstigere Produktionsstandorte abwandert, soll der Zugang zum nationalen Markt künftig versperrt bleiben.[39] Außerdem wird für mehr Freiheit von Wissen plädiert, damit bestimmte Produkte auch in anderen Regionen der Welt produziert werden können, selbst wenn dort kein Patent oder geistiges Eigentumsrecht vorliegt.[40] Zweifellos ein schwieriger Gedanke, der in der langen Tradition der Geringschätzung von geistigem gegenüber materiellem Eigentum steht. Und – Gipfel der Forderungen – die Bevölkerungsdichte müsste sinken, zumindest aber niedrig gehalten werden, damit die Löhne ihrerseits hoch genug bleiben können. Man müsste mit der vorhandenen Lohnsumme sozusagen weniger hungrige Mäuler stopfen, und dann bliebe mehr für den Einzelnen übrig. Auf diese Weise könnte auch die Rente weiterhin garantiert werden. Eines könnte dabei helfen: In entwickelten Gesellschaften geht der demografische Trend ohnehin in diese Richtung. Ums Geld geht es auch bei einer weiteren Forderung, denn die lautet, ein Höchsteinkommen einzuführen, also einen Deckel. Hier sind die Schwierigkeiten weniger praktischer, als psychologischer Natur. Jedenfalls soll auch damit garantiert werden, dass in einer stationären Wirtschaft genügend Einkommen für alle vorhanden ist und die Teilnahme am Konsum, der nun ja begrenzt vorhandenen Güter, annähernd gleich möglich ist.[41] Da nahezu alle sozialen und ökonomischen Systeme auf Wachstum ausgerichtet sind, ergeben sich neben den eben genannten noch weitere Probleme, die gelöst werden müssen. Dazu gehört die Rückzahlung der Schuldenberge, die viele Staaten angehäuft haben. Vielfach wurden die Kredite in schwachen wirtschaftlichen Phasen aufgenommen, um die Wirtschaft anzukurbeln und sie dann in einer Aufschwungphase wieder zurückzubezahlen. Das Problem dabei: Diese Aufschwungphase kam nie.[42] Und in einer stationären Wirtschaft wird sie per Definition nie kommen.

Diese lange Liste an Schwierigkeiten sollte ein Weckruf sein. Denn sie zeigt, dass noch kein wirklich klares Modell einer Postwachstumsökonomie existiert. Vieles zeichnet sich, wenn überhaupt, nur in Umrissen ab. Und das Nachdenken darüber findet eigentlich nur in gesellschaftlichen, wissenschaftlichen und politischen Nischen statt. Eine Massenbewegung ist das noch lange nicht. Das ist auch kein Wunder, da der Mainstream ja nach wie vor ein anderer ist. Die Folge ist nicht nur ein ökonomisches Denken in althergebrachten Bahnen, sondern auch, dass ein Großteil der wissenschaftlichen und politischen Ressourcen noch immer in die Erforschung und Umsetzung der Frage fließt, wie mehr Wachstum erreicht werden kann. Das erscheint reichlich fahrlässig. Selbst wenn man der Auffassung ist, dass es, trotz vieler ernstzunehmender Gegenargumente, in alle Ewigkeit weitergehen kann mit dem Wachstum, so wäre es doch vernünftig, zumindest einen Plan B in der Tasche zu haben. Bei komplexen Systemen wie die Ökonomie eines ist, ist es ein Ausweis von Weitsicht, damit zu rechnen, dass sich das System auch radikal anders entwickeln kann, als man das prognostiziert hat oder sich wünscht.

Und wo die Theorie schon schwach ist, muss man leider konstatieren, dass es noch mehr an praktischen Erfahrungen für das Konzept Postwachstum fehlt. Natürlich hat bis zum Beginn der Industrialisierung während des größten Teils der Geschichte nur eine stationäre Wirtschaft existiert.[43] Aber die Ökonomie des Mittelalters als Referenz zu nehmen, kann sicher nicht ernsthaft in Erwägung gezogen werden. Auch nachdem die Industrialisierung Einzug gehalten hatte, kam es immer wieder zu Phasen der Stagnation oder sogar Schrumpfung, beispielsweise in Japan über einige Abschnitte der 90er-Jahre des letzten Jahrhunderts.[44] Es lässt sich auch damit leben und überleben. Als Beweis für das dauerhafte Funktionieren einer Post-Wachstums-Ökonomie ist das aber natürlich noch zu wenig. Immerhin: Der weiter oben schon zitierte Vordenker John Stuart Mill hat es bereits zu seiner Zeit (im 19. Jahrhundert) als erstrebenswert erachtet, eine stationäre Wirtschaft zu erreichen. Er träumte von einem reduzierten Konkurrenzkampf, wenn nicht mehr alles wachsen muss, und von mehr Zeitreichtum für Arbeitnehmer. Die stationäre Wirtschaft war aus seiner Sicht ein Ziel – kein Betriebsunfall der Ökonomie.[45]

Ablenkungsmanöver

Die Schriften der Postwachstums-Propagandisten fallen samt und sonders durch einen bemerkenswerten Mangel an Offenherzigkeit auf. Nur ganz selten liest man da solche Sätze: »Auf Basis [der] Subsistenzorientierung kann [...] niemals das derzeitige Versorgungsniveau moderner Konsumgesellschaften aufrechterhalten werden.«[46] Viel häufiger bestehen die Schriften aus blankem Marketing. Dem Versuch also, das dort angepriesene, hagere Lebens- und Wirtschaftsmodell dem Leser trotzdem schmackhaft zu machen. Vieles hört sich nach Schönrederei an, und es wird erstaunlich oft davon fabuliert, dass man mit weniger doch viel mehr Glück empfinden könne.[47] Wenn das alles so wäre, dann fragt man sich natürlich, warum der Mensch sich seit Beginn der Industrialisierung dermaßen krummlegt, damit er immer mehr von allem sein Eigen nennen kann. Und dabei geht es ja gar nicht nur um Wohlleben und Luxus. »Mehr«, das bedeutet eben auch, dass ganz essentielle Dinge immer besser werden, wie zum Beispiel die Gesundheitsversorgung oder die Bildungsangebote. Wachstum schafft größere und bessere Krankenhäuser, mehr Bildungsforschung und gut ausgestattete Schulen und Universitäten. Auch dafür haben die Generationen vor uns geschuftet, nicht nur für zwei Urlaubsreisen jedes Jahr oder fünf Mal Fleisch pro Woche. Ehrlicher wäre deshalb wahrscheinlich, nicht so sehr den Versuch zu unternehmen, ein Glücksgefühl intellektuell herbeizuzwingen, sondern klar zu sagen, dass das kommende Zeitalter des Verzichts eben nicht jeden glücklicher zurücklassen wird. Manches werden wir, zumindest zu Anfang, vermissen und der Verzicht wird uns oft auch missmutig stimmen.

Diese Ehrlichkeit findet man aber selten bei denen, die das Postwachstum als Lösung anpreisen. Das haben sie gemein mit denen, die erst gar nicht von Verzicht oder Stagnation sprechen wollen. Beide Seiten glauben, wohl einer Art paternalistischen Arroganz gehorchend, dass man dem kindischen Volk Zumutungen nicht zumuten kann. Stattdessen wird beispielsweise von den Stagnationsfreunden argumentiert, dass eine Reduktion der Ökonomie und damit der Konsummöglichkeiten regelrecht ein »Selbstschutz vor Verzettelung und Reizüberflutung«[48] sei – ein wahrer Segen also. Ein besonders interessantes Gedanken-Experiment dieser Art findet sich bei dem Autor Niko Paech. Er verweist darauf, dass immer mehr Konsumangebote auf die immer gleiche verfügbare Zeit treffen: nämlich 24 Stunden. Wenn die Anbieter also ihre Produkte in der verfügbaren Zeitspanne der Konsumenten unterbringen wollen, müssen sie in der Regel dafür sorgen, dass etwas anderes rausfliegt. Denn klar ist: Wer sich für einen Artikel oder eine Dienstleistung entscheidet, tut das zu Lasten eines anderen, der in dieser Zeit konsumiert werden könnte.[49] Die Lösung so mancher Unternehmen ist, dass man Produkte schneller verschleißen lässt oder durch Trends und Hypes dafür sorgt, dass das alte Zeug in den Augen der Nutzer wertlos wird. Jahrelang hat Apple das mit dem iPhone exemplarisch vorexerziert. Die alten Phones waren noch in vollem Umfang nutzbar, aber die neuen einfach cooler, und deshalb wurden sie von den Nutzern ersetzt. Paech argumentiert nun, dass ja so gar kein echter Mehrwert für den Kunden entsteht, und eine Unterbindung solcher Praktiken somit auch keinen wirklichen Verzicht bedeutet. Er unternimmt also den Versuch, »Verzicht« umzudeuten in einen Akt von Souveränität und Selbstbestimmung gegenüber den Konzernen. Im Grunde also einen Gewinn. Warum aber nicht gleich sagen, dass man sich in Zukunft daran gewöhnen sollte, ein Smartphone auch mal zehn Jahre zu nutzen, einfach weil es vernünftig ist? Im Grunde folgen ja Autoren wie Paech mit ihrer Argumentation nur dem alten ökonomischen Prinzip, dass alles, was man tut, auch einen persönlich nutzbaren Gewinn abwerfen muss. Wäre es wirklich so schwierig, der Gesellschaft zu vermitteln, dass eine längere Nutzungsdauer keinen persönlichen Gewinn bringt, aber dafür die rationalste Handlungsoption ist?

Offenbar trauen sich das die Postwachstums-Freunde noch nicht so recht. Stattdessen gleiten sie nicht selten sogar ins Transzendentale ab. Die Angelegenheit läuft dann darauf hinaus, dass Postwachstums-Konzepte ökonomische Diätanleitungen sind, die darauf abzielen, dass man einen anderen Sinn im Leben findet, als den, fett zu sein. Und genau da kommen dann regelmäßig auch »religiöse oder spirituelle Traditionen«[50] bei den ansonsten streng wissenschaftlich argumentierenden Autoren ins Spiel. So finden sich beispielsweise auf den Homepages von Postwachstums-Organisationen wie dem »Center for the Advancement of the Steady State Economy«[51] in den Listen mit empfohlener Literatur unter anderem Werke über »Buddhist Economics«. Auch der Ökonom Herman E. Daly widmet in seinem Klassiker »Wirtschaft jenseits von Wachstum« zwei komplette Kapitel dem Thema Religion. Dort versucht er, seine Vorstellung von einer stationären Wirtschaft religiös herzuleiten, und bezieht sich dabei hauptsächlich auf das Christentum, aber auch den Buddhismus.[52] Da kommt dann bei den knallharten Rationalisten aus der Wissenschaft plötzlich die Religion in ihrer uralten Funktion als Sedativum wieder ins Spiel, das reichlich verabreicht wird, um die Zumutungen ihrer Postwachstums-Pläne zumindest mental abzumildern (materiell geht ja nicht mehr). Man muss das durchaus kritisch betrachten, wenn sich Wissenschaftler offenbar so sehr in eine Sackgasse argumentiert haben, dass sie auf Religion als Lösung setzen müssen. Das dürfte für viele, die sich zum ersten Mal mit Postwachstum beschäftigen, durchaus ernüchternd sein, und ist sicherlich ein Grund, warum die Bewegung nach wie vor ein Nischendasein fristet. Daran ändert auch die Tatsache nichts, dass Bücher wie die des britischen Wissenschaftlers Tim Jackson – Titel: »Wohlstand ohne Wachstum«[53] – zu Bestsellern aufsteigen. Ein Bestseller ist kein Beleg für die hohe Durchsetzungswahrscheinlichkeit eines Gedankens. Die Idee einer Wirtschaft ohne Wachstum dürfte für die überwiegende Mehrheit immer noch kaum mehr als eine Art Gedankenspiel mit schaurigem Charme sein.

Praxistest

Das ist also der Stand heute: Mehr als Gedankenspiele finden nicht statt. Konkreter werden will keiner und an die Praxis traut man sich erst recht nicht heran. Die Mehrheit ist sich da einig: Keine Experimente mit dem Wohlstand! Dabei sind die Zeichen an der Wand recht deutlich und sie sagen, dass Verzicht auf Wachstum unumgänglich sein dürfte. Der wiederum wird mit Verzicht auf einen Teil des Wohlstandes, wie wir ihn heute kennen, einhergehen. Das mag selbst von den Postwachstums-Befürwortern in dieser Klarheit kaum einer aussprechen. Voraussetzung dafür, dass man das Thema ernsthaft angeht, ist aber vollständige Offenheit. Alles andere führt zu den Umständen, die wir heute schon überall sich ausbreiten sehen: Politikverdrossenheit, Vergangenheitsnostalgie, Aufstieg von Populisten, Rechtsradikalen und Realitätsverweigerern. Darüber hinaus braucht es für die Postwachstums-Ökonomie endlich ein umfassend ausgearbeitetes und so weit als möglich durchgerechnetes volkswirtschaftliches Modell. Mit groben Skizzen und oberflächlichen Betrachtungen, die derzeit das Gros der Publikationen zum Thema ausmachen, ist niemandem geholfen. Auf einer solchen Grundlage kann und wird kein Land seine Volkswirtschaft umbauen.

Es gibt übrigens ernstzunehmende Ökonomen, die der Auffassung sind, dass es sich ohnehin ausgewachsen habe, mit oder ohne unsere Entscheidung, mit oder ohne den Kampf gegen den Klimawandel. Der Volkswirt Norbert Reuter hat in einer Abhandlung aus dem Jahre 2009 darauf hingewiesen, dass »in allen entwickelten Industrieländern ein dekadenübergreifender Trend zurückgehender Wachstumsraten zu beobachten ist«.[54] Und das gilt schon seit den 50er Jahren des letzten Jahrhunderts – und trotz der Tatsache, dass Unternehmen und Politik nun wirklich alles getan haben, um dem Wachstumsparadigma zu entsprechen. Die Gründe dafür sind vollkommen einleuchtend: In den wohlhabenden Industrieländern verringert sich das Bevölkerungswachstum oder stagniert sogar. Weniger Junge gleich weniger Anfänger-Ehrgeiz und weniger neue Konsumenten. Gleichzeitig steigt die Produktivität nicht mehr so stark an, unter anderem weil der Mensch als Produktivitätsfaktor nun einmal irgendwann an seine natürlichen Grenzen stößt. Nicht zuletzt wird davon ausgegangen, dass ökologische Schäden bereits beginnen, bremsend zu wirken.[55] Die weitgehendste Schlussfolgerung daraus ist die von einigen Wissenschaftlern vertretene, dass mit der Sicherheit eines Naturgesetzes wir früher oder später ohnehin am Ende des Wachstums – dem Nullwachstum – ankommen werden.[56] Eine Rückkehr zu den früheren Wachstumsraten wird es nie mehr geben. Wenn das so ist, argumentiert Reuter weiter, dann geht es hier nicht um ein politisches oder unternehmerisches Versagen, sondern einfach um den natürlichen Gang der Dinge.

Gut möglich, dass viele Menschen darüber gar nicht so enttäuscht sind. Denn ironischerweise hat ausgerechnet das Zeitalter des Neoliberalismus geholfen, beim Wahlvolk den Zweifel am Wachstumsparadigma zu nähren. Das gilt sogar bis hinein in den bislang fast genetisch wachstumsorientierten Mittelstand. Es ist dies eine Folge der rasanten Kapitalkonzentration im Zuge der Globalisierung. Während einige wenige bis hin ins Obszöne reicher und reicher wurden, musste sich der große Rest mit Stillstand zufriedengeben. So sind zwischen 1975 und 2014 die Reallöhne nicht gestiegen oder sogar gesunken. Und das, obwohl die Produktivität der Arbeitnehmer sich im gleichen Zeitraum verdoppelt hat.[57] Das ist natürlich nicht unbemerkt geblieben, und deshalb haben heute über zwei Drittel der Menschen Zweifel daran, dass ihre Lebensqualität steigt, wenn die Wirtschaft wächst.[58] Sie wissen: Das Wachstum, welches wir alle erarbeiten, landet am Schluss nur bei einigen wenigen. Da sagen sich dann viele, »ob die Wirtschaft wächst oder nicht, macht für mich keinen Unterschied«.

Als Ergebnis bleibt: Wirtschaft ohne Wachstum erscheint notwendig und denkbar, ja sogar durchsetzbar. Voraussetzung ist aber, dass ein umfassendes Konzept besteht und zumindest theoretisch der Beweis erbracht ist, dass es dauerhaft funktioniert. Dafür zu sorgen ist auch Aufgabe der Regierenden. Allein der Bund gibt pro Jahr über 9 Milliarden Euro für Forschungsaufträge aus.[59] Es wäre gut und notwendig, einen Teil des Geldes dafür zu verwenden, umfassende Postwachstums-Forschung zu ermöglichen.

Insolvenz des Wohlstandsmodells

Die Zunft der Ökonomen, wie auch die Regierung, haben also noch wenig Praxistaugliches für das kommende Zeitalter beizusteuern. Das heißt aber nicht, dass der Verzicht uns deshalb in Ruhe lässt. Im Gegenteil: Der ist völlig mitleidslos und tritt in mannigfaltigen Gestalten an uns heran. Kommen wir damit zur nächsten Verzichtsforderung. Die führt uns zunächst zurück ins Jahr 2019. Damals nämlich begab es sich, dass gar viele deutsche Dieselfahrer sehr darüber erschrocken waren, dass ihnen Fahrverbote drohten. Sich von widrigen Umständen einschüchtern zu lassen, liegt aber nicht im Nationalcharakter, weshalb der (zunächst verbale) Widerstand auf dem Fuße folgte. Von »Enteignung« war da sofort die Rede, was im bundesdeutschen Moralkompass denselben Stellenwert einnimmt wie Mord.[60] Und das, obwohl der Tatbestand der Enteignung nicht einmal ansatzweise erfüllt ist[61], denn weggenommen wird real niemandem etwas. Man darf mit bestimmten Fahrzeugen in ausgewiesenen Bereichen lediglich nicht mehr fahren. Das sind nicht einmal viele. Stand Sommer 2019 waren folgende Fahrverbote tatsächlich gültig: Berlin: acht Straßen (teilweise), Darmstadt: zwei Straßen, Hamburg: zwei Straßen, Stuttgart: gesamtes Stadtgebiet.[62]

Die Stuttgarter traf es hart, müsste man meinen. Aber nur auf den ersten Blick, denn tatsächlich ist es nur eine Minderheit der Fahrzeugeigner, weil der Dieselanteil an allen Fahrzeugen bei 30 Prozent liegt.[63] Zieht man die Problematik auf ganz Deutschland hoch, dann ergibt sich folgende Rechnung: In Berlin sind 2,9 Kilometer Straße von Fahrverboten betroffen[64], in Darmstadt 0,97 Kilometer[65], in Hamburg 2,2 Kilometer[66] und in Stuttgart das gesamte Straßennetz von 1 450 Kilometern.[67] Macht insgesamt: 1 456 Kilometer. Dem gegenüber steht die Gesamtlänge des deutschen Straßennetzes von rund 830 000 Kilometern.[68] Die Fahrverbote betreffen davon somit gerade einmal 0,18 Prozent. Die restlichen 99,82 Prozent dürfen weiterhin unbeschränkt benutzt werden. Wir halten fest: Rund 30 Prozent der Fahrzeugeigner dürfen 0,18 Prozent des deutschen Straßennetzes nicht mehr nutzen. Von Enteignung kann da schwerlich die Rede sein.[69]

Aber darum geht es auch nicht. Denn es ist vielmehr ein Gefühl, das mit diesem Begriff zum Ausdruck gebracht wird. Nämlich das, ein Stück Wohlstand weggenommen zu bekommen. In die Innenstadt fahren zu können, wann und wie man will. Vom Parkhaus direkt mit dem Aufzug ins Kaufhaus. Dem Ideal der »Autogerechten Stadt« folgend, welches jahrzehntelang in der Stadtplanung der Goldstandard war. Und für das übrigens Stuttgart geradezu ein Musterbeispiel ist, wird es doch schneisenähnlich von zwei Bundesstraßen durchtrennt. Ausgerechnet dieses Wunderland der Individualmobilität soll nun zugesperrt werden. Undenkbar! Wobei man festhalten muss, dass die Fahrverbote in Deutschland noch nicht einmal besonders konsequent sind. Wie das stattdessen aussehen könnte, hat die spanische Hauptstadt Madrid unter dem Projektnamen »Madrid Central« eine Zeit lang vorgeführt: In die Innenstadt durften nur noch Anwohner und (nach Voranmeldung) deren Besucher sowie Fahrzeuge mit Sondergenehmigung fahren. Ebenfalls freie Fahrt hatten Elektro- und Gasvehikel, außerdem solche mit Umweltplakette.[70] Für den Rest war die Innenstadt tabu.[71] Wenn das gegenwärtige Wohlstandsmodell in die Insolvenz geraten ist, dann zuerst in Spaniens Hauptstadt. Allerdings litten auch hier viele Menschen unter Trennungsschmerzen und verschafften nur etwas mehr als ein halbes Jahr nach Einführung von »Madrid Central« einer neuen Stadtregierung das Mandat. Eines von deren Hauptversprechen im Wahlkampf: Frei Fahrt für alle, überall.[72]

Arm und Reich

Geld und hoher Wohlstand sind seit jeher wie ein Immunsystem gegen Verzicht. Hilflos ausgeliefert sind ihm dagegen diejenigen, welche weder über das eine noch das andere verfügen. Vom Verzicht kann man sich also freikaufen, ihn umgehen oder schlicht davor fliehen – mit Geld geht das. Und genau da tut sich dann die Schwierigkeit auf: Klima-, Sozial- oder Gesundheitsverzicht können eben nur dann Wirkung entfalten, wenn sie von *allen* geübt werden. Wenn der Jetset weiter jettet, weil er sich das trotz CO_2-Abgabe leisten kann, ist dem Klima schließlich nicht geholfen. Es ist eine Tatsache, dass unsere politisch korrekte Haltung zum Klimaschutz völlig wirkungslos ist, wenn unser Bankkonto gut im Plus steht. Wer mehr hat, verursacht in der Regel mehr Klimaschaden als Ärmere – und zwar trotz Öko-Bewusstsein. Das Umweltbundesamt hat im Rahmen einer Studie ermitteln lassen, dass bei einem Einkommen von 3 000 Euro und mehr der jährliche Energieverbrauch nahe bei 20 000 kWh liegt. Bei einem Einkommen von unter 1 000 Euro dümpelt er bei kaum mehr als 10 000 kWh – praktisch die Hälfte. Was früher der Wohlstandsbauch war, ist heute der CO_2-Rucksack. Sag mir Deinen Energieverbrauch und ich sage Dir, wie viel Du verdienst. Dieses Instrument ist so exakt, dass es sogar die geografische Verteilung von Armut und Reichtum abzubilden vermag. So verbraucht der Osten Deutschlands im Durchschnitt unter 12 000 kWh pro Jahr und Kopf, während alle anderen Regionen deutlich darüber liegen, der Süden sogar bei 14 000 kWh.[73]

Wenn das so ist, muss der Verzicht dann nicht ganz genauso gehandhabt werden wie alles andere in einem Sozialstaat, nämlich unter Beachtung der Leistungsfähigkeit? Unbedingt. Es wäre geradezu töricht, an dieser Stelle den Sozialstaat abzuschaffen und eine Art Klima-Thatcherismus einzuführen. Im Grunde muss der Kampf gegen den Klimawandel in den Sozialstaat integriert werden. Spätestens seit der Gelbwesten-Bewegung in Frankreich beginnt dieser Gedanke auch in der breiten Öffentlichkeit Fuß zu fassen. Die Gelbwesten nämlich wehrten sich gegen eine Erhöhung der CO_2-Steuer, die es in Frankreich bereits seit 2014 gibt. Sie war damals gestartet mit eher homöopathischen und damit wirkungslosen 7 Euro pro Tonne und wurde dann kontinuierlich auf 44,50 Euro gesteigert. Der nächste Schritt wäre eigentlich, ökologisch und ökonomisch vollkommen korrekt, die Erhöhung auf 65 Euro bis 2020 und bis 2022 auf 86 Euro gewesen. Das Endziel war für das Jahr 2030 vorgesehen – dann sollten 100 Euro erreicht sein.[74] Dazu wird es aber nicht kommen, denn die robuste Intervention der Gelbwesten hat bewirkt, dass die geplanten Steigerungen ausgesetzt wurden.[75] Zieht man einmal die sehr spezifische französische Protestkultur ab, dann handelt es sich hier geradezu um ein Lehrbuchbeispiel von Klima-Thatcherismus – und der entsprechenden Reaktion darauf. Denn die CO_2-Steuer ist, wenn sie schlecht gemacht ist, nichts anderes als ein Verzichts-Rasenmäher, der bei allen gleichermaßen viel, respektive wenig, kürzt – egal ob arm, reich, Stadt oder Land. Die französische Steuer sieht erst seit 2018, dem Jahr in dem die Gelbwesten-Proteste begannen, in gewissem Umfang soziale Ausgleichsmaßnahmen vor. So bekommen rund vier Millionen der ärmeren Haushalte einen sogenannten Energiescheck von 150 Euro für 2018 und 200 Euro für 2019.[76] Die französische Klima-Steuer wird dadurch aber keinesfalls ein Musterbeispiel, denn sie hat auch zweifellos dann noch eine soziale Schlagseite, wenn sie gerade einmal vier von rund 67 Millionen Einwohnern einen Ausgleich gewährt.

Wir halten fest: Verzicht, gerade auch der für den Klimaschutz, muss sich an den bewährten Grundsätzen des Sozialstaates orientieren. Die besagen, dass jeder nach seiner Leistungsfähigkeit beiträgt – Wohlhabende mehr, Durchschnittsverdiener weniger und wer nichts hat, zahlt auch nichts. Das ist auch deshalb angeraten, weil der Klimaschutz sonst schnell zur Beute von Sozialpopulisten werden könnte. Die nämlich hätten dann die Möglichkeit, den Verzicht in Frage zu stellen, weil er eine soziale Schieflage hat. Hinzu kommt, dass die Ausrichtung an der Leistungsfähigkeit ja auch gerecht ist. Nicht nur der Stromverbrauch, wie oben dargestellt, sondern der gesamte ökologische Fußabdruck[77] von Wohlhabenden ist signifikant größer als der von ärmeren Menschen. Für die kanadische Bevölkerung ist dies in einer Studie einmal konkret ermittelt worden. Danach hatten die oberen zehn Prozent der Einkommensskala einen ökologischen Fußabdruck von 12,42 ha, während die unteren zehn Prozent nicht einmal auf die Hälfte kamen, nämlich 5,05 ha.[78] Wenn man davon ausgeht, dass es in Deutschland ganz ähnlich aussieht, dann macht es Sinn, einmal die dahinterstehenden Einkommenslagen zu illustrieren. Dabei zeigt sich, dass der Median[79] des Haushaltseinkommens der obersten zehn Prozent bei rund 7 200 Euro im Monat liegt und bei den untersten zehn Prozent bei rund 800 Euro.[80] Wer über 7 000 Euro im Monat hat, der kann sich hin und wieder einen Langstreckenflug oder andere ressourcenintensive Vergnügungen leisten. Daher der große ökologische Fußabdruck. Er kann aber auch gleichzeitig auf mehr verzichten, ohne dass es an die Existenz geht. Das kann man von demjenigen, der mit 800 Euro im Monat zu knapsen hat, zweifellos nicht behaupten. Für ihn ist Verzicht quasi gleichbedeutend mit dem Verzicht auf das, was man ein menschenwürdiges Leben nennen würde.

Preiserhöhung

Ordnungspolitik ist ausgerechnet im Lande der Ordnungsfanatiker schwer in Verruf geraten. Wir setzen weniger als je zuvor auf verbindliche Regelungen und mehr darauf, vieles einfach laufen zu lassen. Es ist dies eine Folge des Neoliberalismus, der während der Regierungszeiten von Ronald Reagan und Margaret Thatcher zwar nicht erfunden wurde, aber seinen weltweiten Siegeszug angetreten hat. Unter den satirisch anmutenden Titulierungen »Reagonomics« und »Thatcherismus« wurde der klassische Liberalismus von seinem gesellschaftlichen Anspruch (Bürgerrechte, individuelle Freiheit, Kontrolle der staatlichen Institutionen) befreit und auf eine reines Marktmodell zurückgeführt. Die Grundidee bestand darin, die Kräfte des Marktes möglichst ungehemmt schalten und walten zu lassen. Nahezu jedwede staatliche Regulation sollte zurückgedrängt werden und wurde es auch. Das ging und geht nicht ohne Nebenwirkungen ab. Zu den schwersten zählen weltweite Wirtschaftskrisen und das massive ökonomische Auseinanderdriften ganzer Gesellschaften. Obgleich der Neoliberalismus dadurch erheblich diskreditiert worden ist, lebt seine Dogmatik bis heute fort. Das mag nicht zuletzt daran liegen, dass dieses eher simple Modell übersichtlich, verständlich und vergleichsweise leicht umsetzbar ist. Seine innere Logik besticht gerade wegen ihrer Einfachheit. Das macht nicht wenige, trotz der Widerlegung durch die Realität, bis heute zu überzeugten Anhängern. Schlichtheit siegt.

Und weil der Anspruch des Neoliberalismus universell ist, kommen auch aus dieser Ecke Vorschläge für den Kampf gegen den Klimawandel. Sie basieren, wenig überraschend, vor allem darauf, die Sache dem Markt zu überlassen. Wie jede andere Ideologie auch, hat der Neoliberalismus für alle denkbaren Probleme ein und dasselbe Rezept zu bieten. Ein Markt funktioniert über den Preis eines Gutes, und der kann auch ein Instrument zur Reduzierung von Klimaschäden werden, so die Argumentation. Er soll eine entsprechende Lenkungswirkung entfalten und die Konsumenten dazu bringen, klimaschädliches Verhalten zu unterlassen (hoher Preis) und stattdessen klimafreundlich zu agieren (niedriger Preis). Einer der Ausflüsse dieses Modells war die sogenannte Öko-Steuer, welche von der Regierung Schröder im Jahr 1999 eingeführt wurde. Das Model sah vor, den Verbrauch von Energie, zum Beispiel bei Fahrzeugkraftstoffen oder Heizöl, zu verteuern. Das sollte zu energiesparendem Verhalten anregen oder gar zum Umstieg auf erneuerbare Energien.

Eingetreten ist davon wenig[81], weil die Preiserhöhungen, politisch gewollt, nicht so hoch waren, dass sie genügend Druck zur Verhaltensänderung entfaltet hätten. Die Deutschen waren und sind in der Mehrheit schlicht zu wohlhabend für eine Steuererhöhung, die beispielsweise beim Strom gerade einmal 2 Cent pro Kilowattstunde betragen hat (bei einer Gesamtbelastung des Stroms in Höhe von 13,6 Cent durch Steuern und Abgaben).[82] Somit war diese sogenannte Lenkungssteuer aus Sicht des Umweltschutzes reine Symbolpolitik. Wir stoßen hier auf dasselbe Problem wie in anderen Politikfeldern auch: Was beschlossen wird, soll keinesfalls mit spürbaren Einschränkungen für die Bürger verbunden sein. Man stelle sich einmal vor, Gerichte würden nach demselben Grundsatz handeln! Alleine dieser Gedanke zeigt, wie absurd die Prämisse ist, dass Politik stets schmerzfrei für alle zu sein habe.

Zur Ehrenrettung der Politik muss gesagt werden, dass sie von den Wählern oft wenig Verständnis zu erwarten hat, sollte sie sich doch einmal für den Weg des Schmerzes entscheiden. Das haben zum Beispiel Bündnis 90/Die Grünen im Jahr 1998 erlebt. Auf ihrem Parteitag in Magdeburg hatten sie damals beschlossen, dass der Benzinpreis massiv angehoben werden müsse – mit dem Endziel von rund 5 Mark pro Liter.[83] Die Entrüstung war groß und das Wahlergebnis der Partei war eine einzige Enttäuschung. Hatten sie beim Urnengang 1994 noch 7,3 Prozent zu verzeichnen, waren es 1998 genau 6,7 Prozent. Bei allen darauffolgenden Wahlen hatten die Grünen nie wieder ein so schlechtes Ergebnis. Sie haben ja auch nie wieder eine so konsequente Erhöhung des Benzinpreises gefordert. Dabei hätte das *tatsächlich* Lenkungswirkung entfaltet. Das Umweltbundesamt hat seinerzeit ausgerechnet, dass Autofahrer schon bei 4,60 Mark pro Liter im Schnitt 20 Prozent ihrer Fahrten hätten ausfallen lassen.[84]

Neben der Tatsache, dass er die Grünen ins Schlingern gebracht hat, ist bei diesem Vorstoß interessant, dass auch die Grünen sich damit dem klimapolitischen Marktmodell angeschlossen hatten. Womit wir wieder bei den Neoliberalen wären und der bereits behandelten sozialen Schieflage von Preisinstrumenten. Bestimmte Bevölkerungsgruppen hätten sich eben auch 5 Mark pro Liter leisten können, während die weniger gut situierten das Autofahren hätten sein lassen müssen. Man könnte diesem grundsätzlichen Problem freilich ein Stück weit entgehen, indem man einen sozialen Ausgleich schafft. In der Schweiz beispielsweise werden zwei Drittel aller Einnahmen der Öko-Steuer, die dort CO_2-Abgabe heißt, wieder direkt an die Bürger erstattet[85]. Auf diese Weise führen die Mehrbelastungen im Bereich Energie zu keinen sozialen Verwerfungen. Allerdings ist die Gefahr groß, dass hier wieder der Rebound-Effekt zum Tragen kommt, also die Tatsache, dass Geld, welches rückerstattet wurde, anderswo klimaschädlich ausgegeben wird. Diese Gefahr wird nirgendwo bestritten, ist jedoch speziell für das Schweizer Modell bislang nicht umfassend untersucht worden.

Als Fazit bleibt: Das Drehen an der Preisschraube mag marktwirtschaftlich das eleganteste Instrument sein, hat im Zweifel aber eine soziale Schlagseite und im schlechtesten Fall gar keine oder nur geringe Wirkung. Man kann deshalb getrost feststellen: Klimaschutz zählt nicht zu den Kernkompetenzen der Neoliberalen. Das sieht im Übrigen auch die Bevölkerung so. Sie lehnt in Umfragen mit 62 Prozent eine CO_2-Steuer sogar für den Fall ab, dass es Kompensationen gibt.[86]

Antimaterialismus

In der Praxis wäre es natürlich ideal, wenn es gesellschaftliche Trends gäbe, die den Verzicht unterstützen, quasi ein Verzichten-wollen auslösen. Ein ganz heißer Kandidat hierfür ist der Lifestyle-Antimaterialismus, welcher medial derzeit viel Aufmerksamkeit erfährt. Im Grunde geht es darum, dass die heute in der Mitte ihres Lebens stehende Generation offenbar weniger Wert auf materielle Güter legt und dafür einen umso gesteigerten auf immaterielle. Dazu gehören beispielsweise das soziale Umfeld, Freundschaften, Familie oder freie Zeit. Umfassender Besitz scheint für sie nicht mehr das Hauptziel des Daseins zu sein, stattdessen reicht es beispielsweise, wenn man Dinge bei Bedarf mieten kann. Eine Folge daraus ist das Aufkommen der Sharing-Economy.[87] Vielfach wird auch behauptet, für diese Generation, genannt »Generation Y« (oder auch Millennials)[88] habe Karriere eine deutliche geringere Priorität, als es noch bei ihren Eltern der Fall gewesen sei. Sie hätten im Gegenteil keine Lust mehr, ihre Gesundheit, Freundschaften und Familie im beruflichen Hamsterrad zu ruinieren.[89] Stattdessen priorisierten sie eine angemessene Work-Life-Balance und eine Arbeit, die sinnstiftend anstatt stupide ist.[90] Wenn man das alles liest, drängt sich einem der Gedanke auf, dass die Generation Y das Beste ist, was dem Klimaschutz passieren konnte. Denn wer dem Materialismus entsagt, der sagt gleichzeitig Ja zur Ressourcenschonung und zu weniger Treibhausgasemissionen. Ist das vielleicht zu schön, um wahr zu sein? Durchaus möglich. Denn die Interpretation einer ganzen Generation und die Herausarbeitung der großen Linien, welcher sie folgt, ist kein leichtes Unterfangen. Da kann man schnell daneben liegen. Auf jeden Fall verursacht die Sache Streit unter den Wissenschaftlern. Bezogen auf die Generation Y meinen einige nämlich, dass der Verzicht, den sie übt, alles andere als freiwillig ist. Die Lifestyle-Attitüde, so sagen sie, sei nur eine Fassade, mit der die eigentlichen Gründe verdeckt werden sollen. Zu denen gehört, dass erhebliche Teile der Ypsiloner ein Arbeitsleben ohne große Sicherheiten erdulden müssen, weil es geprägt ist von befristeten Anstellungsverhältnissen. Die Folge ist notgedrungen Verzicht. Anstatt den verschämt zu verstecken, geht man aber in die Offensive und feiert ihn als neue, moderne Lebenshaltung. Für diesen Verdacht gibt es auch empirische Belege. So haben Wissenschaftler in den USA festgestellt, dass sich das Konsummuster der Millennials praktisch nicht mehr von ihren Vorgängern unterscheidet, sobald sie in sicheren beruflichen Verhältnissen und auf einem entsprechenden Einkommensniveau angekommen sind.[91] Das ernüchternde Fazit in einer der Studien lautet:

»Die USA können sich nicht alleine auf die Präferenzen der Millennials verlassen, wenn es darum geht CO_2-Emissionen zu reduzieren.«[92] Da in Deutschland diese Generation ein ähnliches Problem mit prekären Arbeitsverhältnissen hat, kann vermutet werden, dass auch bei uns die zitierte Schlussfolgerung grundsätzlich zutrifft. Somit handelt es sich hier geradezu um ein Lehrstück darüber, wie wenig Verlass auf Trends und Moden ist, wenn es um die harten Fakten des Klimaschutzes geht. Man wird zweifellos mehr tun müssen, als darauf zu vertrauen, dass ein Großteil der Menschen schon das richtige tut, weil es gerade schick ist.

Eigentum

Wenn man fragt, warum der reale Sozialismus gescheitert ist und der Kapitalismus sich zäh gehalten hat, dann lautet die Antwort: Eigentum. Ein System, das Eigentum in den Genen hat, ist ganz offensichtlich mit einer gesunden Widerstandsfähigkeit gesegnet. Das Gefühl, dass einem niemand mehr den Lohn der Anstrengung wegnehmen kann, das ist es, was Menschen nicht nur zu außergewöhnlichem Einsatz motiviert, sondern auch an etwas hängen lässt, das sie verteidigen. Eine ebenso uralte wie nahezu universell gültige Erkenntnis. Die Sozialisten glaubten, das ignorieren zu können, was bekanntermaßen schiefgegangen ist, und zwar selbst dann noch, als sie sich entschlossen hatten, die Menschen gar nicht mehr groß zu fragen, ob sie überhaupt Sozialismus wollen. Schon der Ökonom Adam Smith hat bemerkt: »Ein Mensch, der kein Eigentum erwerben darf, kann auch kein Interesse haben, als so viel wie möglich zu essen und so wenig als möglich zu arbeiten.«[93] Vielleicht wird der Mensch einer fernen Zukunft einmal so altruistisch veranlagt sein, dass der Einsatz für das Gemeinwohl ihn über alle Maßen zu motivieren vermag. Im Hier und Jetzt ist es aber das Eigentum, welches diese Aufgabe übernimmt. Das eigene Auto, das man nutzen kann, wie und wann man will, die eigene Wohnung, die man gestalten kann, wie man mag oder – Gipfel allen deutschen Gefühls – das eigene Haus, das nicht nur der Inbegriff von Eigentum, sondern auch von Freiheit ist. Der Deutsche fühlt sich erst frei, wenn er Wände um sich herum hat – und die sein Eigen nennen kann.

Jetzt ist aber das Problem: Wenn immer alle alles für sich haben wollen, dann muss alles in großen Mengen zur Verfügung stehen. Wer durch die Straßen einer beliebigen Stadt läuft, kann das nicht übersehen, denn die sind sämtlich bis auf den letzten Meter zugestellt mit Fahrzeugen. In Deutschland sind rund 57 Millionen Kraftfahrzeuge zugelassen. Der Anteil der Pkw liegt bei 47 Millionen und davon wiederum sind 42 Millionen auf private Halter registriert.[94] Bei 69 Millionen Einwohnern, die über 18 Jahre alt sind[95], kommt damit auf sechs von zehn Erwachsenen ein Fahrzeug. Der Hang zum Eigentum, an solchen Zahlen lässt es sich ablesen. Gleichzeitig lässt sich aber auch nachweisen, dass sich das Modell ökonomisch (für die Halter) und ökologisch (für uns alle) nicht immer lohnt. Ökonomisch deshalb nicht, weil das gute Stück nur 45 Minuten am Tag benutzt wird.[96] Und dafür berappt man dann monatlich mindestens 500 Euro, denn das kostet laut ADAC-Statistik der derzeit günstigste Mittelklassewagen im laufenden Betrieb.[97] Zum Vergleich: Das klassische Fernsehen wird 221 Minuten am Tag genutzt[98], also viel länger. Aber wären wir bereit, deshalb 500 Euro monatlich dafür auszugeben? Ökonomisch rational ist die Sache mit dem eigenen Pkw also nicht. Und ökologisch genauso wenig. Der Verkehr ist der einzige große Sektor der Volkswirtschaft, in dem es bisher nicht gelungen ist, die Emissionen von Treibhausgasen zu verringern. Im Gegensatz beispielsweise zur Industrie, die seit 1990 ein Minus von 33 Prozent aufweisen kann. Selbst die notorisch schwer bewegliche und halsstarrige Landwirtschaft hat etwas getan und zumindest 16 Prozent reduziert.[99]

Das Beispiel Auto zeigt exemplarisch, wo das Problem liegt, wenn man unbedingt Eigentümer von allem sein möchte, was man nutzt. Da kommt dann bei einem Volk mit 83 Millionen eine ganze Menge Zeug zusammen. Deshalb erlebt die (eigentlich recht alte) Idee eine Renaissance, wonach nicht jeder alles haben, sondern man nur auf alles Zugriff haben muss. Das läuft darauf hinaus, dass wir auf Eigentum verzichten sollen. Das Stichwort lautet »Sharing Economy«, also ein Wirtschafts- und Geschäftsmodell, das den gemeinsamen Gebrauch von Gütern wieder stärker in den Mittelpunkt rückt. Das geht weit über das Auto hinaus, denn teilen kann man fast alles. Zum Beispiel Fahrräder, E-Scooter, Werkzeug, Kleider, Bücher sowieso, aber auch Spielzeug und, ja, sogar Bienenvölker.[100] Das alles ist mittlerweile im Angebot.

Wenn viele Leute sich einen Gegenstand teilen, braucht es insgesamt weniger von diesem Gegenstand. Beim Carsharing ist das bisher am intensivsten untersucht, trotzdem fliegen da die Zahlen wild durcheinander: Der zuständige Branchenverband geht davon aus, dass ein Carsharing-Fahrzeug bis zu 10 private Fahrzeuge ersetzt, einer der großen Anbieter behauptet sogar, es seien 15.[101] Andere sind da skeptischer und sprechen von »verschwindend geringen« Effekten.[102] Wenn man den Blick ausweitet auf die gesamte Sharing Economy, so ist die bisherige Bilanz auch durchwachsen. Einerseits ist die Rede von Mülleinsparung (bis zu einem Fünftel)[103], andererseits aber auch »von einem geringen Nutzen für die Umwelt«.[104] Dennoch: Die Idee ist einstweilen nicht totzukriegen.

Das dürfte auch am erfolgreichen Marketing liegen, das hier ausgeprägter ist als bei allen anderen Verzichtsbeispielen, die in diesem Buch beschrieben werden. Am Ende ist und bleibt es natürlich ein Verzicht, Dinge nicht sein Eigen zu nennen, sondern sie jedes Mal irgendwo beantragen und ausleihen zu müssen, wenn man sie benötigt. Trotzdem wird das Thema umflort von einer Mixtur aus Lifestyle-Hype und Retro-Romantik, während die Nutzer als Konsum-Avantgarde gefeiert werden. Wer am Teilen teilnimmt, ist ganz weit vorne und hat schon den halben Weg in eine bessere Welt zurückgelegt. Das scheint auch zu verfangen, denn etwas mehr als ein Drittel der Deutschen nimmt bereits Sharing-Angebot in Anspruch, wobei das vor allem diejenigen unter 40 Jahren tun. Und wo Kunden sind, ist meist auch ein Geschäftsmodell, weshalb Experten von deutlich über 20 Milliarden Euro Marktvolumen in Deutschland ausgehen.[105] Man reibt sich verwundert die Augen, wenn man bedenkt, dass die DDR quasi eine einzige große Sharing Economy war. Funktioniert hat das aber nicht. Hinzu kommt, dass es in früheren Zeiten als demütigendes Zeugnis von Armut galt, wenn man sich Dinge nicht kaufen konnte, sondern leihen musste. Der momentane Hype hilft offensichtlich, dies vergessen zu machen. Und das, obwohl noch nicht ausgemacht ist, ob der Verzicht auf Eigentum praktisch viel hilft, auch wenn ein theoretisches Potenzial sicherlich vorhanden ist.

In medias res – die Herausforderungen (eine Auswahl)

Vom Wesen des Wohlstandes

Man könnte meinen, Wohlstand hätte etwas von einer Droge, so unbedingt wie ihn alle haben wollen. Aber er macht ja kein bisschen high. Das Gefühl, für das er sorgt, heißt Zufriedenheit. Außerdem: Drogen machen hungrig auf die nächste, höhere Dosis. Wohlstand aber macht satt. Was ist er also wirklich, dieser Wohlstand, von dem wir nicht lassen wollen? Die Antwort lautet, dass er eine Erlösung von aller althergebrachten Unbill der Menschheit zugleich ist: Hunger, Durst, Kälte, Krankheit und Armut.

Gegen diesen Erlöser kommt Wissen alleine nicht an. Wir wissen, dass der Klimawandel von uns verursacht wird, und wir wissen, was uns deshalb droht. Wir wissen, dass Übergewicht krank macht, Fleisch ungesund ist und zu viel falscher Internetkonsum psychische Spuren hinterlässt. Aus all diesem Wissen leiten sich Verzichtsforderungen ab. Man könnte verzweifeln daran, denn je mehr wir wissen, umso mehr müssen wir uns offenbar einschränken. Man kennt das aus dem eigenen Leben: Die Salami schmeckt nicht mehr so gut, wenn man weiß, dass sie Krebs auslösen kann. Unwissen und Ignoranz können da manchmal befreiend sein. Auf den meisten Feldern haben sich die Menschen bisher genau dafür entschieden. Am konsequentesten bei unserem ersten Beispiel: Kleidung.

Kollektionswechsel

Dekadenz ist eine Folge von Langeweile. Dazu gibt es viele Beispiel in der Geschichte, aber die illustersten liefert der Barock. Da hatte der Adel, der sich um nichts Lebenspraktisches selbst zu kümmern hatte, einen

Überfluss an Zeit. Was damit anfangen? Eine Unterhaltungsindustrie gab es damals noch nicht, gleiches gilt für Unterhaltungselektronik. Reisen konnte man zwar, das war aber eine langwierige und selbst in der Nobelkutsche beschwerliche Angelegenheit. Auf die Jagd konnte man ebenfalls, aber immerzu nur jagen? Bühnenkünste existierten, aber deren Produktionsausstoß und Inszenierungsmöglichkeiten blieben weit unter denen der heutigen Unterhaltungsindustrie. Also war man vielfach auf sich selbst zurückgeworfen und gezwungen, mit den vergleichsweise wenigen Mitteln, die man hatte, die Reize immer mehr zu steigern. Daher die stets üppiger werdenden Bankette, die bizarr überfrachteten Gewänder und die sexuellen Ausschweifungen. Am Ende dieses befremdlichen Weges, als sich alles andere bereits abgenutzt hatte, kam man dann noch drauf, das Berufsbild des Kunstfurzers zu schaffen, der mit dem, was er tat, in der normalen Welt Ekel anstatt Unterhaltung ausgelöst hätte. Nicht so in den Palästen.[1]

Von dieser peinlichen Entgleisung der menschlichen Kultur aus betrachtet, muss man es als geradezu zivilisatorische Rettung betrachten, dass der heutige Mensch mehr Unterhaltungsmöglichkeiten und Abwechslung hat, als er nutzen kann. Langeweile ist abgeschafft, denn der nächste neue Reiz befindet sich jederzeit in Reichweite. Speziell die Modeindustrie treibt das auf die Spitze, indem sie in immer kürzeren Zyklen neue Kollektionen anbietet. Kleidung wird zum Unterhaltungsmedium. Einen Namen hat der Trend auch schon: Fast Fashion. Das bedeutet bei den größten Anbietern, die sich in diesem Marktsegment etabliert haben, bis zu 24 Kollektionen im Jahr.[2]

Die Zahlen, welche daraus resultieren, nehmen dann kaum mehr Wunder: Deutschland ist mit einem Betrag von 35 Milliarden Euro im Jahr der zweitgrößte Importeur von Kleidung.[3] Die deutschen Konsumenten legen sich monatlich fünf neue Kleidungsstücke zu, macht 60 im Jahr.[4] Wenn man bedenkt, dass es hier und da noch Modemuffel gibt, dann kauft der Rest mehr als die Durchschnittszahl vermittelt. Und dieser Rest hat schon bald ein Problem: Am Ende jeden Jahres bleibt eine beachtliche Menge Kleidung übrig, die noch nicht einmal getragen werden konnte. Greenpeace hat den Effekt in einer Umfrage ermittelt und herausgefunden, dass von den 5,2 Milliarden Kleidungsstücken, welche die Deutschen besitzen, rund zwei Milliarden kaum getragen werden.[5] Vieles davon landet dann früher oder später auf dem Müll. Prognosen besagen, dass der jährliche Modemüll bis zum Jahr 2030 auf 148 Millionen Tonne pro Jahr ansteigen wird, wobei hier auch der Abfall eingerechnet ist, welcher bei der Produktion anfällt. Nichts desto trotz wäre das eine Steigerung im Vergleich zu 2015 um 60 Prozent.[6]

Man ahnt es schon: So weit sollten wir es gar nicht kommen lassen und Verzicht üben. Angesagt ist, weniger kaufen und das dafür länger nutzen. Kleider sollten wieder eine Anschaffung werden statt Einwegartikel. Das ist zwar langweiliger, aber auch ressourcenschonender. Denn die Baumwolle, welche für ein einzelnes T-Shirt angebaut werden muss, verursacht einen Wasserverbrauch von 2 000 Litern.[7] Und die CO_2-Emissionen der Bekleidungsindustrie sind höher als die aggregierten Emissionen, welche bei internationalen Flügen und der Schifffahrt auf See entstehen.[8] Ganz abgesehen vom Leid der Arbeiterinnen und Arbeiter: Die schuften laut Studien bis zu 80 Stunden pro Woche und bekommen dafür oft nicht einmal den Mindestlohn.[9]

Kleidung ist allerdings nur die auffälligste Variante eines eigentlich viel umfassenderen und problematischeren Großtrends, der gemeinhin unter dem Stichwort »Konsumismus« gehandelt wird. Gemeint ist damit, dass der Konsum sich von der Notwendigkeit entkoppelt hat. Stattdessen ist er ein soziales Phänomen geworden, das viele Facetten hat: Freizeitbeschäftigung, Stiftung von Lebenssinn, Auslöser von Glücksgefühlen und – auch das gehört dazu – das Bedürfnis, sich durch Konsum von anderen abzuheben.[10] Plastisch ausgedrückt: Frühere Generationen wären nie auf die Idee gekommen, zum Zeitvertreib einkaufen zu gehen. Wenn sie einen Laden betraten, dann weil sie wirklich etwas brauchten. Heute ist es umgekehrt: Man betritt einen Laden und sieht dann erst, was man zu brauchen hat. Wenn das Kaufen sich von der Notwendigkeit entkoppelt, dann wird logischerweise viel mehr gekauft und später auch viel mehr weggeworfen. Das gilt im Ergebnis für jeden Konsum, der nur Impulsen folgt und dem keine wirkliche Notwendigkeit zugrunde liegt. Da kommt in kurzer Zeit viel zusammen, wenn man bedenkt, was man sich so alles zulegt, wenn man ziellos durch ein Kaufhaus oder eine Fußgängerzone geht: Accessoires für die Wohnung[11], elektronische Geräte, Geschirrteile, Genussmittel und – der Klassiker – allerlei Sportgeräte. Letztere sind dann oft dazu verdammt, ein tristes Dasein im Kellerverlies zu führen, weil sie nie zum Einsatz kommen.

Man müsste auf nichts davon verzichten, wenn man es in den Läden liegen lässt, denn man hat es ja nie wirklich gebraucht. Der Verzicht bei der Konsumenthaltung liegt vielmehr im psychologischen Bereich: Man müsste lernen damit zu leben, dass man sich eine andere Freizeitbeschäftigung sucht, Glücksgefühle auch bei anderen Tätigkeiten findet und seine Individualität anders betont als durch Konsum. Was in der Psyche stattfindet, kann man in der Regel ändern. Schwer ist es trotzdem. Das belegen die Berichte von Menschen, die sich eine Konsumdiät verordnet haben. Sie erzählen beispielsweise davon, eine Art sozialer Isolation zu empfinden.[12] Das verwundert nicht, wenn man plötzlich aufhört, das zu tun, was andere massenhaft tun. Das Überwinden das Konsumismus hat daher nicht nur mit der eigenen Psyche zu tun, sondern auch wie die Gesellschaft sich als Ganzes dazu stellt. Der Blick in eine beliebige Fußgängerzone an einem Samstag zeigt: Momentan steht sie noch voll auf Seiten des Konsumismus. Wäre der ein fühlendes Wesen, bräuchte er sich um mangelnde Zuneigung keine Sorgen zu machen.

Die Bodenfrage

Der Besitz von Haus und Grund ist in Deutschland eine kollektive Sehnsucht. Kaum einer, der nicht davon träumt, im Laufe seines Lebens beides zu erwerben. Der Erfolg des Landes als Industrienation und der damit steigende Wohlstand hat es immer mehr Menschen ermöglicht, diesen Traum zu verwirklichen. Allerdings: Wo viele zugreifen, bleibt wenig übrig. Jedenfalls dann, wenn der Gegenstand der Begierde endlich ist. Und beim Boden ist das der Fall. Seit Ende der 1950er Jahre hat sich die Siedlungs- und Verkehrsfläche in Deutschland mehr als verdoppelt.[13] Sie nimmt nun etwas mehr als 14 Prozent der Gesamtfläche in Anspruch.[14] Das sieht erst einmal nicht viel aus und dürfte manchen zu dem Trugschluss verleiten, dass noch eine Menge gebaut werden kann, bevor uns der Boden wirklich ausgeht. Man wird dann schnell eines Besseren belehrt, wenn man sich klar macht, dass der Rest ja nicht einfach ungenutzt brachliegt. Fast 51 Prozent nämlich werden von der Landwirtschaft in Anspruch genommen. Da wird man auch nur noch wenig wegnehmen können, denn viele Landwirte klagen schon heute über Flächenmangel. Danach kommen die Wälder mit knapp 30 Prozent der Gesamtfläche. Theoretisch könnte man die platt machen, praktisch steht dem vieles entgegen. Da wäre die wichtige ökologische und klimatische Funktion der Wälder, der hohe Freizeitwert und nicht zuletzt das liebevoll-mythische Verhältnis der Deutschen zum Wald. Abholzen tut den meisten im Herzen weh, und deshalb wird oft hoch emotional um jeden Quadratmeter Wald gekämpft. Das jüngste Beispiel ist die Auseinandersetzung um die noch verbliebenen Reste des Hambacher Forstes, die eigentlich einem Braunkohle-Tagebau weichen sollten. Hat nicht geklappt, denn die Gegner haben sich unter beachtlicher Anteilnahme der Bevölkerung durchgesetzt. Also ist auch beim Wald wenig Fläche zu holen.

Aber selbst wenn das anders wäre, so könnte trotzdem nicht unbekümmert gebaut werden. Denn das wäre schlecht für das Ökosystem. Wer Boden verbraucht, zerstört ihn oft genug oder schränkt zumindest seine ökologische Funktion ein. Die Folgen sind eine Zunahme oder Verschärfung von Hochwassern, Artenverlust, eine beeinträchtigte Klimaregulierung und Probleme bei der Neubildung von Grundwasser.[15] Gerade für die Gegenwart gilt deshalb: Die Zinsen mögen niedrig sein, aber der ökologische Preis für Baugrund ist hoch.

Das offizielle Ziel der Bundesregierung lautet deshalb, bis zum Jahr 2030 die Neuinanspruchnahme von Flächen auf unter 30 Hektar pro Tag zu drücken und bis 2050 auf netto Null.[16] Zum Vergleich: Zwischen 1997 und 2000 lag dieser Wert im Schnitt bei 129 Hektar und zwischen 2014 und 2017 bei 58 Hektar.[17] Das Land bewegt sich also in die richtige Richtung, allerdings sind dafür vielfach ökonomische und demographische Gründe ausschlaggebend.[18] Es handelt sich hier nicht um eine große Verzichtsleistung. Die kommt erst noch, nämlich dann, wenn der Wert weiter sinken muss.

Für die Zukunft heißt das dann wohl: Finger weg vom Boden! Da wird es eng für neue Gebäude, Straßen, Parkplätze, Wege, ja sogar Schienen und Sportanlagen. Alles das steht dann unter dem Vorbehalt »Flächenverbrauch«. Wie so oft bei Anforderungen des Umwelt- und Naturschutzes tun sich hier Zielkonflikte auf. In Deutschland herrscht in vielen Regionen Wohnungsnot. Es ist also ein Gebot des sozialen Friedens, mehr Wohnungen zu bauen. Damit kommt man aber dem Gebot der

Reduzierung von Flächenverbrauch in die Quere. Gleiches gilt für die Verlegung von Schienen. Hier geraten sogar zwei Umweltziele aneinander: Klimaschutz durch mehr Bahnverkehr und Bodenschutz durch weniger Bahngleise. Und wer sich fit und gesund halten will – auch eine Anforderung an die Gesellschaft – der braucht Sportplätze, die dann eben nun einmal Fläche in Anspruch nehmen. Wie schon an anderer Stelle des Buches gezeigt, prallen nicht selten soziale Ziele mit Umweltzielen aufeinander und machen es Gegnern des Umweltschutzes leicht, die Pharisäer zu spielen. Sie berufen sich dann lautstark auf die soziale Gerechtigkeit, wo es ihnen in Wirklichkeit doch nur darum geht, Umwelt- und Klimaschutz auszubremsen. Man könnte sich auf den Standpunkt stellen, das Klima folgt den Naturgesetzen und die machen keine Politik. Das Klima wird sich nicht dem Menschen und seinen Wünschen anpassen. Deshalb wäre die logische Schlussfolgerung: Klimaschutz hat in allen Zielkonflikten Vorrang. Einerseits. Andererseits: Eine Gesellschaft, die an sozialen Fragen zerbrochen ist, dürfte kaum noch zu Klimaschutz irgendeiner Art in der Lage sein, noch den Willen dazu verspüren. Es gibt genügend Länder auf der Welt, wo dies der Fall ist. Failed States schützen kein Klima, weil ihre Bürger mit dem nackten Überleben genügend ausgelastet sind. Insofern kann man sagen, dass soziale Gerechtigkeit eine Vorbedingung für effektiven Klimaschutz ist. Und deshalb handelt es sich hier um tatsächliche und nicht nur vermeintliche Zielkonflikte, die entweder mit intelligenten Lösungen oder mit Kompromissen befriedet werden müssen. Bei der Sache mit dem Flächenverbrauch bietet sich da einiges an. Zum Beispiel die Einhaltung des Grundsatzes, dass man für jede neu versiegelte Fläche anderswo eine entsiegelt. Oder dass man im Gegenzug für den Ausbau der Bahninfrastruktur Lkw-Parkplätze an den Autobahnen verringert. Damit könnte gleichzeitig Druck aufgebaut werden, damit mehr Güterverkehr auf die Schiene kommt – der dann ja auch die nötige Kapazität dafür aufweist. Und Sportplätze lassen sich zumindest so gestalten, dass die Versiegelung auf ein Minimum reduziert wird. Über die Pendlerpauschale müsste man natürlich auch sprechen. Sie ist vorrangig ein Instrument der Sozialpolitik aber auch der Wirtschaftsförderung. Wer rauszieht vor die Stadt, soll darunter nicht leiden und weiter mobil bleiben. Daher kann er für die gefahrenen Kilometer von und zur Arbeit jährlich einen bestimmten Betrag von der Steuer absetzen. Umweltschützern ist das schon lange ein Dorn im Auge, denn nach ihrer Meinung fördert die Pauschale es geradezu, in die Peripherie zu ziehen. Das führt dann zu Zersiedelung und bringt unweigerlich zusätzlichen Bodenverbrauch mit sich. Deshalb besteht die Forderung, dass die Pendlerpauschale weg muss.[19] Vorausgesetzt, das würde wirken, hätten auch die öffentlichen Haushalte etwas davon, und zwar doppelt: erstens höhere Steuereinnahmen und zweitens wäre der Erschließungsaufwand (Straßen, Wasser, Strom, Telekommunikation) geringer, wenn die bauliche Dichte wieder zunähme.[20]

Prost Neujahr

Viele der schönsten und lustigsten Dinge im Leben haben weder Sinn noch Verstand – und genau das macht sie so reizvoll. Ein regelrechtes Prachtexemplar dieser Gattung ist die Böllerei an Silvester. Sinn? Die Straßen zu versauen und sich das Trommelfell wegzuballern? Verstand? Alleine über 800 Augenverletzungen jedes Jahr![21] Dazu noch Verbrennungen, allerlei Wunden, Schäden am Gehör und – ja – sogar Tote. Für diesen »Spaß« geben alleine die Deutschen deutlich über 100 Millionen Euro aus – Jahr für Jahr[22] (außer natürlich im Corona-Jahr 2020). Und dann ist da noch die Sache mit dem Feinstaub. Rund 4500 Tonnen des sogenannten PM10-Feinstaubs produziert die Böllerei per annum, das sind über 15 Prozent dessen, was der Straßenverkehr im Jahr in der Luft hinterlässt.[23] In manchen deutschen Städten wie Fürth, Ingolstadt und Nürnberg wurden zum Jahreswechsel 2017/2018 Konzentrationen von über 1000 Mikrogramm pro Kubikmeter gemessen. Um das einordnen zu können, muss man wissen, dass der jährliche, gemittelte Grenzwert für PM10-Feinstaub bei 40 Mikrogramm pro Kubikmeter liegt und der Tagesgrenzwert, gemittelt über 24 Stunden, bei 50 Mikrogramm. Letzterer darf bis zu 35 Mal im Jahr überschritten werden.[24] Die Feinstaub-Sauerei an Silvester ist also rechtens, katapultiert die betroffenen Nachbarschaften aber in Bereiche, die ziemlich weit jenseits von Gut und Böse liegen.

Die PM10-Partikel – das zur Erläuterung – sind die Riesen in der Feinstaubwelt. Deshalb schaffen sie es, im Gegensatz zu ihren kleineren Verwandten, den PM2,5, nicht bis in den letzten Winkel des menschlichen Körpers, sondern »nur« in die oberen Atemwege.[25] Pollen gehören beispielsweise auch zur PM10-Kategorie. Die Folge einer Aufnahme solcher Feinstaub-Partikel können Atemwegserkrankungen oder Hustensymptome sein. Auch eine Zunahme von Todesfällen wird mit dem Anstieg von PM10-Feinstaub in Verbindung gebracht. [26]

Diese Umstände haben die Leute bei der Deutsche Umwelthilfe nachdenklich gemacht: Warum eigentlich nur bei Fahrzeugen auf Reduktionen bestehen, wenn die einfache Abschaffung der Böllerei so viel Feinstaub einsparen kann? Deshalb hat die Organisation nach eigenen Angaben im Laufe des Jahres 2019 in 98 deutschen Städten, die besonders mit Feinstaub belastet sind, formelle Anträge auf ein Feuerwerksverbot zum Jahreswechsel gestellt.[27] Die Reaktionen waren vielerorts, gelinde gesagt, verhalten. Der Mensch gewöhnt sich ungern um. Den meisten dürfte wohl ein Silvester ohne den Soundteppich eines Flächenfeuerwerks gespenstisch vorkommen. So wusste die »Neue Osnabrücker Zeitung« zu berichten, dass der DUH-Vorstoß von den großen Fraktionen des Rates einhellig abgelehnt wird. Verbote aller Art sind auf sämtlichen politischen Ebenen gegenwärtig ein Tabu, auch auf der kommunalen, das konnte man an den Äußerungen der Politiker ablesen. Da war dann die Rede davon, dass die Sache doch »jeder für sich selbst entscheiden« müsse – so als ob Feinstaub ein rein privates Problem wäre. Außerdem fiel die oft gebrauchte Floskel, dass »ein generelles, pauschales Verbot [...] nicht hilfreich« sei. Die CDU-Frau, die das gesagt hat, muss ein bislang geheim gehaltenes Patent für feinstaubfreie Böller in der Hinterhand haben. Und auch der zuständige Redakteur der »Neuen Osnabrücker Zeitung« befand in einem Kommentar, dass man – wenn überhaupt – »freiwillig aufs Böllern verzichten« solle.[28] Im Grunde ist das natürlich nur eine Abwälzung der politischen Verantwortung weg von den Gewählten hin zu den Wählern. Der Schutz der öffentlichen Gesundheit wird damit quasi privatisiert.

Immerhin, dieser Verzicht wäre ausnehmend auffällig. Ob es kracht und rumst zum Jahreswechsel oder nur das leise Klirren von Sektgläsern zu hören ist, macht schon einen Unterschied. Wie bei so vielen anderen Fragen des Verzichts, wäre aber auch das zweifellos reine Gewöhnungssache. Man kann davon ausgehen, dass die Böllerei spätestens nach einer Generation lediglich noch eine ferne, verblassende Erinnerung wäre, so wie heute das Rauchen in Kneipen und Gaststätten. Das zeigen auch eine Reihe von Städten, wie Lüneburg oder Tübingen, in denen Feuerwerk zumindest für große Areale der Stadt bereits verboten ist. Außerhalb Deutschlands gibt es noch striktere Beispiele: Der US-Bundesstaat Illinois, immerhin über 12 Millionen Einwohner, verbietet schon seit vielen Jahren praktisch jedes Feuerwerk.[29] Ein Leben ohne ist auch möglich, wie man daran sieht.

Ein Tag im Zoo

Im wohlhabenden Teil der Welt gibt es wahrscheinlich keinen einzigen Menschen, der in seiner Kindheit nicht irgendwann im Zoo war, viele sogar regelmäßig. Sentimentale Erinnerungen werden wach an unbändiges Staunen, große Entdeckungen, niedliche Anblicke und meist dann noch – als Krönung – ein Eis, spendiert von Mama oder Papa. Wundervolle Tage – aber wie lange noch? Die Zahlen sprechen erst einmal dafür, dass die Existenz der Zoos sicherer ist als die sämtlicher Banken: Alleine die 56 Betriebe, welche im Verband der Zoologischen Gärten organisiert sind (und der repräsentiert nur einen kleinen Teil der Einrichtungen) können 31 Millionen Besucher jährlich verzeichnen.[30] Das kommt nicht von ungefähr, denn wenn man sie fragt, sagen 75 Prozent der Deutschen, dass sie gerne in den Zoo gehen.[31] Und keiner davon muss weite Strecken zurücklegen, denn bei über 800 Zoos[32] im ganzen Land findet sich eigentlich immer einer in der Nähe. Man kann also mit Fug und Recht sagen: Die Tierausstellungen sind so zahlreich wie beliebt. Jetzt kommt das Aber. Denn Tierschützer beharren hartnäckig darauf, dass auf der anderen Gitterseite der Gehege weniger Sympathie für die Institution Zoo zu finden sei. Für die Zeitgenossen dort sei er nichts anderes als ein Gefängnis. Dies gelte insbesondere für Großsäuger wie Elefanten oder Giraffen. Deshalb fordern Tierrechtsorganisationen schon lange, Zoos abzuschaffen.[33] Wundervolle Tage – sie hätten dann ein Ende. Gute Gründe gibt es allerdings: Massive Verhaltensstörungen bei den Tieren, zu kleine Gehege und eine unnatürliche Lebensumgebung. Tatsächlich muss festgestellt werden, dass praktisch alle Argumente, die für Zoos vorgebracht werden, längst widerlegt sind. Artenschutz?

In Gefangenschaft aufgezogene Tiere schützen keine Art, da sie nicht ausgewildert werden können.[34] Und die allermeisten Arten in den Zoos, nämlich 85 Prozent, sind ohnehin nicht vom Aussterben bedroht.[35] Bildung? 30 Prozent der Infotafeln in deutschen Zoos enthalten Fehler, mancherorts vermisst man sie ganz.[36] Die Debatte erscheint verkrampft, weil die Moral niemand abstreiten kann, das Vergnügen aber auch niemand aufgeben will.

Doch nicht nur in Zoos geht es Tieren schlecht. Im Zirkus, auf Rennbahnen oder auch in Privathaushalten. Allüberall stößt man schnell – weil für alle offensichtlich – auf ein profundes Ausmaß an Tierleid. In Zirkussen ist es bis heute nicht verboten, Wildtiere zu halten, obwohl ihre Haltungsbedingungen dort schon fast sprichwörtlich schlecht sind.[37] Auf Rennbahnen gehört es leider zum üblichen Geschehen, dass Pferde stürzen und sich so schwer verletzen, dass sie noch vor Ort eingeschläfert werden müssen. Im Jahr 2016 waren das in Deutschland 16 Tiere.[38] Und wer in deutsche Stuben kommt, der trifft dort oft auf bedauernswerte Kreaturen, die in zu kleinen Käfigen gehalten werden, an der Einzelhaltung leiden oder sogar mit Gewalt traktiert werden. Und am Schluss landen 300 000 von ihnen im Tierheim – jedes Jahr.[39] Tierleid ist Massenleid.

Das geht auch alles anders: So ist die Haltung von bestimmten Tieren in Gefangenschaft, in diesem Fall Wale und Delfine, schon in einer Reihe von Ländern wie Costa Rica oder Chile verboten.[40] Ebenfalls Costa Rica hatte bereits im Jahr 2002 ein Verbot für Zirkusse erlassen, in denen Tiere auftreten.[41] Unser Nachbar Österreich hat zwar nicht die Zirkusse an sich verboten, aber die dortige Haltung von Wildtieren – und zwar ausnahmslos. Inzwischen gilt in 19 europäischen Ländern ein generelles oder teilweises Verbot der Zirkus-Haltung von Wildtieren.[42] In den USA findet derzeit eine intensive Diskussion über die Zukunft von Pferderennen statt, Windhunderennen sind in Florida bereits verboten.[43] Ebenfalls in den USA haben die Bundesstaaten Kalifornien und Maryland gesetzliche Regelungen erlassen, wonach unter anderem Hunde- und Katzenwelpen aus kommerziellen Tierzuchten in Zoohandlungen nicht mehr verkauft werden dürfen. Diese müssen auf Tiere aus Tierheimen zurückgreifen.[44] Damit soll verhindert werden, dass immer mehr Haustiere »produziert« werden, die später doch nur in Heimen landen. Überall auf der Welt wird somit auf schädliche Umgangsformen mit Tieren verzichtet. Die Tiere gewinnen dadurch zweifellos. Und der Mensch auch, denn er muss keinen Aufwand mehr für die Aufrechterhaltung seiner Doppelmoral betreiben. Das ist übrigens eine positive Folge, die für so machen Verzicht gilt.

Geld stinkt nicht

Tut es eben doch. Hat es schon immer. Das hat nur nicht immer eine Rolle gespielt, denn die längste Zeit in der Geschichte war man da nicht so geruchsempfindlich. Heute dagegen wird zumindest in der veröffentlichten Meinung, bevorzugt in den Feuilletons, schon recht häufig die Nase gerümpft. Man verweist meinungsstark auf Moral sowie individuelle Verantwortung, und das muss erst einmal ignorieren können, wer weiter völlig unbeschwert Geld anlegen möchte. Weil die gesamte Ökonomie von Geld durchzogen ist wie mit Wasseradern, kann es leicht und ungehindert überall hingelangen. Das bedeutet, es fließt eben auch in Waffenproduktion, Atomkraft, Kinderarbeit, Ausbeutung und Diskriminierung. Und fließen tut viel: Das Gesamtvolumen der weltweiten Finanzmärkte umfasst über 290 Billionen Dollar.[45] Große Teile davon sind ständig auf der Suche nach sicheren, renditeträchtigen Anlagen. Allerdings befriedigt das Angebot lange nicht die Nachfrage, weshalb in der Not nicht nur in Hochrisiko-Anlagen investiert wird, sondern auch in solche, die moralisch fragwürdig sind. Die Situation der Anleger ist gegenwärtig so unkommod, dass selbst noch Anlagetitel mit Nullzins oder Negativzins rasch über den Ladentisch gehen.[46] In so einem Klima spielt die Moral keine große Rolle. Und selbst wenn man das als Anleger ändern wollte, man würde nur wenige Möglichkeiten finden, es auch zu tun. Obwohl der Markt für nachhaltige Anlageprodukte wächst, ist er nach wie vor ein homöopathisch kleines Segment des riesigen 290 Billionen Dollar-Kuchens. Auf Anbieterseite sieht es so aus: Gerade einmal vier Prozent der Publikumsfonds berücksichtigen auch ökologische und soziale Kriterien bei ihren Investments.[47] Und die Nachfrageseite? Gerade einmal 2,8 Prozent der Gelder im Finanzmarkt sind nachhaltig angelegt.[48] Das bedeutet: Wer heute anlegt, macht sich in der Regel schmutzig. Dabei müsste man im Alternativfall nicht einmal auf Rendite verzichten, denn die Öko-Anlagen schneiden nicht besser, aber auch nicht schlechter ab als konventionelle.[49] Worauf man verzichten müsste: eine breite Auswahl an Produkten und eine breitgefächerte Anlagestrategie. Denn zumindest derjenige, der harte Nachhaltigkeitskriterien anlegt, wird dann zurückgeworfen sein auf Produzenten von Windrädern, Hersteller von Bionahrung und einige andere Akteure. Ihnen ist gemein, dass sie sich in Nischenmärkten bewegen, die leicht anfällig für Schwankungen sind. So ist beispielsweise der Markt für Windräder in Deutschland aufgrund falscher staatlicher Regulierung im Jahr 2018 um zwei Drittel eingebrochen.[50] Wer da Herstelleraktien hatte, war zweifellos nicht glücklich damit. Das Fazit: Wer sein Gewissen nicht an der Garderobe abgeben will, der kann zwar nachhaltig anlegen, hat aber mehr Mühe damit und muss auf einen Teil der Anlagesicherheit verzichten. Manche kommen da auf die Idee zu sagen: »Gut, Aktien sind problematisch, aber Gold ist sicher und da kann ich nichts verkehrt machen.« Tatsächlich wählen diesen Weg auch viele, was daran ablesbar ist, dass sich in Deutschland bereits 9 000 Tonnen Gold in den Händen von Privatanlegern befinden.[51] Nirgendwo, außer in China, wird mehr Gold verkauft als in Deutschland.[52] Leider sind die Käufer aber alle auf dem Holzweg, denn Gold ist weder besonders sicher, noch – falls das jemand erhofft hätte – nachhaltig. Sowohl Wirtschaftskrisen als auch die Inflation nagen selbst an dieser angeblich so wertbeständigen Anlage.[53] Und was die Herstellungsbedingungen des begehrten Edelmetalls betrifft: Die sind von Nachhaltigkeit und sozialer Fairness weit entfernt. Es besteht ein frappierender Widerspruch zwischen der hochnäsigen Attitüde des Produktes und den schmutzigen Umständen, aus denen es entstanden ist. Da werden ganze Landstriche verwüstet und vergiftet. Und den Arbeiterinnen und Arbeitern geht es keinen Deut besser, als dem Land, auf dem sie schuften. Gut, es gibt auch fair gehandeltes Gold. Das will aber kaum einer haben, denn das kostet Aufpreis.[54] Gott bewahre!

Einige Lichtblicke, das muss man fairerweise sagen, gibt es aber schon in der Welt des Investment-Kapitals. Bezeichnenderweise entspringen die jedoch auch hier nicht individuellem, sondern staatlichem Handeln. Da wäre zum Beispiel der größte Staatsfonds der Welt, der in Norwegen beheimatete »Staatliche Pensionsfonds Ausland«. Der gebietet über ein eindrucksvolles Vermögen von mehr als 900 Milliarden Euro. Entstanden aus den Öl- und Gaseinnahmen des Landes hat sich ausgerechnet dieser Fonds entschlossen, sein Engagement in der Öl- und Kohleindustrie weitgehend zu beenden – Grundlage dafür war ein Parlamentsbeschluss.[55] Dieser wurde weltweit als neues Fanal der Divestment-Bewegung betrachtet. Die propagiert den Rückzug von Investoren aus klimaschädlichen Branchen. Deutschland hat ja leider nie die Weisheit und Weitsicht besessen, Sondereinnahmen und Überschüsse, zum Beispiel aus Mobilfunk-Versteigerungen oder der berühmten Milliarden-Geldbuße von VW, in einem Fonds zukunftssicher zu erhalten. Dennoch legt auch die öffentliche Hand in Deutschland Gelder an, und mehrere Bundesländer sowie Städte haben bereits beschlossen, diese nicht mehr in fossile Energieträger zu investieren. Ein Anfang, wenn auch ein bescheidener.

Abschied von der Schuld

Die Deutschen und das Geld – man könnte von einer schwierigen Beziehung sprechen. Nicht, dass wir keines haben wollten. Im Gegenteil: Viel von unserem geradezu sprichwörtlichen Fleiß kann zweifellos dem Streben nach einem immer auskömmlicheren finanziellen Polster zugeschrieben werden. Aber es ist und bleibt eine eher distinguierte Zuneigung. Und die vornehme Zurückhaltung wächst parallel zur Menge des Geldes, die jemand sein Eigen nennt. Den unbefangenen Umgang damit, den beispielsweise reiche US-Amerikaner pflegen, findet man bei uns selten. Zwei eherne Grundsätze gelten stattdessen: Wer es hat, der zeigt es nicht, und Schulden sind verpönt. Wer mit seinem Geld angibt, gilt hierzulande schnell als vulgär. Und wer mehr als die absolut notwendigen Schulden hat, die ein bürgerliches Durchschnittsleben nun einmal mit sich bringt, begibt sich in die Gefahr als Hallodri abgestempelt zu werden. Das Idealbild ist die sparsam wirtschaftende schwäbische Hausfrau. Von der nämlich hat Kanzlerin Merkel im Jahr 2008 behauptet: »Man hätte einfach nur die schwäbische Hausfrau fragen sollen. Sie hätte uns eine Lebensweisheit gesagt: Man kann nicht auf Dauer über seine Verhältnisse leben.«[56]

Das war Merkels Art, die Akteure auf den Finanzmärkten zu tadeln. Die waren zu jenem Zeitpunkt bereits in eine weltweite Krise hineinkollabiert und zuvor durch Kredite wie mit Testosteron aufgepumpt gewesen. In Übereinstimmung mit ihrer Kanzlerin zogen die Deutschen eine Schlussfolgerung: Wir verzichten zukünftig auf Schulden. Schon im darauffolgenden Jahr, 2009, wurde die sogenannte Schuldenbremse beschlossen. Die legt fest, dass den Ländern eine Neuverschuldung in der Regel gänzlich verboten ist und dem Bund nur noch in einem sehr geringen Maße erlaubt. Das ist eine der wenigen Verzichtsanforderungen, die in diesem Buch behandelt werden, von der man sagen kann, dass sie nicht nur umgesetzt, sondern sogar in Gesetzesform gegossen worden ist. Das lässt tief ins deutsche Wesen blicken. Insbesondere wenn man danebenhält, wie wenig – und vor allem wie wenig Verbindliches – im Vergleich dazu beim Klimaschutz geschehen ist. Man könnte auf die Idee kommen, den Deutschen sei der Staatshaushalt wichtiger als das Klima. Aber tatsächlich ist es so, dass ein schuldenfreies Budget in der Aufschwungphase nach der Finanzmarktkrise ohne außerordentliche Anstrengungen erreichbar war. Hinzu kommt, dass der Bundeshaushalt natürlich weiter weg vom Alltagsleben der Bürgerinnen und Bürger ist als beispielsweise ein Diesel-Fahrverbot in ihrer Heimatstadt. Man tut sich nicht leicht, aber zumindest leichter damit, dem Haushalt Restriktionen aufzuerlegen als sich selbst, wenn man im Auto sitzt.

So kommt es, dass der Bundeshaushalt seit 2014 keine Neuverschuldung mehr kannte[57]. Das ist ein Zustand, den man in Deutschland zum letzten Mal vier Jahrzehnte vorher, im Jahr 1969[58] gesehen hat. Geendet hat der dann erst 2020, weil die Stützungsprogramme für die Wirtschaft während der Corona-Krise finanziert werden mussten. So mancher Ökonom ist allerdings der Ansicht, man hätte auch vorher schon mehr ausgeben sollen und nicht erst in der Not zur Einsicht gelangen. Denn durch das verbissene Sparen investiert der Staat naturgemäß weniger und viele meinen, bei uns sei es eindeutig zu wenig gewesen. Seit 2013 ist nach Berechnungen von Experten der Wertverlust staatlichen Eigentums (also die Abschreibungen) höher als die Investitionen. Man schätzt, dass die Differenz rund 10 Milliarden Euro beträgt.[59] In anderen Worten: Der Staat lebt von der Substanz. Die Folgen sind marode Infrastrukturen und veraltete Ausstattungen, beispielsweise in Schulen oder Universitäten. Es herrschte durchaus Streit unter den Wissenschaftlern, was besser gewesen wäre: moderne Infrastruktur und Staatsschulden oder verlotterte Infrastruktur und dafür schwarze Zahlen[60]. Manche hielten es geradezu für dumm, Letzteres zu verwerfen (und der schwäbischen Hausfrau den Vorzug zu geben), in Zeiten, in welchen sich der Staat quasi kostenfrei verschulden kann (siehe Kapitel »Geld stinkt nicht«) oder sogar noch etwas dafür bezahlt bekommt, dass er Schulden macht (die sogenannten Negativzinsen).

Es existieren noch weitere Argumente gegen die Kredit-Aversion: Wenn der Staat keine Schulden mehr macht, fehlt den Bürgern und Anlageorganisationen eine wichtige, weil sichere Anlagemöglichkeit. Wie sehr dieses Angebot genutzt und geschätzt wird, zeigte sich daran, dass deutsche Staatsanleihen, ebenso wie die von 17 weiteren Staaten[61], zeitweise Negativzinsen aufwiesen.[62] Das bedeutet, dass Anleger sogar bereit waren, Geld dafür zu bezahlen, dass sie diesen Staaten welches leihen durften. Wo es diese Option nicht mehr gibt, sehen sich viele Akteure gezwungen, in riskantere Anlageformen auszuweichen[63] oder verstärkt in Vermögen zu investieren, welches Grundstücks- und Immobilienpreise nach oben treibt. Das alles ist gesellschaftlich und volkswirtschaftlich problematisch. Nicht zuletzt hat auch die Corona-Krise eine neue Diskussion über Sinn oder Unsinn der Begrenzung öffenlicher Schulden ausgelöst.

Es bleibt die ernüchternde Erkenntnis: Bei Schulden haben wir ausnahmsweise bereits den Verzicht geschafft und prompt gerät die Schuldenbremse unter Druck. Dabei, siehe die Kapitel zum Thema Wachstum, müsste das Kreditvolumen ja gerade reduziert werden (Stichwort Geldschöpfung), um den schädlichen Zwang zum Wachstum zu durchbrechen. Aber das gilt natürlich nur in normalen Zeiten.

Export und Moral

Deutschland ist eine Exportnation, weil unsere Produkte geschätzt werden. Insbesondere das, was unsere Ingenieure zustande bringen, hat einen Ruf wie Donnerhall. Deshalb können wir uns die Unverfrorenheit erlauben, höhere Arbeitskosten zu haben und höhere Preise aufzurufen als die Konkurrenz. Marktführer sind wir trotzdem in vielen Bereichen, unter anderem bei zahllosen Produkten des Maschinen- und Fahrzeugbaus. »German Engineering« ist nicht nur ein Qualitätssiegel, sondern auch eine Cashcow. Man könnte sich vorbehaltlos über diesen Umstand freuen, wenn, ja wenn da nicht die Sache mit der Moral wäre. Denn die

Beliebtheit unserer Produkte beschränkt sich ja nicht nur auf Demokratien und Rechtsstaaten. Ganz im Gegenteil: Sie sind oft besonders hoch geschätzt in Diktaturen und Autokratien. Die augenfälligsten Beispiele sind deutsche Waffen und deutsche Fahrzeuge. Die findet man nicht selten auch bei den verrufensten Regimes. Mercedes Benz beispielsweise wird ausgesprochen gerne genommen, wenn man als Diktator standesgemäß von A nach B kommen möchte. Die Liste der gestrigen und gegenwärtigen Nutzer von Produkten des Konzerns ist illuster: Josip Broz Tito, Kim Jong-Il, Muammar Gaddafi, Jean-Claude Duvalier, Saddam Hussein[64] und Vladimir Putin.[65] Nicht alle von diesen Herren haben ihren Mercedes über die offiziellen Kanäle erworben, viele jedoch schon. Staatslimousinen aus Deutschland sind aber nicht nur bequem und machen etwas her. Sie bringen mächtig viele nützliche Features mit wie beispielsweise eine Panzerung oder allerlei moderne elektronische Abwehrtechnik. Sie helfen somit aktiv, nicht nur das Leben von Diktatoren zu schützen, sondern in der Folge eben auch Unrechtsregime stabil zu halten. Jedes dieser Fahrzeuge ist im Grunde ein wohlbeleibter, tonnenschwerer Schutzengel für Demokratiefeinde. Noch schlimmer ist es mit den Waffen, denn die sind nicht nur auf passive Abwehr ausgelegt, sondern auf Aggression. Das jüngste Beispiel ist die Türkei. Das Land hat zwischen den Jahren 2000 und 2019 deutsche Rüstungsgüter im Wert von über 1,7 Milliarden Euro gekauft.[66] Einiges davon hat man bei den Angriffen der Türkei auf syrisches Territorium in den Jahren 2018 und 2019 wieder gesehen, darunter den Panzer »Leopard 2«. Gleiches gilt für deutsche Gewehre.[67] Auch anderswo auf der Welt sehen Zivilisten und Kombattanten oft genug in deutsche Gewehrläufe. Im Jemen-Krieg beispielsweise hat sich gerächt, dass Deutschland jahrelang großzügig viele Länder des Nahen Ostens mit Lieferungen bedacht hat. Kriegsschiffe aus Deutschland, Waffenstationen[68] und Panzermotoren – sie alle haben eine unrühmliche Rolle in einem Krieg gespielt, der über 10 000 Tote (Stand 2019) gefordert hat.[69] Die Liste der Regime, die sich mit deutschen Waffen hochrüsten ist lange. Nachfolgend einige Beispiele, bei denen das jeweilige Land genannt ist, der genehmigte Wert an Rüstungs-Ausfuhren für das erste Halbjahr 2019[70] sowie der zugehörige Demokratie-Index.[71] Um letzteren einordnen zu können: Ab 8 Punkten aufwärts gilt ein Land als voll ausgeprägte Demokratie, unterhalb von vier Punkten dagegen als autoritäres Regime. Das am höchsten bewertete Land ist mit 9,87 Punkten Norwegen, Deutschland erreicht 8,68 Punkte.

Ägypten
genehmigt: rund 800 Mio. Euro
Demokratie-Index: 3,36

Kasachstan
genehmigt: rund 1,5 Mio. Euro
Demokratie-Index: 2,94

Katar
genehmigt: rund 165 Mio. Euro
Demokratie-Index: 3,19

Kuweit
genehmigt: rund 74 Mio. Euro
Demokratie-Index: 3,85

Vereinigte Arabische Emirate
genehmigt: rund 206 Mio. Euro
Demokratie-Index: 2,76

Vietnam
genehmigt: rund 3 Mio. Euro
Demokratie-Index: 3,08

Der zukünftige Verzicht auf solche Lieferungen würde zumindest für den deutschen Moral-Index einige Pluspunkte bringen.

Im kleinen Kreis

Es ist erst wenig Zeit vergangen, seitdem der Mensch auch kulinarisch die große weite Welt kennengelernt hat. Noch im Mittelalter stand ihm in der Regel nichts anderes zur Verfügung, als das was in seiner täglichen Lebensumgebung vorkam. Wer damals Feinschmecker war, der war eindeutig in die falsche Zeit hineingeboren. Denn er musste sich beispielsweise mit einem Allerweltsgewächs wie der Pferdebohne begnügen, das ein nicht unbedeutender Teil des Speiseplans war. Heute rührt die niemand mehr an – sie wird nur noch als Viehfutter genutzt.[72] Viele Mahlzeiten bestanden auch aus einem Brei, der mit Hafer und Wasser zubereitet wurde. Zucker war keiner enthalten – woher hätte der auch kommen sollen? Den gab es schließlich erst ab dem Hochmittelalter und auch dann blieb er ein Luxusgut.

An dem faden Einerlei hat sich für das normale Volk lange nichts geändert. Selbst im 17. Jahrhundert waren die extrem teuren und exklusiven Importwaren Kaffee, Tee, Tabak, Zucker und Schokolade noch Genüsse, die lediglich der Oberschicht zugänglich waren.[73] Aber auch deren kulinarische Welt war nicht schrankenlos. Noch in den 60er Jahren des letzten Jahrhunderts waren Kiwis, Papayas, Mangos, Auberginen oder Avocados nirgendwo in Deutschland zu kaufen.[74] Für niemanden, mit keinem Geld der Welt.

Heute dagegen ist nichts exotisch genug, als dass man es nicht bekommen könnte. Die Lebensmittelindustrie hat in einer beachtlichen Leistung die Welt zu uns nach Hause geholt. Rückgrat des Systems ist eine ausgeklügelte und aufwendige globale Logistik, die jede kulinarische Freude in Reichweite kommen lässt.

Und ausgerechnet jetzt, wo das alles funktioniert, sollen wir nur noch regional essen. Vor allem, weil es dem Klima nutzt – Stichwort Transportwege – aber auch Ressourcen schont. Es erscheint wie ein Treppenwitz der Geschichte. Die erste Generation überhaupt, welche die Möglichkeit hatte, leicht an Nahrungsmittel aus aller Herren Länder zu kommen, soll wieder zurück zur heimischen Steckrübe. Der große Weltenkreis schrumpft zusammen zu einem kleinen regionalen Kringelchen, in dem wir uns kulinarisch und ökologisch korrekt noch bewegen dürfen. Das Kringelchen wäre unseren Vorfahren aus dem Mittelalter durchaus vertraut vorgekommen, dem Menschen der Jetztzeit ist es nichts anderes als eine unverschämte Zumutung. Da kann schon Traurigkeit aufkommen. Wenngleich natürlich auch stimmt, dass niemand für eine ausgewogene Ernährung exotische Früchte, südamerikanisches Getreide oder exklusiven Kaviar vom Stör benötigt. Da geht es mehr um Genuss als um Notwendigkeit. Manchmal auch um Prestige und oft genug nur um Ernährungs-Moden oder Marketing der Industrie, mit dem Ziel die Gewinnmargen zu erhöhen. Besonders gut ist ihr das rund um das Label »Superfood« gelungen. Praktischerweise kommt das, was darunter verstanden wird, meist aus fernen Ländern und rechtfertigt schon alleine deshalb einen höheren Preis. Einer der bekanntesten Vertreter dieser Gattung ist Quinoa, ein sogenanntes Pseudogetreide[75], das in den letzten Jahren einen regelrechten Siegeszug hingelegt hat. Angebaut wird es in Südamerika. Aber braucht man das wirklich und ist dieses »Superfood« so einzigartig, dass es den Aufwand und Preis rechtfertigt? Ernährungswissenschaftler sagen: Nein. Die gute alte Hirse vom Bauern um die Ecke (und ein wenig Gemüse dazu) kann genau dasselbe.[76] Ähnliches gilt für den nicht weniger berühmten Chia-Samen, ohne den das Sortiment keines hippen Biomarktes mehr auskommt. Auch er stammt von überall her, nur nicht aus Europa – wird hier aber verehrt als einzigartiger Lieferant von Omega-3-Fettsäuren und Protein. Omas guter alter Leinsamen schlägt ihn allerdings auf beiden Feldern.[77] Der ist halt nur nicht so weit gereist, und niemand spricht von Superfood, obwohl er zweifellos auch eines ist.

Wie geht das? Verzicht in der Praxis – Teil 2

Vom Wesen des Verzichts

Es gibt einen Ort, an dem »verzichten« trendet: bei Google. Dort kommt das Verb »verzichten« im Sommer 2019 auf beachtliche 39 Millionen Treffer. Das ist weit mehr als der viel angenehmere Begriff »Lebensfreude« (9,1 Millionen) auf die Waage bringt. Weit voraus ist nur der »Sex« mit rund 5 Milliarden Treffern, aber der schlägt ja immer alles, selbst den »Reichtum« mit eher bescheidenen 10,2 Millionen.[1]

Aber Google ist eben das eine, die Wirklichkeit das andere. Gilt doch in der Natur das Prinzip: Nimm, was du kriegen kannst. Ein »Zuviel« ist dort genauso unbekannt wie verzichten. Das dürfte zweifellos der Grund sein, warum viele Haustiere unverständig glotzen, wenn man sie auf Diät setzt. In ihrer Programmierung ist das nicht vorgesehen. Verzicht ist atypisch, aus Sicht der Natur ein geradezu krankhaftes Verhalten. Man kann darüber spekulieren, ob es beim Menschen so viel anders ist. Evolutionsgeschichtlich betrachtet ist unser tierischer Ursprung ja noch gar nicht so lange her. Wenn man der Wissenschaft glaubt, prägt vieles davon noch unser heutiges Verhalten. Daher vielleicht der Widerwillen gegen Verzicht: Der Mensch ist immer noch nicht domestiziert genug dafür. Denn tatsächlich haben wir ja auch die meiste Zeit seitdem wir aufrecht laufen können nach dem tierischen Prinzip des »Nimm dir, was du kriegen kannst« zugebracht. Manche würden wohl sagen, wir haben immer noch nicht damit aufgehört und das, was wir »Moderne« nennen, sei auch wieder nur eine neue Version dieses urzeitlichen Erbes. Wenn man von dieser Prämisse ausgeht, wird einem erst klar, welche Aufgabe es darstellt, die Menschheit auf einen Vernunft-Verzicht zu verpflichten. Vernunft und evolutionäres Erbe sind schließlich keine Partner, sondern eingeschworene Gegner.

Deshalb weiß niemand, wie die Sache ausgehen wird. Obwohl sie schon lange genug dauert. Denn das Ringen mit unseren Lüsten und Früsten ist ja so alt wie die Menschheitsgeschichte selbst. Langsam aber strebt alles auf eine Entscheidung zu. Die Lüste wurden dauernd größer, die Notwendigkeiten der Beschränkung aber auch. Welche Seite am Ende auch immer die Oberhand behält, sie wird für grundlegende Änderungen sorgen. Wobei einen der Eindruck beschleicht, dass nicht gerade Waffengleichheit herrscht. Da wäre zum Beispiel die Ignoranz – eine regelrechte Massenvernichtungswaffe. Mit ihr werden so verbissen wie erfolgreich die Lüste verteidigt – also die schädlichen. Auf Seiten der Notwendigkeiten wird der Verzicht ins Feld geführt. Und – das wissen wir ja nun – der hat sich bislang als recht stumpfes Schwert erwiesen.

Das kommt sicher auch daher, dass ihm ein Gefühl von Beklemmung anhaftet. Wir sind seit 70 Jahren daran gewöhnt, dass unser Bewegungsradius immer größer wird: Wir reisen weiter, wohnen auf mehr Quadratmetern denn je zuvor, das Nahrungsmittelangebot kommt von allen Kontinenten, wir nutzen ein dichtes Netz an Autobahnen und die leistungsfähigsten Fahrzeuge aller Zeiten, um darauf zu fahren. Weiter geht immer, Beschränkung nimmer. So haben wir das über drei Generationen gelebt und gelernt. Damit soll es jetzt vorbei sein. Von allen Seiten rücken die Begrenzungen wieder an uns heran, denn wir sollen nicht mehr fliegen, nicht mehr Auto fahren, nur noch regional essen und uns beim Wohnraum gefälligst bescheiden. Radikale Ökologen sprechen in ihren Zukunftsforderungen von einem »an Sesshaftigkeit orientierten Lebensstil« und stellen sogar den Welthandel in Frage.[2] Konsequent umgesetzt bedeutet das: Unser zukünftiger Aktionsradius entspräche ungefähr dem, den wir in der zweiten Hälfte des 19. Jahrhunderts hatten. Der technische Fortschritt der letzten 150 Jahre wäre in weiten Teilen obsolet. Diese Aussicht kann sich schon recht beklemmend anfühlen.

Eine Milderung gibt es allerdings. Denn man muss ja unterscheiden zwischen »Aktionsradius« und »Horizont«. Nur Ersterer wird weniger, Letzterer nicht. In Zeiten des Internets muss man schließlich nicht mehr zwangsläufig reisen, um fremde Kulturen kennenzulernen und mit ihren Menschen in Kontakt zu kommen. Reisen ist im Prinzip das Internet des 20. Jahrhunderts und wirkt im 21. schon recht altmodisch und grobschlächtig. Wozu sich noch in brüllend laute Jets setzen, die ihr tonnenschweres Eigengewicht mühsam in die Luft wuchten müssen, wenn man die gleiche Distanz nahezu mühelos, geräuschlos und damit sehr elegant in Bits und Bytes überwinden kann?

Ein Lob der Ordnungspolitik

»Ordnungspolitik« – das ist einer der Lieblingsbegriffe von Öko-Aktivisten, woran man sieht, dass auch dieses Lager langsam die schlechten Angewohnheiten der etablierten Politik übernimmt. Warum? Weil »Ordnungspolitik« Camouflage betreibt – ein Begriff, der mehr verbergen als offenbaren soll. Wann immer ein Politiker oder eine Politikerin etwas Unbeliebtes zu verkünden hat, dann wählt er oder sie eine sprachliche Tarnvariante dafür. Eine, die mental nicht wehtut und damit dem Empfänger der Botschaft den Spielraum eröffnet, sich die Sache schönzureden. Ein Musterexemplar dieser Gattung ist die »letale Entnahme«. Von der war immer wieder die Rede, wenn Minister und Abgeordnete sich mit dem Wolf beschäftigt haben. Das Tier war nach über 100 Jahren abschussbedingter Abwesenheit wieder in Deutschland heimisch geworden.[3] Allerdings führt das zu Problemen, denn der Wolf mag Frischkost und nascht deshalb auch schon mal an einer Schafherde. Damit macht er sich naturgemäß bei den Schäfern unbeliebt (von den Schafen ganz zu schweigen). Aber damit nicht genug: Als lebende Legende hat er ein sozusagen märchenhaft wüstes Image. Das alleine löst bei vielen Menschen Todesängste aus, wenn sie nur davon hören, dass es wieder Wölfe in Deutschland gibt. Hier nun treten Politiker auf den Plan, die fordern, man müsse bestimmte Tiere »letal entnehmen«. Das klingt technisch, neutral, geradezu sachlich, und an Blut oder Schmerzen denken dabei die wenigsten. Was ein Fehler ist, denn gemeint ist mit diesem Begriff nichts anderes als: töten. Das spricht man aber ungern so deutlich aus, denn auch Tierschützer und Wolfsromantiker sind Wähler. Und sie halten sich zahlenmäßig die Waage mit den Wolfsgegnern.[4]

So hilft uns der Wolf, obwohl er von all dem nichts weiß, das Tarnpotenzial des Begriffes »Ordnungspolitik« zu verstehen. Denn der klingt ja, wie die »letale Entnahme«, zunächst wenig bedrohlich. Im Gegenteil: In vielen deutschen Ohren dürfte er sogar als Wohlklang ankommen. Ordnung, das war schließlich schon immer unser liebstes und eine Politik, die dafür sorgt, kann doch nicht schlecht sein. Gemeint sind aber tatsächlich Verbote oder – um beim Thema dieses Buches zu bleiben – staatlich vorgeschriebener Verzicht. »Verbot« und »Verzicht«, das hört sich jedoch viel härter und schonungsloser an als »Ordnungspolitik«. Die politische Szene scheut die V-Wörter wie der Teufel das Weihwasser. Also greift man lieber zur »Ordnungspolitik«, wenn man auf der Wahlkampfveranstaltung nicht gleich ausgebuht werden will.

Das ist das Problem. Denn wie soll man sich ehrlich mit etwas auseinandersetzen, das gar nicht offen benannt wird? Und vor allem: Wenn dann später doch etwas verboten wird, dann ist die Enttäuschung bei den Wählern umso größer. Die erinnern sich nämlich nur daran, dass doch bloß von irgendetwas mit »Ordnung« die Rede war, nicht von Verboten. Sprache, das wird daran deutlich, kann demokratiefeindlich sein. Dann nämlich, wenn sie die wahren Absichten des Redners so weit tarnt, dass sie kaum noch zu erkennen sind. Da liegt einer der Gründe, warum auch die Klimadebatte in Deutschland seit langem nicht vom Fleck kommt. Dabei ist ein Verbot, Verzicht oder eben Ordnungspolitik per se nichts Schlechtes. Gründe dafür gibt es genug.

Grund 1 Mit eindeutigen Verboten trifft man alle, auch die Trittbrettfahrer. Es ist an anderer Stelle in diesem Buch schon ausgeführt worden: Wer sich freiwillig beschränkt, um das Klima zu schützen, der hilft unfreiwillig den Trittbrettfahrern, weiter zu sündigen. Die brauchen dann einfach das CO_2-Budget mit auf, welches man selbst sich mühsam vom Munde abgespart hat. Das gilt auch für nahezu jeden anderen Umweltbelang. Verbote machen damit Schluss. So zum Beispiel das kürzlich von der EU durchgesetzte Verbot von Plastiktrinkhalmen. Man muss sich dazu nur einmal zwei Eiscafés in derselben Fußgängerzone vorstellen. Das eine gibt fröhlich Strohhalme aus, obwohl deren Schädlichkeit für die Umwelt allgemein bekannt ist. Eiscafé zwei zeigt Verantwortungsgefühl und verzichtet darauf, verprellt aber Kunden. Richtig handeln tut Nummer zwei, belohnt wird jedoch Nummer eins. Das Verbot der EU schafft wieder ein level playing field. Und sorgt vor allem dafür, dass nicht auch noch bestraft wird, wer richtig handelt. Für unsere Eisdielen sind damit die Verhältnisse vom Kopf auf die Füße gestellt.

Grund 2 Verbraucher zu sein, ist heutzutage nicht mehr trivial. Jedenfalls für den, der nicht anders kann, als stets in Begleitung seines Gewissens einzukaufen. Da stehen sie dann, die beiden, und müssen jeden Tag hundert komplexe Konsumentscheidungen treffen. Eine maßlose Überforderung. Denn niemand kann es schaffen, bei jedem Kauf zu eruieren, ob die Ware regional, klimafreundlich und sozial ist. Ganz zu schweigen von Mikroplastik, Regenwaldzerstörung und Tierschutzaspekten. Und selbst wenn man die Zeit hätte, das alles herauszufinden, so ist und bleibt man doch immer ein Laie bei der Einordnung in richtig oder falsch. Außerdem ist da noch dieses Elend namens »Zielkonflikt«. Das ist ja auch bei jedem Einkauf mit vor Ort. Sie sind dann schon zu Dritt: Der Verbraucher, das Gewissen und der Zielkonflikt. Gemeinsam müssen sie Dinge wie diese abwägen: Ist ein Bioapfel, wenn er in Plastik verpackt ist, besser als ein konventioneller, der offen verkauft wird?[5] Dazu bräuchte es eigentlich Experten.[6] Viele Menschen würden es daher wohl sogar als Hilfestellung auffassen, wenn ihnen Verzicht nicht als eigene Entscheidung zugemutet würde, sondern eine gesetzliche Vorschrift ihnen das abnähme.

Einige zentrale Konsumentscheidungen sollten deshalb schon vorher getroffen sein. Unter Einbeziehung von Experten, in Form von Verboten. Auf diese Weise kämen umweltschädliche Produkte entweder gar nicht oder in einer umweltverträglichen Version in den Handel. Das Prinzip ist nicht neu, es wird in anderen Bereichen schon lange angewandt und ist breit akzeptiert. Bei Medikamenten beispielsweise käme auch niemand auf die Idee, zu sagen: »Entscheide selbst, Du wirst schon wissen, was gut ist und hilft.« Im Hinblick auf die Sicherheit von Medikamenten muss keiner Rechercheaufwand betreiben. Da sind Verbote die effektivste Art von Verbraucherservice. Das gilt in gleicher Weise für nahezu jeden anderen Konsum auch. Dann muss auch das Gewissen gar nicht mehr mit zum Einkauf, denn es ist schon in den Produkten enthalten. Und der Zielkonflikt könnte auch zu Hause bleiben, denn er wäre schon lange vor dem Kauf entschieden.

Grund 3 Planungssicherheit. Ein Gesetz mit eindeutigen Ansagen, was verboten ist und was nicht, schafft Klarheit. Die letzten 15 Jahre beispielsweise war es doch für jeden Energiekonzern ein Hängen und Würgen, wenn es um die Entscheidung ging: In welche Kraftwerkstechnik investieren wir? Niemand wusste, ob der Bau eines neuen Kohlekraftwerkes sich noch rentiert oder als stranded investment, also gescheiterte Investition, enden wird. Erst der Beschluss zum Kohleausstieg aus dem Jahr 2019 gibt jetzt eine verlässliche Antwort. Sie lautet: Keinen Euro mehr in Kohlekraftwerke stecken! So manchem Energiemanager wird da eine Last von den Schultern gefallen sein. Das zeigt sich auch an der Reaktion des BDEW[7], also der Lobbyorganisation der Energie- und Wasserwirtschaft, in der unter anderen die Kohleverstromer Mitglied sind. Der nämlich kommentiert das Ergebnis der Kohlekommission mit den Worten: »Beschluss zum Kohleausstieg schafft Planungssicherheit«.[8] Damit quittiert ein großer Wirtschaftsverband immerhin das Verbot eines Geschäftsmodells seiner Mitglieder mit einem kaum überhörbaren Aufatmen. Das sucht seinesgleichen, und zeigt deshalb die hohe Bedeutung von rechtlich geschaffener Planungssicherheit.

Grund 4 Überwindung der Pfadabhängigkeit. Dieser Begriff aus der Sozialwissenschaft besagt im Kern das: Wer einmal Erfolg mit etwas hatte, kann schwer wieder davon lassen – selbst dann, wenn die Vernunft etwas anderes gebieten würde. Pfadabhängigkeit hat so manchen Champion auf die Abstiegsplätze befördert. Nokia zum Beispiel, einst Marktführer, ist deswegen in der Bedeutungslosigkeit versunken. Die Leute dort waren vom jahrelangen Erfolg ihrer Handys so berauscht, dass sie offensichtlich geglaubt hatten, das Produkt sei unsterblich. Dabei waren seine Tage gezählt als am Horizont etwas Neues auftauchte: das Smartphone. Mit dem hatte Nokia nicht mehr viel zu tun, und der Markt für Mobiltelefone dann umgekehrt nicht mehr viel mit Nokia. Pfadabhängigkeit ist auch einer der Gründe, warum die deutsche Autoindustrie, gegenwärtig noch eine der erfolgreichsten der Welt, so schwer von ihrem Klassiker lassen kann, dem Verbrennungsmotor. Menschlich lässt sich das nachvollziehen. Aber die Gefahr ist, dass durch diesen menschlichen Makel eine der deutschen Leitbranchen den Anschluss verpasst – so wie einst Nokia. Ordnungspolitik in Form eines Verbotes des Verbrennungsmotors bei allen Neuzulassungen könnte das ändern. Man hätte damit der Autoindustrie bei etwas geholfen, das sie aus eigener Kraft nicht schafft: ihre Pfadabhängigkeit zu überwinden. Wir wären nicht einmal die ersten, die das täten: Dänemark (2030), Norwegen (2025) und Frankreich (2040), sie alle haben bereits Ausstiegsdaten für den Verbrenner festgelegt.[9]

Grund 5 Verbote halten gesund. Das muss man nicht weiter ausführen. Es reicht der Hinweis, dass das Verbot von Asbest zahllosen Menschen die Gesundheit oder sogar das Leben gerettet haben dürfte.

Grund 6 Der durchschlagende Erfolg. Auch hier kann Asbest wieder als Beispiel dienen: Das wurde seit Ende der 1960er-Jahre in beiden Teilen Deutschlands nach und nach verboten. Die Folge: Während Mitte der 70er Jahre noch an die 180 000 Tonnen pro Jahr (Deutschland West) verbraucht wurden, liegt der Verbrauch heute (Deutschland gesamt) bei praktisch null.[10] Man stelle sich vor, was bei einem ähnlichen Vorgehen in anderen Bereichen bewirkt werden könnte. Beispiel Pkw-Motoren: Wir könnten uns die ermüdenden Diskussionen alle paar Jahre um die Verschärfung von Grenzwerten sparen. Und zwar dann, wenn klar wäre, dass ab dem Jahr X kein Pkw mit Verbrennungsmotor mehr neu zugelassen werden darf. Damit wäre dann der Grenzwert »Null« erreichbar – der maximale Erfolg. Verbote und Gebote sind nicht immer schön, aber meist sehr wirksam.

Grund 7 Verbote sind sozial gerecht – mehr als jede andere Maßnahme. Ein einfacher Vergleich macht das deutlich: Eine CO_2-Steuer müsste, um eine Lenkungswirkung zu entfalten, so bemessen sein, dass sie die Mehrheit der Bevölkerung zu einer Verhaltensänderung bewegt. Ein Steuersatz, welcher den Regaleinräumer einer Supermarktkette zwangsläufig zum Umdenken bringt, wird aber den gut verdienenden Geschäftsführer desselben Unternehmens wenig kratzen. Der wird weiter seinen SUV fahren, während der Mann aus dem Supermarkt notgedrungen sein Auto stehen lässt und in die S-Bahn steigt. Ein Verbot von Verbrennungsmotoren dagegen würde beide treffen, unabhängig von ihrer sozialen Lage. Es ist offensichtlich, dass das gerechter wäre. Gerade dann, wenn es um die Einführung einer CO_2-Bepreisung geht, wird insbesondere von Liberalen und Konservativen – ausgerechnet – oft mit tränenerstickter Stimme die soziale Schieflage dieses Modells beklagt. Es wird darauf verwiesen, dass es den »kleinen Mann«, der sonst eigentlich selten im Mittelpunkt der Anstrengungen dieser beiden politischen Lager steht, besonders hart träfe. Die Lösung, um solche vorgeschobenen Argumente zu entkräften, ist gut gemachte Ordnungspolitik, denn die kommt ohne soziale Schieflagen aus.

Grund 8 Das Klima ist ein öffentliches Gut. Es gehört jedem von uns und keinem. Daraus folgt: Nur wenn alle für seine Pflege verantwortlich gemacht werden, kommt das Klima wieder auf den Weg der Besserung. Das belegt der Umgang mit anderen öffentlichen Gütern, zum Beispiel das der Ruhe. Denn Ruhestörern versucht man ja auch nicht beizukommen, in dem man an ihre Freiwilligkeit appelliert. Nein, man verpflichtet sie, Ruhe zu halten und damit das öffentliche Gut zu bewahren. Man tut das mit Hilfe von Verboten, und die haben einen weiteren Vorteil, denn sie signalisieren den hohen Rang, den die Gesellschaft der Ruhe beimisst. Gleiches gilt für das Rauchverbot in Gaststätten. Damit soll das hohe Gut der allgemeinen Gesundheit geschützt werden. Verbote zeigen also die Wertigkeit eines Schutzgutes. Beim Klima wird dieses Signal vom Gesetzgeber noch nicht gesandt, weshalb die Mehrheit der Menschen davon ausgeht, Carte blanche zu haben.

Grund 9 Verbote helfen David. David? Ja, der aus »David gegen Goliath«. Im Zeitalter der Weltkonzerne haben Kunden in vielen Fällen das Nachsehen. Denn die Goliaths haben es sich angewöhnt, Pflichten zu ignorieren, die jeder ehrenhafte Mensch als selbstverständlich betrachten würde. Konzerne sind keine Menschen. Sie haben, im Gegensatz zu ihnen, Marktmacht und Manpower. Beides vereint, macht es ihnen möglich, sich ihren Steuerpflichten zu entziehen, aber auch Haftungs- und Kundenrechte nicht so ernst nehmen zu müssen. Jeder hat da so seine Erfahrungen gemacht beispielsweise mit Telefonhotlines von Konzernen – sofern sie überhaupt per Telefon erreichbar waren. Viele mussten auch schon feststellen, wie schwierig es ist, etwas umzutauschen oder seinen Vertrag zu kündigen, wenn sich so ein Konzern sträubt. Da helfen eindeutige Gebote und Verbote, damit der Kunde – David – am Schluss doch die Oberhand behält. So hat beispielsweise erst die Datenschutz-Grundverordnung[11] der EU dem laxen Umgang vor allem

US-amerikanischer Internetkonzerne mit Kundendaten den Garaus gemacht. Wenn die Kunden weiterhin darauf angewiesen gewesen wären, sich bei den Konzernen zu beschweren, sie hätten sich nie durchsetzen können. Die Verbote haben ihnen aber den Rücken gestärkt.

Grund 10 Der »California-Effekt«. Mit diesem Begriff wird beschrieben, dass Rechtsvorschriften über ihren eigentlichen Geltungsbereich hinaus Wirkung entfalten können. Der US-Bundesstaat Kalifornien hatte bereits Anfang der 1970er Jahre strengere Abgasvorschriften als der ganze Rest der USA. Das hat sich aber geändert, weil sich der Rest nach und nach dem kalifornischen Niveau angepasst hat. Ähnlich war es mit den Rauchverboten an öffentlichen Orten. Auch hier war Kalifornien ein Vorreiter und viele, darunter auch die Bundesrepublik, folgten Jahre später.[12] Kalifornien scheint als Staat über besondere Kräfte zu verfügen. Und tatsächlich ist es so, dass der Nachahmer-Effekt nur von starken Playern erzeugt werden kann, also Staaten, die über eine große Nachfragemacht oder großen politischen Einfluss verfügen. Die können es schaffen, Verbote zu Exportschlagern zu machen und damit politische Trendwenden einzuleiten.

Grund 11 Rückkehr des Respekts für die Politik. In den Jahren vor der Corona-Krise ist Politik vor allem durch mangelnden Handlungsmut und einen starken Hang zur Willfährigkeit aufgefallen. Alles, was »den Wählern« missfallen oder sie auch nur im Geringsten hätte belasten können, wurde tunlichst vermieden. »Die Wähler« haben darauf aber nicht mit der erhofften Dankbarkeit reagiert, sondern mit Verachtung. Nicht, dass sie Politiker gut fänden, die ihnen Belastungen auferlegen. Aber solche, die es nicht einmal versuchen, obwohl sie eigentlich von der Richtigkeit überzeugt sind, verlieren in ihren Augen jeden Respekt. Es ist wie in der Schule: Der strenge Lehrer ist nicht beliebt, aber wenigstens respektiert. Der Willfährige, bei dem jeder alles machen darf, wird nicht ernstgenommen. Bei dem lernt auch keiner mehr was, er ist im Prinzip überflüssig. Hierzu ein kleiner Exkurs: Wenn man von »dem Wahlvolk« spricht, dann tut man das, um einen überkomplexen und schwer fassbaren Gegenstand intellektuell beherrschbar zu machen. Aus Millionen von Menschen wird im Geiste der eine, den man »das Wahlvolk« nennt.

Es ist eine Vereinfachung, mit der wir uns die Welt übersichtlicher gestalten, die aber natürlich nicht funktionieren kann. Denn die rund 61 Millionen Wahlberechtigten[13] sind natürlich eine vielstimmige Masse. Wenn man sie als Einen nähme, dann käme dabei eine recht wankelmütige und offenkundig schizophrene Persönlichkeit heraus, die es mühelos schafft, völlig gegensätzliche Ansichten in sich zu vereinen. Sie würde zum Beispiel Politiker nicht mögen, die Verzicht predigen, gleichzeitig aber auch solche verachten, die es nicht tun, weil sie sich nicht getrauen, klare Ansagen zu machen. Verzicht und Rückgratlosigkeit, beides wird bestraft, obwohl beides nicht zusammengeht. Der Versuch, damit klarzukommen, führt oft zu einem Effekt, den man insbesondere bei der SPD studieren kann: Die Partei verliert von Wahl zu Wahl. Je mehr sie verliert, umso mehr Schiss haben die Parteioberen. Sie leben in der Angst, mit irgendwelchen Entscheidungen auch noch die letzten Wähler zu vergraulen. Also treffen sie gar keine Entscheidungen mehr – oder machen nur noch Symbolpolitik, die niemandem wehtut. Die Probleme werden dadurch natürlich nicht gelöst. Die Folge: steigende Verachtung und Verluste bei den nächsten Wahlen, noch mehr Schiss, noch mehr Verachtung, noch mehr Verluste, und so weiter und so weiter. Diesen Effekt könnte man bezeichnen als Schiss-Spirale. Die Schlussfolgerung wäre deshalb: Wenn man ohnehin nur verlieren kann, dann sollte man als Politiker mit seiner gegebenen Macht wenigstens das umsetzen, was man für richtig hält.

Grund 12 Ordnungspolitik belastet zwar in der Regel jemanden, befreit dafür aber oft andere.[14] Verbote zum Klimaschutz sind so ein Fall. Sie würden und müssten zuallererst in den entwickelten Industrieländern erlassen werden. Das gilt aus mehreren Gründen: Sie gehören mit zu den größten Emittenten von Treibhausgasen, ihre historische Schuld ist am größten, weil sie schon am längsten Treibhausgase in relevanten Ausmaßen produzieren und, nicht zuletzt, weil sie es sich am ehesten leisten können, auf etwas zu verzichten oder durch eine neue, kostenintensive Technologie (wenn vorhanden) zu ersetzen. Wir wären also die ersten, die uns einschränken sollten. Das würde weniger Freiheit für uns bedeuten, aber einen großen Freiheitsgewinn für andere. Zum Beispiel für die Bewohnerinnen und Bewohner der Inseln, die wegen des steigenden

Meeresspiegels langsam im Wasser versinken. Sie gewännen im Idealfall die Freiheit, zu bleiben, wo sie sind. Gleiches gilt für die Menschen, die in Gegenden leben, welche durch Ausbreitung von Dürrezonen oder Wüsten gefährdet sind. Viele Verbote haben damit eine Kehrseite: Sie sind des einen Last, aber des anderen Entlastung.

Grund 13 Ordnungspolitik ist oft konkurrenzlos günstig. Gerade auch beim Klimaschutz oder der Gesundheitsprävention – da wäre praktisch jedes andere Instrument teurer. Ein vielsagendes Beispiel ist das »Klimaprogramm 2030«, welches die Bundesregierung formell im Oktober 2019 beschlossen hat. Das ist richtig teuer: Wir sprechen hier von einem schwindelerregenden Kostenrahmen von 54 Milliarden Euro. Der Grund ist Konfliktscheu, denn das Ziel dieses Geldregens ist, alle Beteiligten ruhigzustellen und bei niemandem das Gefühl einer Belastung aufkommen zu lassen. Das Programm selbst enthält aus demselben Grund auch nur ein einziges konkretes Verbot: Nämlich Ölheizungen in Gebäude einzubauen – gültig ab 2026 wohlgemerkt! Und selbst dieses Verbot wird mit großzügigen Geldgeschenken eher in eine Transferleistung verwandelt. Es ist nämlich vorgesehen, dass beim Austausch von Ölheizungen 40 Prozent der Kosten eines neuen Heizsystems staatlicherseits übernommen werden. Auch die Subventionen für die eher zäh vom Fleck kommende Elektromobilität sollen noch einmal aufgestockt werden – obwohl schon seit Jahren Steuervorteile und Kaufprämien jedem Elektromobilisten winken. Wie viel billiger wäre es da, die Neuzulassung von Fahrzeugen mit Verbrennungsmotor zu verbieten. Das gilt selbst dann, wenn man davon ausgeht, dass Konversions- und Umschulungsprogramme für einen Teil der Belegschaft der Autohersteller finanziert werden müssten. Zum einen deshalb, weil die Autoindustrie wohlhabend genug ist, das zu einem erheblichen Teil selbst zu schultern, zum Beispiel über entsprechende betriebliche Vereinbarungen. Zum anderen, weil es ohnehin notwendig werden wird, denn viele Länder haben bereits den Ausstieg aus dem Verbrenner beschlossen, andere sind auf dem besten Wege dazu. Dort verkauft man in Zukunft keine Fahrzeuge mehr von gestern.[15]

Grund 14 Verbote schaffen einen fairen Wettbewerb. Auch hierzu ein Beispiel: Viele Onlinehändler haben (natürlich nicht nur, aber auch) in Deutschland mit hohen Rücksendequoten zu kämpfen. Alleine 2018 kam dabei die unglaubliche Zahl von 490 Millionen retournierten Artikeln zusammen.[16] Für Klimaschutz und Ressourcenschonung ist das alles andere als förderlich. Auch ökonomisch ist das ein Problem, denn bislang ist es in Deutschland auf breiter Front üblich, dass die Händler die Rücksendungen kostenfrei für die Kunden abwickeln. Den Standard setzen hier die Großen, wie Amazon, die das gut wegstecken können. Kleinere Händler müssen wohl oder übel mitziehen, um keine Wettbewerbsnachteile zu erleiden, auch wenn das ihre Bilanz merklich belastet. Deshalb haben Forscher nun vorgeschlagen, einen gesetzlich vorgeschriebenen Mindestbetrag für Rücksendungen einzuführen.[17] Der müsste dann von allen erhoben werden, auch von Amazon, und das wäre die Rückkehr zu einem fairen Wettbewerb. Gleichzeitig könnte es die schiere Zahl der Retouren verringern. Es ist leicht nachvollziehbar, dass diese Form der Wettbewerbsgerechtigkeit nicht anders zu erreichen ist als über Ordnungspolitik. Wer da auf den Markt wartet, der wartet ewig.

Grund 15 Ordnungspolitik schafft Praxis. Die Diskussionen über Themen wie Klimaschutz, gute Gesundheitsvorsorge oder die richtige Online-Etikette sind in einer Demokratie richtig und wichtig. Aber sie werden eines immer bleiben: theoretisch. Dafür sorgt der beim Menschen weit verbreitete Hang zum Aufschieben und Abwarten.[18] Einzig Ordnungspolitik ist oft in der Lage, für die praktische Anwendung zu sorgen. Schwimmen lernt man im Wasser. Und der ganz praktische Kontakt mit dem neuen Element nimmt dann oft viele Ängste, die noch da waren, als man sich lediglich in der Theorie damit befasst hat. Das Rauchverbot in Gaststätten und die Promillegrenze für Autofahrer sind gute Belege dafür (wir kommen später noch darauf zurück).

Grund 16 Ordnungspolitik setzt gesellschaftliche Standards. Menschen sind schwer zu Verhaltensänderungen zu bewegen. Die Wissenschaft weiß jedoch, dass sie es mit höherer Wahrscheinlichkeit tun, wenn eine gesellschaftliche Erwartungshaltung an sie gerichtet wird.[19] Eine rechtsgültige Vorschrift verkörpert eine solche Erwartungshaltung. Die Corona-Krise hat das gezeigt: Freiwillige Appelle sind da viel zu lange verpufft. Erst die Verordnungen der Länder zum Kontaktverbot haben Wirkung gezeigt. Nicht deshalb, weil man sie wirklich flächendeckend kontrollieren konnte, sondern weil die gesellschaftliche Erwartungshaltung unmissverständlich zum Ausdruck gebracht wurde.

Ordnungspolitik, Verbote – in den Augen vieler ist das nichts anderes als unangenehm zudringliche Gängelei. Ausgeübt von oben herab, vom Staat. Wer sie trotzdem fordert, hat auch ganz schnell den Ruf weg, die Menschheit aufgegeben zu haben. Wer Gängelei einklagt, der traut schließlich seinen Mitmenschen keine Einsicht zu. Er geht offenbar davon aus, dass ihnen vernunftbetontes Handeln vorgeschrieben werden muss, weil sie von selbst dazu nicht in der Lage sind. Das, so die Kritiker von Ordnungspolitik, sei doch wirklich ehrenrührig und reichlich herablassend.

Damit gelangt man zu zwei Erkenntnissen:

Erstens: Die rufschädigende Wirkung von Ordnungspolitik ist hoch infektiös. Deshalb sagen sich die Meisten: Bloß nicht anfassen! Wer will sich schon als Menschheitsverächter präsentieren? Da kann es schnell einsam werden und fortan steht man außerhalb der Herde.

Zweitens: Die Schamgrenzen sinken. Denn die Schnittmenge zwischen denjenigen, die sich – wie eben beschrieben – zu Verteidigern der menschlichen Ehre aufschwingen und denjenigen, die das Unvermeidliche aus Gründen der Bequemlichkeit oder des Egoismus einfach weiter hinauszuschieben wollen, dürfte ziemlich groß sein. Letzteren ist kein falsches Argument zu schade, um ihren Willen zu bekommen.

Für Ordnungspolitik, gut gemachte zumal, ist das eine denkbar schlechte Ausgangslage. Es ist mittlerweile kulturell regelrecht verpönt, nach Gesetzen und Verboten zu rufen. Und dieser Trend nimmt eher zu als ab. Die moderne Demokratie tut sich schwer mit Vorschriften. Das liegt daran, dass sie historisch nie dagewesene Freiheitsräume für den Einzelnen geschaffen hat. Jedes Verbot, so das Gefühl, dreht die Zeit wieder ein Stück zurück. Der Widerwille gegen Verbote speist sich also nicht nur aus den individuellen Belastungen, die sie mit sich bringen, sondern auch aus der Befürchtung, dass sie historische Errungenschaften zunichtemachen. Daher artet die Verbotsdebatte oft genug in einen Kulturkampf aus.

Es ist aber genau diese Tabuisierung und Skandalisierung des Verbots, die uns schon seit Jahren davon abhält, erstens objektiv zu sein und zweitens die als richtig erkannte Politik auch durchzusetzen. Die Belastung der Atemluft durch Feinstaub und Stickstoffoxide zu reduzieren, das ist ein solch richtiges Vorhaben. Wer wollte es bestreiten? Damit aber, die einzig wirkungsvolle Maßnahme anzugehen, nämlich Fahrverbote in Ballungsräumen zu erlassen, tun wir uns unendlich schwer. Das Verbotstabu ist der Grund. Gerade beim Autofahren geht es in hoher Symbolträchtigkeit um den Freiheitsbegriff. Wer nicht mehr fahren darf, wohin er will, fühlt sich naturgemäß eingeschränkt und subjektiv zurückgeworfen in die Zeiten, als der Aktionsradius des Menschen kaum weiter reichte als bis ins Nachbardorf. Lieber schädigen wir weiter unsere Atemwege als das hinzunehmen. Von einer höheren Warte aus betrachtet wirkt ein solches Verhalten natürlich bizarr. Das zeigt sich noch stärker in anderen, deutlich extremeren Bereichen: Obwohl nach jedem Amoklauf in Deutschland regelmäßig die Mehrheit der Bevölkerung ein schärferes Waffenrecht fordert[20], kamen dabei stets nur wenig mehr als kosmetische Korrekturen des Waffengesetzes heraus.[21] So kommt es, dass auch nach den Amokläufen von Erfurt und Winnenden 5,4 Millionen Waffen und Waffenteile in privaten Händen sind.[22] Die Freiheit zum Waffenbesitz, die man insbesondere über einen Schützenverein relativ leicht ausüben kann, zählt offensichtlich mehr als das Leben der Opfer von Amokläufen. Am Ende nutzt das Verbotstabu den Tätern.

Wer also etwas mit Hilfe von Verboten regeln will, der sieht sich trotz der offenkundigen Regelungsnotwendigkeit oft dem Vorwurf des Menschheitsverächters ausgesetzt. Obendrauf kommt dann noch die Anklage, dass er nach dem »starken Staat« rufe – und das kenne man ja von früher.[23] Mit dem »starken Staat« ist dabei ein tendenziell anti-demokratisches und die Freiheit der Bürger einschränkendes Verständnis von Staat und Gesellschaft gemeint. Tatsächlich gibt es aber einen entscheidenden Unterschied: Dieser anti-demokratische starke Staat, siehe Ungarn oder Polen, verfolgt immer das Ziel, *alle* gesellschaftlichen Bereiche unter Kontrolle, sozusagen am kurzen Zügel, zu halten. Es besteht also ein umfassender Lenkungsanspruch, der keine Ausnahme kennt. Das jedoch ist überhaupt nicht das Ansinnen der meisten Klimaschützer oder der Menschen, die sich für ein strikteres Waffenrecht einsetzen. Sie wollen schlicht und einfach ein konkretes Problem lösen. Bei nüchterner Betrachtung stellen sie dann fest, dass das effizienteste Instrument hierfür die Ordnungspolitik ist. Das ist das Gegenteil von einem umfassenden, totalitären Anspruch. Und es hat schon gar nichts »mit früheren Zeiten« zu tun, von denen die Gegner unheilschwanger raunen, wann immer die Forderung nach klaren, gesetzlichen Regelungen beispielsweise für den Klimaschutz erhoben wird. Dieses Geraune erscheint ähnlich überzogen, wie seinerzeit der Vorwurf, die Gurtpflicht oder das Rauchverbot in Kneipen sei ein Angriff auf die Freiheit der Bürger. Vielmehr kann man in beiden Fällen sagen: Problem erkannt, Problem gebannt. Ganz unideologisch, sehr demokratisch und weitab von jedem Gedanken an einen »starken Staat«. So verstanden ist an gut gemachter Ordnungspolitik überhaupt nichts Falsches, außer das Tabu, mit dem sie noch belegt ist.

Ego

Der Einzelne ist nicht alle und will es auch nicht sein. Kein Mensch geht so weit, sein Ego vollständig dem Gemeinwohl unterzuordnen. Das wäre dann doch ein bisschen artfremd. Deshalb müssen für den Einzelnen Regeln gelten, damit es allen gutgeht. Diese Erkenntnis ist uralt und durchzieht unser Recht wie ein roter Faden. Das Verkehrsrecht beispielsweise käme ohne Gebote und Verbote gar nicht aus. Jedem ist klar: Wenn keine Vorfahrtsregeln oder Geschwindigkeitsbeschränkungen existierten, gäbe es genügend Menschen, die das auf Kosten der Allgemeinheit voll ausnutzen würden. Oder ein anderes Beispiel: Wenn es kein Rauchverbot gäbe, würden die Nikotinfreunde selbstverständlich auch weiterhin in Gaststätten und Restaurants die Luft gesundheitsschädlich vernebeln. Ohne Regeln würde das Ego das Gemeinwohl definieren. In so einer Gesellschaft möchte aber in letzter Konsequenz keiner leben. Also stellen Gebote und Verbote sicher, dass es umgekehrt ist: Gemeinwohl vor Egoismus. Die Frage ist, warum das ausgerechnet beim Klimaschutz keine Anwendung finden sollte? Solange es hier keine Straßenverkehrsordnung gibt, die sagt, was geht und was nicht, so lange wird der Menschenschlag dominieren, der sich lieber im Hier und Heute auslebt, als an zukünftige Generationen zu denken. Billigflüge nach Mallorca, Kleidung vom Discounter oder Fleisch aus Massentierhaltung – all diese klimaschädlichen Dinge finden ihren Humus im Ego und sie gedeihen umso prächtiger, je weniger dieses auf das Gemeinwohl verpflichtet wird. Das Ego ist also ein bedeutender Faktor in der Verzichtsdebatte. Deshalb soll es in den nächsten Kapiteln im Mittelpunkt stehen. So etwas mag das Ego ja …

Von Lifestyle, Gutsherren und Trittbrettfahrern

Coolness #1

Von allen Regeln gibt es Ausnahmen. So auch von der, dass Verzicht uncool und lästig ist. In einer wohlhabenden Industrienation, in der man immer alles haben kann, erzielt man bisweilen einen gewissen Coolness-Faktor, indem man sich der Angebotsfülle entzieht. Es ist das alte Prinzip: Tue das Gegenteil von dem, was alle machen und Du wirst sichtbar. Das war noch immer das beste Rezept für wirkungsvolle Eigen-PR und wird natürlich auch heutzutage genutzt. Fast schon Legion sind beispielsweise die A-, B- und C-Prominenten, die offenherzig über ihre abweichenden Ernährungsgewohnheiten Auskunft geben. So ist von einer gewissen Anastasia Zampounidis – Moderatorin, B-Promi – das Bekenntnis überliefert, dass sie seit zehn Jahren auf Zucker verzichte. Abgefeiert wird das dann auf stern.de, wo man dieses »Schönheitsgeheimnis« gelüftet hat und der Dame attestiert, dass sie auch mit 48 Jahren aussehe, als sei sie »in einen Jungbrunnen gefallen«.[1] Allerdings ist Frau Zampounidis eine blutige Amateurin, gegen eine professionelle Großverzichterin wie Gwyneth Paltrow. Die US-Schauspielerin geht nicht nur weltweit mit ihren Entsagungen hausieren, sondern hat mittels Büchern und eines eigenen Online-Shops auch noch ein gutes Geschäft daraus gemacht. Ihre Verzichtsliste entspricht dem guten, alten amerikanischen Hang, aus allem die XXL-Version zu machen, und ist deshalb um ein Vielfaches länger. Sie enthält nicht nur Zucker, sondern ebenso Kaffee, Milch, Eier und Vieles mehr.[2] Wer wissen will, was da noch zur Lebenserhaltung übrigbleibt, muss eines ihrer Kochbücher kaufen.

Wer diesen Weg nicht so gerne einschlagen möchte, hat jedoch auch anderweitige Möglichkeiten den Verzicht als PR-Instrument zu nutzen.

Gern genommen bei Politikern und Managern ist beispielsweise der Gehaltsverzicht. Der berühmteste, der den geübt hat war Donald Trump. Er spendete sein Salär als Präsident laut Medienberichten an die US-Nationalparks. Auch einige seiner Vorgänger, nämlich Kennedy und Hoover, waren reich genug, dass sie wohltätige Zwecke mit ihrem Einkommen bedenken konnten.[3] Und bei Managern in der US-Tech-Industrie ist es fast schon Mode, kein Gehalt zu nehmen. Steve Jobs (Apple) hat das getan, ebenso Eric Schmidt von Google und Terry Semel, ehemaliger CEO von Yahoo.[4] Auch das wird medial gewürdigt – als »Statussymbol«, das selbst einem Privatjet den Rang ablaufe.[5] Und Steve Jobs schaffte es damit sogar als »schlecht bezahltester CEO der Welt« ins Guinness-Buch der Rekorde.[6] »Glückwunsch zur guten PR«, kann man da nur sagen. Auch deshalb, weil es sich natürlich um einen Missbrauch des Verzichts handelt, denn tatsächlich irgendwas entsagen muss niemand von diesen Personen. Sie haben ihre Schäfchen längst im Trockenen, und können daher großzügig ablehnen, ein Gehalt zu bekommen. Ihr Verzicht macht die Welt kein Stück besser. Und man kann ihn durchaus als Verhöhnung all der Menschen empfinden, die sich tatsächlichen Verzicht auferlegen, also einen, der auch etwas beinhaltet, das man eigentlich braucht.

Es gibt also zwei Arten des PR-Verzichts: den echten und den unechten. Gemeinsam ist beiden, dass man damit Schlagzeilen machen kann. Und dann gibt es noch den Verzicht von Hinz und Kunz, der nicht in der Zeitung steht und deshalb am uneigennützigsten ist. Der echte PR-Verzicht lehrt jedoch zumindest, dass das Thema auch öffentlichkeitswirksam positiv besetzt werden, ja sogar mit einer Aura von Avantgardismus umflort werden kann. Es gibt allerdings auch eine Gefahr dabei, und die muss man berücksichtigen: Die Sache kann schnell zum reinen Stellvertreter-Verzicht verkommen. Das bedeutet, man schaut gerne dabei zu, wie Prominente es tun, aber im eigenen Leben hat man wenig Lust, ähnliches umzusetzen. Es ist ein wenig wie mit den Fernsehköchen, die permanent predigen, man solle selbst kochen, Speisen frisch und gesund zubereiten, anstatt auf Industriefutter zurückzugreifen. Das sehen sich Millionen im Fernsehen an und danach gehen sie in die Küche und holen sich eine Tüte Chips. Das bedeutet: Ja, die Politik sollte genau hinsehen, wie es Prominenten gelingt, Verzicht positiv umzudeuten. Davon kann man lernen. Das enthebt sie aber keinesfalls ihrer Pflicht, den notwendigen Verzicht auch für alle verbindlich durchzusetzen. Verzicht kann man nicht delegieren.

Coolness #2

Diese grundlegende Erkenntnis gilt auch für Coolness-Faktor Nummer zwei, obwohl der auf den ersten Blick nicht weniger erfolgversprechend aussieht. Es geht dabei um das Belohnungssystem des Menschen. Das nämlich lässt sich durchaus auch für den Verzicht einspannen. Der Mechanismus, mit dem das zu bewerkstelligen ist, lässt sich sehr einfach beschreiben: Wenn Klimaschutz schick ist, dann wird er gerne gemacht. Es kommt eben auch hier auf Prestige und Verpackung an. Der Autohersteller Tesla ist dafür ein gutes Beispiel. Man versteht das, wenn man einmal googelt, wie Elektrofahrzeuge ausgesehen haben, bevor Tesla den Markt betreten hat. Zum Beispiel das Modell »Twike«, hergestellt in der Schweiz: ein klapprig und dünn wirkendes Dreirad, dessen Fahrer knapp über der Straßenoberfläche sitzt. Wer es besaß, konnte ein Fahrzeug sein Eigen nennen, das von »schick« weiter weg war als Spinnen und Blutegel. Kurzum: die reinste ästhetische Entsagung. Entsprechend gering waren die Verkaufszahlen. Die Modelle von Tesla dagegen, vor allem die frühen, sind ebenso Elektrofahrzeuge, aber Belohnungsmobile. Sie sehen gut aus, sind bequem zu fahren und, ja auch, ein bisschen etwas zum Angeben. Twike und Tesla: Es ist ein und dieselbe Technologie, aber eine völlig andere Psychologie. Und genau da kommt das Belohnungssystem des Menschen ins Spiel. Ein Tesla spricht es an, und da schützt man das Klima dann gerne.

Allerdings ist es nicht allen Menschen wichtig, ob ihr Auto, ihr Handy oder ihre Uhr besonders stylish sind. Ihnen reicht es, wenn sie ihre Arbeit tun und günstig sind. Solche Menschen erreicht Tesla nicht. Auch hier gilt deshalb: Auf Coolness und Trends, selbst wenn sie pro Verzicht sind, kann sich die Politik nicht ausschließlich verlassen.

Ski fahren

Wer Verzicht fordert, muss sich nicht selten anhören, ein Puritaner zu sein.[7] Klar, denn oft geht es ja um Dinge, die Spaß machen. Und auf die verzichten nur Puritaner gerne, denn sie sind die einzigen, die daraus einen Lustgewinn ziehen. Allerdings sind weder die meisten Klima-Aktivisten noch Ärzte oder andere, die manchmal Entsagung einfordern, so gepolt. Sie folgen vielmehr ganz nüchtern wissenschaftlicher Erkenntnis und den Notwendigkeiten, die sich daraus ergeben. Wobei: Ausnahmen bestätigen die Regel. Denn tatsächlich gibt es auch einige Gruppen von Menschen, bei denen man den Eindruck haben muss, ihnen komme beispielsweise die Klima-Debatte ganz recht. Aber nicht wegen des Klimas, sondern für ihre eigene Agenda. Religiöse Fundamentalisten beispielsweise oder Öko-Sozialisten springen da ins Auge. Alles Leute, die bislang wenig Widerhall gefunden haben mit ihren Vorstellungen und nun versuchen, die Klimadebatte als Trittbrettfahrer zu nutzen. Man kann das sehr schön an einem vermeintlich so profanen Beispiel wie dem Skifahren festmachen. Vielleicht sogar am allerbesten, denn das Tun auf zwei Brettern kennt ja keinen anderen Daseinszweck als Genuss. Skifahren ist der Nationalsport aller Hedonisten. In den Augen von religiösen Fundamentalisten ist das natürlich alles verderblich – gleiches gilt für Linksextreme. Dem Genuss soll er nicht frönen, der Mensch, sondern sein Leben hingeben einer höheren Bestimmung. Alles, was beim Skifahren höher ist, sind die Berge, auf die man geliftet wird. Schon alleine diese Bequemlichkeit widerspricht so ganz der Haltung einer kleinen, aber lauten Minderheit, wonach das Leben eine Marter zu sein habe, bestehend aus schwer verdaulichen Vollkorn-Mahlzeiten, politischer Fronarbeit und kratzender Haut von der Bioseife. Ist das vielleicht auch der Grund, warum die großen christlichen Kirchen so dankbar auf das Thema Klimaschutz einsteigen? Der Tenor immerhin, mit dem sie das tun, erscheint jedenfalls verdächtig altmodisch und stammt offenkundig aus einer Zeit, die lange vor dem Klimawandel liegt, mit diesem also gar nichts zu tun hat. Entsprechend liest sich eine Erklärung aus dem Jahr 1991, die seinerzeit von hohen US-amerikanischen, aber auch internationalen Kirchenvertretern unterzeichnet worden ist:

> »Wir brauchen einen moralischen Wandel, wenn wir anerkennen, dass die Wurzeln der Umweltzerstörung in der menschlichen Überheblichkeit, Gier und Eigennutz liegen […]«.

Und weiter:

> »Diese Herausforderung [der Kampf gegen den Klimawandel] könnte die Chance für Gläubige bieten, in nie dagewesenem Ausmaß zu bekräftigen und umzusetzen, […] was wahrer Glaube bedeutet.«[8]

Der Klimaschutz wird so zum Vehikel einer religiösen Agenda. Diese Taktik hat sich seit 1991 bis in die letzte Verästelung der kirchlichen Organisationen verbreitet. So findet sich auf der Homepage einer Kirchengemeinde aus der kleinen württembergischen Gemeinde Erlenbach eine Predigt zum Klimawandel, die beginnt wie folgt: »Um es gleich vorweg zu sagen: Das Gebot der Stunde und der Jahre, die noch kommen werden, heißt: Wir werden sorgsam und genügsam leben müssen, um das Schlimmste zu verhindern. Sorgsam und genügsam.«[9] Wie gesagt, es ist eine alte Botschaft, die sich auch in der Bibel schon findet, siehe hier: »Die Frömmigkeit bringt in der Tat reichen Gewinn, wenn man genügsam ist. Denn wir haben nichts in die Welt mitgebracht und wir können auch nichts aus ihr mitnehmen. Wenn wir Nahrung und Kleidung haben, soll uns das genügen.«[10] Manch sendungsbewusster Christ wird wahrscheinlich frohlockt haben, als die Diskussion um den Klimawandel so richtig Fahrt aufgenommen hat: Nicht nur, dass der wie das Musterbild eines göttlichen Strafgerichts daherkommt, sondern auch, dass er einen großartig nutzbaren Vorwand bietet, um mal wieder das sittsam, enthaltsame Leben zu predigen.

Aber eben nicht nur die Kirchen, auch andere »Glaubensgemeinschaften« kochen durchaus gerne ihr Süppchen mit dem Klimawandel. So hat man mit Blick auf die politische Linke, wo Kapitalismus und freier Markt schon immer auf der Abschussliste standen, den Eindruck, dass der Klimawandel gerade recht kommt, beides frontal anzugreifen. Die Partei »Die Linke« titelt auf ihrer Homepage über einem Namensartikel ihres Vorsitzenden Bernd Riexinger komplett unzweideutig: »Das Klima, nicht den Kapitalismus retten«. Im Text selbst heißt es dann:

> »Aufgabe der Linken ist es, gesellschaftlichen Druck für konkreten sozial-ökologischen Wandel aufzubauen und zu unterstützen. Die Klimabewegung steht für ein in der Gesellschaft wachsendes Bewusstsein, dass es so nicht weitergehen darf. Kampfbegriffe wie ›Systemwandel‹ erfahren eine Renaissance im Wissen, dass Alternativen zur kapitalistischen Produktions- und Wirtschaftsweise dringend notwendig und machbar sind. Die kapitalistische Wirtschaftsweise wälzt die sozialen und ökologischen Folgen auf die Gesellschaft ab. So wie jeder Millimeter sozialen Fortschritts gegen Kapitalinteressen erkämpft werden muss, muss auch der Schutz von Natur und Klima gegen die Herrschenden errungen werden. Aufgabe der Linken ist es, gesellschaftlichen Druck für konkrete sozial-ökologische Reformen mit Schritten und Perspektiven für grundlegende Veränderungen über den Kapitalismus hinaus zu verbinden.«[11]

Wer das nächste Mal Ski fahren geht, sollte also reumütig daran denken, dass es unchristlich und erz-kapitalistisch ist. Und auch wer nicht auf zwei Brettern unterwegs ist, sollte sich klar darüber sein, dass es in der Verzichtsdebatte Trittbrettfahrer gibt. Man sollte ihnen nicht den Gefallen tun, die Debatte um ihre Legitimität zu bringen.

Gutsherrenart

Klimaschutz ist der größte anzunehmende Widerspruch: eine Welt-Angelegenheit – die aber individuell gelöst werden soll. Ausgerechnet! Wir wissen ja, wie viel Verlass auf Individuen ist. Jeder von uns ist schließlich selbst eines. Trotzdem ist das Handeln gegen die Klimazerstörung quasi privatisiert, denn die meisten Entscheidungen dazu liegen nach wie vor in privater Hand. Das sind dann so Fragen wie diese: Fahre ich Auto oder nehme ich den ÖPNV, fliege ich in den Urlaub nach Mallorca oder geht es mit dem Zug in den Harz, Fleisch oder vegetarisch zu Mittag? Es ist erstaunlich, dass die Bewältigung eines solchen internationalen Großproblems nach wie vor den Milliarden täglicher Entscheidungen eines jeden von uns überlassen ist. In anderen Bereichen unseres Lebens würden wir das niemals akzeptieren, zum Beispiel bei der Flugsicherheit.

Man stelle sich vor, es würde jedem Einzelnen überlassen, was er an Bord eines Flugzeuges bringen darf oder nicht. Beim Klimaschutz dagegen darf man noch fast alles – oder man lässt es. Das führt zu einer merkwürdigen Ermächtigung von Hinz und Kunz, die im Grunde noch nie so viel globalen Einfluss in ihren Händen hielten wie heute. Da Macht bekanntermaßen für die wenigsten von uns gut ist, führt das zu befremdlichen Erscheinungen, und die am weitesten verbreitete ist die des Umgangs mit dem Klima nach Gutsherrenart. Da wird dann, in völliger Verkennung der Tatsachen, so getan, als sei das Klima einem persönlich untertan, und wenn man einen gnädigen Tag hat, dann gesteht man ihm die ein oder andere Schonung zu.

Um das zu veranschaulichen, soll hier berichtet werden von einem Lehrer-Pärchen, das sich auf Instagram als »Eco-Traveler« vermarktet.[12] Unter »Eco« verstehen die beiden beispielsweise, dass sie »einmal pro Woche« einen »Beach-Cleanup« durchführen, also Plastikmüll vom Stand sammeln – zwei Einkaufstüten voll. Als eine Journalistin sie dabei begleitet, fragt sie, was man denn so aufsammeln müsse. Die Antwort: »Das kannst Du machen, wie Du magst.« Kurze Zeit später folgt der Satz: »Wenn Du vielleicht am ersten Tag am Strand liegst, hast Du vielleicht keinen Bock, dann ist es ja auch o. k.« Später im Interview geht es dann um Fernreisen und Frau Eco sagt dazu: »Wir fänden es blöd, jemandem mit erhobenem Zeigefinger zu sagen, was er zu tun hat und was nicht. […] Wir sind auch selber schon nach Bali geflogen, zum Surfen.«[13] So hört sie sich an, die Gutsherrenart. Auch der männliche Teil des Duos kann damit aufwarten, indem er mit einer Kopfbewegung auf das 2,4-Liter Diesel-Wohnmobil zeigt, mit dem das Pärchen seit zehn Jahren quer durch Europa kurvt. Das sei »auch nicht cool, keine Frage«, sagt er dazu. Um dann zu ergänzen: »Das ist halt so ein Kompromiss, den du machen musst.« Wer macht den Kompromiss: Unsere beiden Reisenden oder das Klima? Und ist das Klima überhaupt kompromissgeneigt? Zweifellos nicht. Ein Sittengemälde aus Zeiten des stattfindenden Klimawandels – und seiner individualisierten Bekämpfung. Zwei Menschen, die sich jeden Tag selbst dazu ermächtigen, zu entscheiden, was für das Klima »o. k.« ist und wo es auch mal einen Kompromiss machen muss. Verzicht ist dann auch keine große Zumutung, wenn man selbst frei darüber befinden kann, auf was man verzichtet, wann man das tut und in welchem Umfang. Funktionieren tut das auf diese Weise natürlich nicht. Das ist so ähnlich, als würde man in Deutschland für alle Straßen das Tempolimit aufheben und darauf vertrauen, dass schon jeder Einzelne genug freiwillig tut, um den Verkehr sicher zu halten. Die Folge wäre nicht vernünftige Selbstbeschränkung, sondern tausende zusätzliche Verkehrstote.

Auch sonst gibt es erstaunlich viele Freifahrscheine, insbesondere bei der Freizeitgestaltung. Jedes noch so klimaschädliche Hobby wird toleriert – als wäre es ein Sakrileg, den hart arbeitenden Menschen auch noch das kleine Glück in der Freizeit zu nehmen. Eines der gravierendsten Beispiele ist das Hobbyfliegen. Man mag es kaum glauben, aber im dicht besiedelten Deutschland darf man Fliegen als Freizeitbeschäftigung ausüben. Und es sind gar nicht wenige, die das tun: Landesweit sind rund 6 500 Kleinflugzeuge zugelassen[14] und der Luftsportverband Deutscher Aero Club führt alleine in seiner Motorflug-Sparte über 11 000 Mitglieder.[15] Dabei ist es nicht nur so, dass diese Damen und Herren fliegen dürfen – sie müssen sogar. Denn das Recht sieht vor, dass man zum Erhalt seiner Lizenz jeweils in einem Zwei-Jahres-Zeitraum 12 Flugstunden nachweisen muss.[16] So kommt es, dass massenweise Kleinflugzeuge über den deutschen Himmel knattern ohne jeden anderen Anlass als den, dass sie auch in Zukunft noch knattern dürfen. Im Jahr 1999 machte in diesem Zusammenhang ein tragischer Vorfall Schlagzeilen. Damals war ein Freizeitpilot mit einem Herzanfall zusammengebrochen und seine 17-jährige Tochter musste das Flugzeug dann landen, obwohl sie keinerlei Ausbildung dafür hatte. Bemerkenswert war die Begründung für den Flug: Die beiden kamen aus Vilsbiburg in Niederbayern und wollten 60 Kilometer nach Vilshofen fliegen, um dort »einen Kaffee zu trinken«. Das habe man »schon öfter gemacht«.[17] Die Flieger sind natürlich nicht die einzige Gruppe, die meint, dass für ihr Hobby Carte blanche gilt, selbst in Zeiten des Klimaschutzes. Zahlenmäßig viel größer ist da zum Beispiel die Motorradfahrer-Community. Laut Kraftfahrt-Bundesamt sind in Deutschland derzeit knapp 4,3 Millionen »Zweirädrige Kraftfahrzeuge« zugelassen, wie es im Amtsdeutsch heißt.[18] Dazu gehören natürlich auch Mofas, aber den Großteil dieses Millionenbestandes dürften die Motorräder ausmachen. Also Fahrzeuge, die für Privatpersonen den denkbar geringsten Nutzwert haben, und daher hauptsächlich als Freizeitfahrzeuge taugen. Die kurven dann einfach so – zum Spaß – durch Deutschland. Und das ist nicht nur ein Klimaproblem, sondern auch ein soziales, denn der Motorradfahrer macht bestimme Landstriche, vor allem an Wochenenden, nahezu unbewohnbar. Dort fällt er dann in Massen ein, zum Beispiel an kurvigen Bergstraßen, und fährt die Strecke mit lustvoll aufheulendem Antrieb ab – gerne auch mehrmals am Tag. Oft reicht der Lärm einer einzigen überzüchteten und lärmgetunten Maschine aus, um ein halbes Dorf nachts aus dem Schlaf zu reißen. Dasselbe passiert auch, wenn ein Krankenwagen mit angeschaltetem Martinshorn durchfährt – aber da ist es notwendig und kein Zeitvertreib. Letztes Beispiel: »Storm chaser«, frei übersetzt: Unwetterjäger. Das sind Leute, die mit ihrem Pkw kreuz und quer durch Deutschland und angrenzende Staaten fahren, um es irgendwo blitzen zu sehen und donnern zu hören. »›Manchmal kommen da schon 700 Kilometer für eine Fahrt zusammen‹, sagt er und lacht.«[19] – so zitiert die Deutsche Welle einen von ihnen. Gut lachen hat derjenige, der dabei den Klimawandel aus seinem Gewissen verdrängen kann. Paradoxerweise tragen die »Storm chaser« mit ihrer exzessiven Fahrerei dazu bei, dass es zu immer mehr der von ihnen so geliebten Extremwetterereignisse kommt, denn der Klimawandel ist eine Ursache dafür. Es ist die perfekte Symbiose zwischen Klimawandel und klimaschädlichem Verhalten. Die Liste solcher Hobbys und ihrer gedankenlosen Betreiber ließe sich noch endlos fortsetzen. Der Schluss daraus dürfte eindeutig sein: Beim Kampf gegen den Klimawandel sind wir aus der Phase der Individualentscheidungen jetzt zwingend heraus. Klimawandel bedeutet, wir haben die Elemente gegen uns aufgehetzt. Das ist groß und bedrohlich. Deshalb muss nun die Entscheidung vom Einzelnen auf die Gesellschaft übergehen. Die Allmacht des Einzelnen bei Klimaschutzfragen geht dann zu Ende.

Über Konsumenten und andere Extremisten

Konsumenten

Es war in diesem Buch schon die Rede davon, dass unser politisches Personal zunehmend die Haltung eines Dienstleisters einnimmt. Dass Serviceorientierung anstelle von Überzeugungen getreten ist, und dass für Inhalte und Überzeugungen nicht mehr gekämpft wird. Stattdessen werden sie einfach dem Markt angepasst – als seien sie ein Produkt.

Wo es Dienstleister gibt, muss es auch Konsumenten geben. Und viele Wählerinnen und Wähler begeben sich denkbar gerne in diese Rolle. Sie ist sehr bequem, denn als reiner Konsument von Politik erspart man sich die Anstrengung eigener Aktivität im politischen Prozess. Shoppen ist schöner als Machen. Dabei ist die Demokratie das einzige System, in dem jeder ein Macher sein kann. Das ist geradezu die Grundidee: Das Volk ist der Souverän. Eine passive Haltung hat da zwangsläufig Rückwirkungen auf die Art, in der Politik gemacht wird. Es ist eine Art Amazonisierung: Man bestellt und erwartet schnellstmögliche Lieferung. Wie und unter welchen Bedingungen das zu bewerkstelligen ist, interessiert nicht. Vor allem will man selbst nichts damit zu schaffen haben. Das ist überhaupt nicht vorgesehen im Weltbild der Polit-Konsumenten.

Natürlich müssen Abgeordnete und Minister auch stellvertretend handeln, wozu unter anderem gehört, Vorgaben und Leitlinien zu machen. Es ist aber falsch, dass man in einer Demokratie Politik sich selbst überlässt und mit der Lösung von Problemen persönlich nicht belästigt werden will. Demokratie ist in ihrem Kern die *gemeinsam* getragene Verantwortung für das *Gemein*wesen. Mehr als alles andere hat das die Corona-Krise gezeigt. Sie konnte nicht stellvertretend gelöst werden. Das war der Super-GAU für Politik-Konsumenten, was man daran gemerkt hat, dass sie völlig aus der Übung waren beim Übernehmen von Verantwortung für das Gemeinwohl.

Das sollte in Zukunft schneller gehen, denn wir haben gesehen, dass es in einer gesellschaftlichen Notsituation Leben retten kann. Die Politik wäre deshalb gut beraten, die Konsumentenhaltung zu bekämpfen, anstatt zu befördern. Gefragt ist ein Aktivierungsprogramm. Volksabstimmungen auf Bundesebene könnten so ein Programm sein. Die sind bis heute nicht vorgesehen, obwohl auf Bundesebene meist die schwerwiegenden Entscheidungen getroffen werden. Volksabstimmungen erlaubt man den Wählerinnen und Wählern bislang nur dort, wo sie vermeintlich nicht so viel kaputt machen können: auf kommunaler und auf Landesebene. Der Grund dafür ist ein tief verwurzeltes Misstrauen vieler politischer Akteure gegenüber den Bürgern, die eher als Laien betrachtet und bisweilen sogar verachtet werden. Als Argument wird vorgebracht, das viele Themen zu komplex seien, um sie direkt vom Volk entscheiden zu lassen. Dafür, so weiter, brauche es professionelle Politiker, die sich hauptberuflich damit befassen. Auch heute noch glauben viele von diesen vermeintlichen Profis, dass sie schon am besten wüssten, was gut für das Volk ist. Da sei es doch dann wohl das Vernünftigste, sie einfach machen zu lassen. Dabei belegen eine Reihe von krassen Fehlentscheidungen, dass die professionelle Politik auch ganz schön daneben liegen kann: Dieselskandal, Stuttgart 21, Autobahnmaut. Oder das jahrelang untätige Hinschauen beim Mangel an Pflegepersonal. Das hat uns dann in der Corona-Krise eingeholt.

Oft wird darauf verwiesen, dass die Väter und Mütter des Grundgesetzes sich bewusst für eine rein repräsentative Demokratie entschieden hätten. Also die Begrenzung des direkten Einflusses der Bevölkerung auf die Politik. Sie hätten so das Schicksal einer zweiten Weimarer Republik verhindern wollen. Da wird so getan, als wäre seinerzeit das Volk der alleinige Akteur gewesen, der die Demokratie ruiniert hat. Fakt ist jedoch, dass letztendlich eine Kamarilla aus konservativen und reaktionären Berufspolitikern, also vermeintlichen Profis, Hitler den Weg in die Reichskanzlei freigeräumt hat. Er selbst hatte nie die parlamentarische Mehrheit dafür, und darüber hinaus waren seine Wahlergebnisse bereits wieder im Fallen als er Reichskanzler wurde. Das Volk begann sich abzuwenden, die Berufspolitiker wandten sich ihm zu. Hauptamtliche Intriganten wie von Schleicher und Hindenburg, sie waren es, die in Hinterzimmern den letztendlichen Griff Hitlers zur Macht ermöglichten, an der Wahlurne war ihm das auf Reichsebene nie gelungen.

Das nach dem Krieg verfasste Grundgesetz kannte trotzdem nur einen Schuldigen: das Volk. Das musste man in Zukunft möglichst raushalten, damit die Demokratie ungestört laufen kann. Die ganze Konstruktion des Grundgesetztes atmet ein permanentes Misstrauen gegen das Volk. Und daran hat sich in all den Jahrzehnten seines Bestehens nicht geändert. »Mehr Demokratie« als unüberhörbar laute Forderung hat man in Deutschland zuletzt in den 1970er-Jahren vernommen, danach nie mehr. Keine relevante politische Kraft legt wirklich ihr Herzblut in eine Ausweitung der Demokratie. Das liegt daran, dass die meisten Angst vor Schlägen haben. Sobald nämlich doch einer wagt, über mehr Demokratie laut nachzudenken, wird der Knüppel aus dem Sack geholt: Weimar, Brexit und die verheerende Volksabstimmung gegen Masseneinwanderung in der Schweiz. »Wollt Ihr das wirklich?« wird dann gefragt und gemeint ist in Wahrheit: »Wollt ihr mit mehr Demokratie alles aufs Spiel setzen?« Demokratie wird geradezu behandelt als Gefahr, wie ein Messer, das ständig gut verwahrt werden muss, damit die Kleinen sich nichts tun. Wer in diesem Bild »die Kleinen« sind, ist klar.

Zu denen gehören aus Sicht der Berufspolitik auch die Demonstrantinnen und Demonstranten von »Fridays for Future«. Gäbe es Einstellungsgespräche für politische Aktivisten, sie würden nicht nur aus einem, sondern gleich aus drei Gründen durchfallen: Zum einen sind sie Amateure, also Leute, die töricht genug sind, zu glauben, Politik könne jeder machen – quasi aus dem Stand heraus. Darüber hinaus sind sie idealistisch, lassen sich also von unvernünftigen Emotionen mitreißen. Und dann sind sie zu allem Überfluss auch noch jung, haben also keinerlei Berufserfahrung. Was die hauptamtliche Politik von solchen Leuten hält, hat der Chef der FDP, Christian Lindner so prägnant wie herablassend in Worte gefasst. Er sprach den Demonstrantinnen und Demonstranten das notwendige Wissen ab und erklärte den Klimaschutz zu einer »Sache für Profis«.[1] Mit Profis meint er, so lässt sich vermuten, die Leute, welche seit zwanzig Jahren keinen wirksamen Klimaschutz zustande bringen. Aber das nur am Rande. Denn viel schwerer wiegt, dass die Lindner-Aussage durchaus deckungsgleich mit dem Geist des Grundgesetzes ist: Politik ist nichts, das man den Bürgern überlassen darf. Genau deshalb gibt es keine Volksabstimmungen auf Bundesebene. Und wenn heute jemand auf die Straße geht, um zu demonstrieren, dann tut er das zwangsläufig nicht, um seine Mitbürger zu überzeugen, denn die haben in Sachfragen ja kein Stimmrecht. Er tut es stattdessen, um die rund zwei Dutzend führenden politischen Entscheidungsträger der Bundesrepublik zu überzeugen. Als Fridays for Future am 20. September 2019 ihren bislang größten Mobilisierungserfolg mit bundesweit mehr als einer Million Demonstranten[2] erreichten, ist diese eine Million durch die Straßen gezogen, um nicht mehr als zwei Dutzend ins Gewissen zu reden. Wenn Gesellschaft ausgewogen sein muss, dann klemmt in Deutschland die Waage ziemlich, angesichts der Tatsache, dass es das politische Gewicht von Millionen braucht, um ein paar Handvoll Leute auf der anderen Seite in Bewegung zu setzen. Ihr Schicksal selbst in die Hand zu nehmen, ist weder den Demonstranten, noch dem deutschen Volk insgesamt möglich. Um diese neo-feudalen Zustände zu ändern, kann man der neuen Klimabewegung deshalb nur raten, nicht nur für die Erreichung von CO_2-Zielen zu kämpfen, sondern auch für Volksentscheide auf Bundesebene. Es wäre wahrscheinlich sogar am sinnvollsten, das zu einer Hauptforderung zu erheben. Denn manchmal ist es wichtig, sich zuerst um gutes Werkzeug zu kümmern, bevor man mit der eigentlichen Arbeit beginnt. Das hat nicht zuletzt der Erfolg des sogenannten »Volksbegehren Artenvielfalt«[3] in Bayern gezeigt. Unter dem Motto »Rettet die Bienen« wollten die Initiatoren verschiedene Änderungen der Grünlandbewirtschaftung sowie des Gewässerschutzes durchsetzen, um damit die Artenvielfalt zu bewahren. Der Gesetzestext, welcher da zur Abstimmung kam, war von einer Konsequenz, wie sie die Berufspolitik in Bayern bei diesem Thema nie an den Tag gelegt hatte und hätte. Über das Instrument Volksabstimmung jedoch – und man muss sagen: nur über dieses Instrument – konnte das Anliegen durchgesetzt werden. Das zeigt, dass der Einsatz für systemische Änderungen nicht weniger wichtig ist, als der für die eigentlichen politischen Forderungen. Wie anders wäre die politische Landschaft in Deutschland, wenn es diese Volksabstimmungen auch im Bund gäbe. Dann könnte eine Bewegung wie Fridays for Future mit ihrer Mobilisierungsmacht erheblich mehr Einfluss ausüben. Jedenfalls mehr, als nur für ein bis zwei Tage nach großen Protestwellen die Medien zu dominieren.

Ein bedeutender Teil der Berufspolitik agiert ja in einem offensichtlichen Widerspruch: einerseits krasses Wähler-Anbiedern auf Twitter[4], andererseits betonharte Wählerblockade, wenn es um bundesweite Volksabstimmungen geht. Manche scheinen zu glauben, sie könnten die Wählerschaft mit belanglosen Tweets abspeisen, anstatt ihr wirklich mehr Macht und Einfluss zu ermöglichen. Noch schlimmer: Viele denken womöglich, dass die Zielgruppe diese Scharade nicht bemerkt und sich wertgeschätzt und einbezogen fühlt. Dumm, dümmer, Volk. Vor diesem Hintergrund ist es auch eine Frage der Selbstachtung der Wählerinnen und Wähler, mehr Demokratie zu fordern. Wer meint, dass die Demokratie schon im 21. Jahrhundert angekommen ist, weil er unablässig Tweets absetzt, der irrt. Sie ist dann auf dem Stand der Zeit, wenn sie wesentlich umfassender ist, als sie es bisher war. Demokratie im 21. Jahrhundert, das ist die Überall-Demokratie. Und wenn es die gibt, kann unter anderem die Frage eines konsequenten Klimaschutzes endlich klar entschieden werden – so oder so. Dann könnte auch der Archetyp des Polit-Konsumenten in den Ruhestand geschickt werden. Dessen Platz nähme dann der mündige Bürger ein.

Extremisten

Ein Gedankenexperiment:

Extremisten sucht man reflexhaft erst einmal links oder rechts. »Wo sollten sie auch sonst sein?«, denkt man. »Da waren sie schließlich schon immer«. In der Mitte sucht niemand. Die Mitte der Gesellschaft hat es im Laufe der Jahrzehnte geschafft, dass qua Definition keiner dort extremes Verhalten vermutet. Aber gilt das noch – in Zeiten des Klimawandels? Ist es nicht so: Wer heute noch achtlos nach Wohlstandsmehrung strebt, ignoriert die Realität des Klimawandels und seiner tödlichen Folgen. Kurz gesagt: Aus ökologischer Sicht ist plumpes Wirtschaftswachstum Extremismus. Und die sogenannten Parteien der Mitte sind dann radikale Parteien. Denn sie sind es, die seit Jahrzehnten dogmatisch am Konzept des nie enden wollenden Wachstums festhalten. Sie verfügen über ein geschlossenes Weltbild, bestehend aus den ideologischen Pfeilern: Eigenheim, Auto und zwei Urlaube pro Jahr. Dabei verhalten sie sich – wie alle Extremisten es tun – verfassungsfeindlich, denn sie verstoßen offensichtlich gegen Artikel 20a des Grundgesetzes. Der scheibt den Schutz der natürlichen Lebensgrundlagen vor. Eigentlich müsste man sie deshalb verbieten. Der Verfassungsschutz hätte sogar leichtes Spiel, weil die Wortführer aus ihrer radikalen Haltung gar kein Geheimnis machen. »Jetzt kümmern wir uns erst mal um die Wirtschaft und dann ums Klima«, so ein verbürgtes Zitat von Wirtschaftsminister Altmaier anlässlich seines Amtsantrittes.[5] Allen Extremisten ist gemein, dass sie einen bestimmten Aspekt des Daseins erdrückend überbewerten, und damit alles andere plattmachen. Bei den Rechten ist das die Nation, bei den Linken das Eigentum. Bei den Extremen der Mitte ist es die Wirtschaft. Jahrzehntelanges störrisches Festhalten an Kohlebergbau, Verbrennungsmotor und Inlandsflügen sind die politischen Belege dafür. Wie alle Radikalen funktionieren auch die in der Mitte nicht über Reflexion, sondern über Reflexe. Die setzen jedes Mal zuverlässig ein, wenn es beispielsweise auf EU-Ebene um strengere Emissionswerte für Fahrzeuge geht. Und es sind ja nicht nur die Anführer, sondern auch die Anhänger. Der bisweilen geifernde Zorn, mit dem sie in deutschen Städten gegen Fahrverbote demonstriert haben, zeigt, dass die Saat aufgegangen ist.

Gewohnheiten sterben langsam – und am langsamsten die, dass man stets bekommt, wonach es einen gelüstet. Aber sterben muss sie, diese Gewohnheit. Klima, Gesundheit, Sozialstaat: Alles gefährdet sie und nichts davon ist zu retten ohne ein Mindestmaß an Verzicht. Deshalb ist die eigentlich extremistische Haltung die, auf nichts verzichten zu wollen. Die neuen Radikalen sind nicht die Langhaarigen, sondern die Langstreckenflieger, SUV-Fahrer und Bierbauchträger. Und diese Radikalen machen eine Erfahrung, die Radikalen sonst verwehrt bleibt: Sie sind in der Mehrheit. Der Gedanke ist interessant: Sind Leute, die dem Porsche Club[6] angehören, bald Mitglieder einer terroristischen Vereinigung? Ist die zukünftige Waffe des Widerstandes nicht die Kalaschnikow einer RAF, sondern das Gaspedal der SUV-Fahrer? Und treten die Radikalen der Zukunft nicht *für* eine andere Gesellschaft ein, sondern *dagegen*? Wie sähe ein Anschlag dieser Radikalen aus? Zehn Mal mit dem SUV um den Block fahren ohne Anlass? Einmal Australien hin und zurück, nur weil die Lieblingsspeise gerade auf dem Bordmenü steht? Wer jetzt denkt, »das ist undenkbar«, der dürfte sich irren. Ihm oder ihr sei das Phänomen »Coal

Roller« geschildert. Darunter versteht man den Umbau eines Fahrzeuges mit dem Ziel, den Rußausstoß auf das Maximum zu erhöhen. Richtig gelesen: erhöhen. In den USA ist das spätestens seit der Amtszeit von Barack Obama ein offizieller Trend und die YouTube-Videos, welche man dazu finden kann, sind Legion. Hier ist der Widerstand der Zukunft bereits zu besichtigen. Denn die Fahrzeuge der »Bewegung« sind explizit als provokantes Statement gegen jede Form der Umweltpolitik, des Verzichts und der Beschränkung gedacht.[7] Eine Möglichkeit, das technisch zu erreichen, ist ganz simpel der Ausbau des Partikelfilters. Dazu kommen dann noch weitere Modifikationen, welche besonders dichten Rauch erzeugen. Eingenebelt werden gerne nachfolgende Elektro- oder Hybridfahrzeuge. Wenn das in heutigen Zeiten nicht als Anschlag gelten kann, was dann?

Ende des Gedankenexperimentes. Es ist ein Fingerzeig darauf, dass »Mitte« nicht automatisch »gemäßigt« ist. Diese Gleichung geht nicht mehr auf.

Nicht erschrecken – es ist nur Verzicht

Das 21. Jahrhundert

Kein Zeitalter verabschiedet sich ganz spurlos aus der Geschichte. Jedes verewigt sich auf seine Weise. So wie auf einer Dorflinde, in die Generation um Generation ihre Namen schnitzt. Das 20. Jahrhundert hat sich tief eingeprägt mit seinen Kriegen. Das 19. Jahrhundert mit der Industrialisierung, das 18. durch die Aufklärung und das 17. hat den Welthandel gebracht. Was wird die Prägung unseres Jahrhunderts sein? Werden es Pandemien sein? Vielleicht. Aber viel wahrscheinlicher ist, dass das 21. Jahrhundert mit etwas in die Geschichte eingeht, von dem wir ahnen, dass es sein muss, aber es bislang verdrängen: Verzicht. Es wird das Jahrhundert des Verzichts. Das Zeitalter, in dem der Mensch von den Höhen seiner Errungenschaften wieder heruntersteigt und sich mit weniger begnügt, weil er ein Einsehen in die Notwendigkeit hat.

Verzicht wird eine der Schlüsselqualifikationen wohlhabender Gesellschaften für die kommenden 100 Jahre sein. Vielleicht wird man den Verzicht später, in der Rückschau, als Übergangsphase betrachten können, möglicherweise wird er aber auch ein Dauerzustand bleiben.

Überwindung

Grundsätzlich ist dem Menschen Entbehrung nichts Fremdes. Man kann eher schon von einer großen Vertrautheit sprechen, weil weite Teile der Geschichte davon gezeichnet sind. Kriege, Hungersnöte, Naturkatastrophen oder einfach nur schlechte Regierungsführung – Anlässe und Auslöser gab und gibt es zuhauf. Speziell die Liste der Hungersnöte ist endlos und voll von Dramatik. Über eine Hungersnot im Jahr 436 vor Christus in Rom wird berichtet, dass sich tausende von Römern aus Verzweiflung in den Tiber gestürzt hätten. Während des Gotenkrieges im 6. Jahrhundert, so kann man nachlesen, kauerten Menschen »wie Tiere« auf dem Boden und rupften Gras aus, um es zu essen.[1] Bei einer großen Hungerkatastrophe im Jahr 1770 in Indien starben nach Schätzungen zehn Millionen Menschen.[2] Eine kaum zu begreifende Größenordnung. Europa traf es zur selben Zeit ebenfalls hart und das in Serie: Die Jahre 1770 bis 1772 brachten ausschließlich Missernten. Ganz Mitteleuropa und viele angrenzende Länder waren betroffen.[3] Und im Ersten Weltkrieg wurde auch nicht nur auf den Schlachtfeldern gestorben. Alleine Deutschland war über den gesamten Verlauf des Krieges mit über 400 000 Hungertoten konfrontiert.[4] Alle diese Erfahrungen haben tiefe Spuren in unserem kollektiven Bewusstsein hinterlassen. Genau deshalb gilt: Verzicht ist eine Überwindung. Es widerstrebt uns zutiefst, zu verzichten, weil es sofort Erinnerungen an schlimme und schlimmste Zeiten der Geschichte weckt. Es wäre ahistorisch, das zu ignorieren. Wer sich nach etwas sehnt, das eigentlich zu seinem täglichen Leben gehört, es aber nicht mehr haben darf, in dem läuft bewusst oder unbewusst der grausige Farbfilm der großen Entbehrungskatastrophen ab. Selbst relativ mäßige Verzichtsforderungen werden durch diesen Mechanismus nahezu unvermeidlich hysterisiert. Ganz besonders dann schlagen die Wellen hoch, wenn es um den Verzicht auf Nahrungsmittel geht. Unvergessen ist der Shitstorm, welcher über die Grünen hereinbrach, als sie im Bundestagswahlkampf 2013 einen fleischlosen Tag als Standard in öffentlichen Kantinen forderten. Das Vorhaben ist unter dem inzwischen so berühmt wie berüchtigten Namen »Veggy day« bekannt geworden.[5] Es steht zu vermuten, dass das für die Partei enttäuschende Ergebnis der Wahl – 8,4 Prozent – auch darauf zurückzuführen ist. Für die Politik ist daraus ein nicht zu unterschätzender Lerneffekt entstanden: Wer Wahlen verlieren will, muss den Verzicht predigen. Davon könnte auch ein gewisser Oskar Lafontaine berichten, der sich vor und im Wiedervereinigungswahlkampf 1990 nicht so recht der nationalen Euphorie anschließen mochte. Stattdessen wies er lieber auf die finanziellen Herausforderungen hin, die da kommen werden. Das klang dann im Originalton so: »Und ich sage an die Adresse der Bürgerinnen und Bürger der Bundesrepublik: Sie werden auf einiges verzichten müssen. Denn Solidarität ist kein Lippenbekenntnis, sondern verlangt die Hilfe derjenigen, die geben können.«[6] Sein Gegenspieler Helmut Kohl sprach da lieber – wider besseren Wissens[7] – von »blühenden Landschaften«, die in den neuen Bundesländern entstehen würden. Die Quittung für die SPD kam prompt: Das Ergebnis der Partei fiel von 37 Prozent auf 33,5 Prozent.[8] Und das Phänomen ist keinesfalls nur ein deutsches. In Australien hatten im Mai 2019 Parlamentswahlen stattgefunden. Die Demoskopen fanden heraus, dass Klimaschutz eines der wichtigsten Themen für die Wählerinnen und Wähler sei. Die Labor-Party wollte liefern und stellte unter anderem die Wiedereinführung der einige Jahre zuvor abgeschafften CO_2-Steuer in Aussicht. Das wurde zu einem ganz schönen Rohrkrepierer: Die Partei stürzte schlagartig ab vom Umfragenführer zum Wahlverlierer. Die Konservativen blieben stattdessen an der Regierung. Ihr Wettbewerbsvorteil lag darin, dass sie keine weiteren Belastungen angekündigt oder Verzichtsforderungen erhoben hatten.[9] Merke: »Verzicht« ist ein Reizwort, das in Wahlkämpfen Abneigung erzeugt. Denn er kostet eine Überwindung, die viele nicht aufzubringen bereit sind.

Aus diesem Grund hört man Politiker seit Jahren verbale Tänzchen aufführen, wie Bären auf der heißen Platte, wenn es um Verzicht geht. So brach beispielsweise im August 2019 eine Sommerloch-Diskussion über die Einführung einer Fleischsteuer aus. Ziel des Vorschlages war es, erstens die Wertigkeit von Fleisch zu erhöhen und zweitens damit bessere Haltungsbedingungen für die Tiere zu finanzieren.[10] Das rief unter anderen die Landwirtschaftsministerin eines großen Bundeslandes auf den Plan. Sie ließ verlauten, das sei nicht zielführend. Viel wichtiger sei ein »bewusster Umgang mit Fleisch«. Im Übrigen sei ihre Politik darauf gerichtet, »neue Möglichkeiten zu eröffnen und keine Verbote zu verhängen«.[11] Bei letzterem handelt es sich um eine Standardphrase aus dem rhetorischen Arsenal des politischen Personals. Sie wird immer dann gerne genommen, wenn es darum geht, notwendigen Verzicht verbal unfallfrei zu umgehen. Szenenwechsel: Wir befinden uns im September 2019, bei den Verhandlungen zum Klimapaket 2030. Für die hatte der Kanzleramtsminister, Mitglied der CDU, laut Presseberichten von Anfang an die Parole ausgegeben, dass seine Partei »alles ablehnen werde, was nach Verbot aussehen könnte«.[12] Und als im März 2019 der Bundesverkehrsminister gefragt wird, warum er so wenig konkrete Vorschläge aus seinem Bereich zum Thema Klimaschutz vorlege, war seine offenherzige Antwort: »Weil das meine Politik ist. Ich komme nicht über die Ecke Verbote, Einschränkungen und Verteuerungen. Ich komme über die Ecke Anreize, Begeisterung, neugierig machen, Förderung, Innovation.«[13] Gerade im Verkehrsbereich, der einerseits in Deutschland emotional hoch aufgeladen ist und andererseits seit Jahren keine Emissionsreduktion vorzuweisen hat, sind solche Pseudolösungen weit verbreitet. So kann man beispielsweise jedes Mal dann, wenn in einer Stadt Fahrverbote drohen, die Uhr danach stellen, bis ein Kommunalpolitiker oder ein Interessenverband auftritt, der die »Grüne Welle« fordert. Die soll den Verkehrsfluss verbessern und in der Folge die Emissionen reduzieren.[14] Das Problem daran: Die Forderung kennt man schon seit 20 Jahren und sie ist, je nach Örtlichkeit, entweder nicht verwirklichbar oder bringt bei Weitem nicht den gewünschten Reduktionseffekt.[15] Ganz abgesehen davon, dass durch eine solche Grüne Welle für Kraftfahrzeuge ausgerechnet die Verkehrsteilnehmer noch stärker ausgebremst würden, welche *für* Klimaschutz sorgen: Fußgänger und Radfahrer. Aber das nimmt man offenbar in Kauf, denn auch hier gilt: Bloß nichts verbieten, bloß keinen Verzicht vorschreiben, sonst folgt die Strafe des Wählers auf dem Fuße.

Allerdings ist die Sache deshalb nicht hoffnungslos. Denn beim Verzicht, vor allem wenn es um Alltagsgewohnheiten geht, gibt es eine psychologisches Davor und Danach. »Davor« ist geprägt von Sträuben und Widerstand, danach oft von einer völlig unspektakulären Anpassung des Verhaltens, genannt »Gewöhnung«. So mag man es heute kaum glauben, dass Mitte der 1970er Jahre das Verbot, unangeschnallt Auto zu fahren, zu einem regelrechten Kulturkampf geführt hat. Das Muster von damals erkennt man auch in vielen Auseinandersetzungen der Gegenwart wieder: Die einen fühlten sich missioniert und eingeschränkt, die anderen sahen in den Gurtmuffeln aggressive Egoisten. Nach langem Hin und Her (zu Anfang war der Verstoß gegen die Anschnallpflicht nicht mit einem Bußgeld belegt) kam es dann zur klaren Ansage des Gesetzgebers: Niemand fährt mehr ohne Anschnallen, und wer es trotzdem tut, der zahlt.[16] Nicht nur, aber auch deshalb, ist die Zahl der Verkehrstoten rapide gesunken: von mehr als 21 000 Menschen im Jahr 1971 auf 3 377 im Jahr 2014. Und wie viele Fahrerinnen und Fahrer schnallen sich heutzutage an? Rund 98 Prozent.[17] Man hat es eingesehen, man hat sich daran gewöhnt.

Auch bei der Promillegrenze gab es ein Hängen und Würgen, bis sie dort angekommen war, wo sie heute ist: bei 0,5. Als diese Zahl im Jahr 2001 festgeklopft wurde, geschah es gegen die Stimmen der unionsgeführten Bundesländer.[18] Heute wird die Grenze höchstens dahingehend noch in Frage gestellt, ob sie weiter abgesenkt werden sollte. Aber höher will keiner mehr.

Gleiches gilt für das Rauchverbot in Gaststätten. Auch in diesen Konflikt ist zwischenzeitlich Entspannung eingekehrt. Die heutige Situation unterscheidet sich somit wohltuend von den Jahren 2007 und 2008, als es eingeführt wurde. Damals fand zu dem Thema so eine Art Schlammcatchen statt. Mittendrin viele passionierte Kneipengänger, die das Verbot als eine Art Freiheitsberaubung betrachtet haben. Auch die Wirte mischten kräftig mit, indem sie düstere Bilder vom Niedergang der Kneipenkultur an die Wand malten.[19] Inzwischen haben sich die Kneipiers arrangiert, und das Rauchverbot hat am allgemeinen Zustand der Branche kaum etwas zum Negativen geändert.[20] In der Bevölkerung liegen die Zustimmungsraten bei deutlich über 70 Prozent. Selbst von den Gelegenheitsrauchern stören sich rund 70 Prozent nicht an den Einschränkungen.[21]

Man kann nahezu beliebig weit in die Geschichte zurückgehen und wird dabei auf mehr und mehr Vorgaben stoßen, die heute auf breiter Front akzeptiert sind oder gar nicht mehr als solche empfunden werden. Dazu gehört – ja, tatsächlich – auch die Schulpflicht. Mal abgesehen von den Schülern selbst nimmt heute niemand mehr Anstoß daran, dass sie existiert. Das war bei ihrer Einführung ganz anders. So wissen wir aus Berichten, dass der Widerstand in Preußen groß war, als König Friedrich Wilhelm I. im Jahr 1717 die allgemeine Schulpflicht verfügt hat. Seine eigene Landesverwaltung war dagegen (wegen der Kosten), aber auch die Eltern, die Gutsherren und die Kirchen.[22] Mag bei manchen Eltern der Grund des Widerstandes in ihrer Armut zu suchen gewesen sein, so trifft das sicherlich nicht auf die Kirche und die Gutsherren zu. Die konnten mit einer ungebildeten Bevölkerung einfach mehr anfangen.

Und wenn man über Schulpflicht spricht, dann ist die Frage der Kinderarbeit nicht weit, denn beides korrespondiert miteinander. Dass Kinder schuften mussten, war spätestens mit Beginn der Industrialisierung ein weit verbreitetes Phänomen. Dafür gab es eine ganze Reihe von Ursachen, unter anderem, dass es den Begriff der Kindheit, in Form einer eigenständigen Lebensphase, gar nicht gab[23]. Außerdem profitierten die Eigentümer der Fabriken ökonomisch enorm von den billigen und leicht zu kontrollierenden Arbeitskräften. Kein Wunder also, dass gerade aus dieser Ecke erbitterter Widerstand gegen ein Verbot der Kinderarbeit kam. Zur Begründung wurde auch damals schon das, anscheinend ewig gültige, Mantra der Unternehmer hergebetet, dass staatliche Eingriffe die Produktion verteuerten und man dann chancenlos gegen die Konkurrenz im Ausland sei.[24] Trotzdem kam es dann im Jahr 1839, in Preußen, zum ersten Gesetz gegen Kinderarbeit in Deutschland.[25] Es war nur ein Anfang, der noch wesentlich ausgebaut werden musste, bis der heutige Standard erreicht werden konnte. Aber, und das ist entscheidend, heute stellt kein vernünftiger Mensch das Verbot der Kinderarbeit mehr in Frage – auch nicht die Unternehmer. Aus anfänglichem, erbitterten, Widerstand wurde breite Akzeptanz. Und – by the way – die deutsche Industrie ist daran nicht zugrunde gegangen, obwohl ihre Propagandisten genau das seinerzeit prophezeit hatten. Daran sollte man sich erinnern, wenn Unternehmer auch heute regelmäßig in Schwarzmalerei verfallen, sobald Klimaschutzauflagen für sie im Gespräch sind.

Am Ende dieser Reihe, nämlich jetzt, landen wir beim größten Verzicht, den wir kollektiv zu leisten bereit sind. Das geht zum Teil schon seit Jahrhunderten so und auch hier gilt: In der Regel nehmen wir ihn nicht mehr wahr. Es geht um das, was Sigmund Freud in seiner Schrift »Das Unbehagen in der Kultur«[26] so beschreibt:

»Das menschliche Zusammenleben wird erst ermöglicht, wenn sich eine Mehrheit zusammenfindet, die stärker ist als jeder Einzelne und gegen jeden Einzelnen zusammenhält. Die Macht dieser Gemeinschaft stellt sich nun als ›Recht‹ der Macht des Einzelnen, die als ›rohe Gewalt‹ verurteilt wird, entgegen. Diese Ersetzung der Macht des Einzelnen durch die der Gemeinschaft ist der entscheidende kulturelle Schritt. Ihr Wesen besteht darin, dass sich die Mitglieder der Gemeinschaft in ihren Befriedigungsmöglichkeiten beschränken, während der Einzelne keine solche Schranke kannte.«

Will heißen: Bevor es das gab, was man als »Gesellschaft« bezeichnen könnte, war jeder Mensch in der Lage, seinen Trieben ungehemmt freien

Lauf zu lassen. Das mag individuell äußerst erfüllend gewesen sein, für die Menschheit als Ganzes aber die Hölle. Es kamen dann Neuerungen wie Zivilisation und Gesellschaft zur Rettung, und seitdem lautet der Deal: Wer mit anderen friedlich und sicher zusammenleben will, erkauft sich das durch den Verzicht auf volle Triebbefriedigung. Diese Entsagung ist so einleuchtend, dass wir also selbst unsere Triebe dafür unter Kontrolle halten, und trotzdem dauert sie schon lange an und wird kaum mehr wahrgenommen. Das liegt zweifellos daran, dass das Preis-Leistungs-Verhältnis unschlagbar ist. Denn für die Selbstbeschränkung bekommt man im Gegenzug Sicherheit vor Mord, Totschlag und Faustrecht. Da muss man nur einmal die Menschen in Somalia oder Libyen fragen, die würden sicher mit Freuden bestätigen, dass das ein guter Deal ist. Und sie würden ihn zweifellos gerne auch eingehen, wenn man sie denn ließe.

Am Ende steht also die Erkenntnis, dass Verzicht und Gewohnheit gute Kumpane sind. Und das hilft doch sehr, denn ersterer wird erträglich durch die Gegenwart des letzteren. Das sollte man immer bedenken, wenn man sich den Kulturkämpfen der Gegenwart zuwendet. Einer davon tobt um das allgemeine Tempolimit auf Autobahnen. Fakten und Vernunft sprechen ganz klar dafür. Trotzdem wird auch hier um Selbst- und Fremdbestimmung gestritten, als ginge es um Sein oder Nichtsein. So kommt es, dass Deutschland zu den wenigen noch verbliebenen Ländern ohne ein generelles Tempolimit gehört. Dabei ließe sich damit nicht nur CO_2 einsparen – bei 120 km/h auf Autobahnen zwischen 2 und 3,5 Millionen Tonnen[27] – sondern auch die Zahl der Unfallopfer nachweislich reduzieren.[28] Trotzdem wird schweres Geschütz dagegen aufgefahren. Man redet davon, dass Bürger »gegängelt« werden sollen und apostrophiert das Ganze als »ideologische Verbotsdiskussion«.[29] Das zeigt Wirkung: Erst im Oktober 2019 scheiterte im Bundestag der Antrag auf Einführung von 130 km/h auf Autobahnen krachend mit 498 zu 126 Stimmen.[30] Dabei könnte man jede Wette eingehen, das lehren ja schließlich die Erfahrungen der Vergangenheit, dass spätestens die nächste Generation sich an ein Tempolimit gewöhnt hätte und es nicht mehr in Frage stellen würde. So wie beispielsweise in den Niederlanden, wo eben diese 130 km/h galten. »Galten« deshalb, weil unsere Nachbarn im Jahr 2020 noch einen Schritt weiter gegangen sind und das Limit tagsüber auf 100 km/h (!) gesenkt haben.[31] Übrigens explizit mit der Begründung, den Ausstoß von Stickoxiden zu senken.[32] Man hat nicht gehört, dass das Tempolimit den gesellschaftlichen Niedergang eingeleitet oder die individuelle Freiheit der Menschen ruiniert hätte. Immerhin erreichen die Niederlande im bekannten Freiheitsindex der Organisation »Freedom House« einen Gesamt-Score der um vier Punkte über dem von Deutschland liegt.[33]

Trotz der erfreulichen Erkenntnis, dass Gewohnheit hilft, darf man natürlich nicht ins andere Extrem verfallen und versuchen, den Verzicht philosophisch schönzureden. Manch einer tut das ja, indem er mit leuchtenden Augen berichtet, wie bereichernd und befreiend das Gefühl sei, das mit dem Verzicht eintrete. Andere verfallen vermeintlich in intellektuelle Verzückung über die Freuden der Askese. Wenn dem wirklich so wäre, dann wäre Verzicht die beliebteste Menschheitsbeschäftigung neben Sex – und alle sähen aus wie Gandhi. Natürlich ist es nicht so. Man sollte daher mit dem weniger spektakulären Konzept der Gewöhnung vorliebnehmen, denn das funktioniert nachweislich und ist realistisch. Zu Anfang fällt es noch auf, dass man auf etwas Bestimmtes verzichtet, irgendwann gewöhnt man sich jedoch daran und die entstandene Lücke schließt sich, ohne dass wir es noch wirklich wahrnehmen. Wir sind ja nicht süchtig nach Kreuzfahrten oder SUVs, so wie der Fixer nach Heroin. Sie sind einfach nur ein angenehmer Aspekt unseres Daseins. Aber niemand wird Entzugserscheinungen bekommen, wenn der SUV nicht mehr in der Auffahrt steht. Das fällt einem selbst – und natürlich den Nachbarn – im ersten halben Jahr noch auf und dann nicht mehr. Danach ist gut. Vieles am Verzicht erscheint dann am bedrohlichsten, wenn nur die Rede davon ist. Wenn man es aber tatsächlich umsetzt, verliert es seinen Schrecken. Deshalb wäre die beste Strategie, damit umzugehen: Einfach mal machen. Die ewige aufgeregte Diskussion um bestimmte Verzichtserfordernisse ist nervenzehrender als der Verzicht selbst.

Der kleine Bruder

Es gibt immer wieder Gruppen von Menschen, die mehr oder minder freiwillig auf Dinge verzichten. So existieren in vielen Religionen Fastenzeiten. Die katholische Kirche beispielsweise erlegt ihren Gläubigen ein immerhin vierzigtägiges Fasten zwischen Aschermittwoch und Karsamstag auf.[34] Der Islam hält eine ähnliche Bürde für seine Gefolgsleute bereit: den Fastenmonat Ramadan, welcher einen kleinen Discount gegenüber den Katholiken enthält, denn da dauert das Magenknurren nur maximal 30 Tage.[35] Der Buddhismus, eine Religion, die den Verzicht quasi zum Markenkern erkoren hat, begnügt sich dagegen mit einem einzelnen offiziellen Fastentag.[36] Die Hindus andererseits können sogar auf einen weltberühmten Vorhungerer verweisen: Mahatma Gandhi. Noch heute tun es ihm Gläubige nach.[37] Bleibt noch die letzte Weltreligion, das Judentum. Auch hier gibt es historische Vorbilder, an denen sich die Gläubigen orientieren. König David, so heißt es, habe sich aufs Fasten besonnen, als sein Sohn schwer krank wurde.[38] Nicht verwunderlich, dass das Judentum mehrere offizielle Fastentage, wie zum Beispiel Jom Kippur, kennt.[39]

Alle menschlichen Grundbedürfnisse sind letztendlich Gegenstand von Enthaltsamkeitsphantasien. Gerade bei der Religion scheint damit auch eine Art Hingabe an den höheren Sinn verbunden zu sein. Andererseits hat Enthaltsamkeit auch das Zeug dazu, ein Gefühl von Macht und Selbstbestimmung auszulösen. Das tritt dann ein, wenn man von sich selbst mit Stolz behaupten kann, die eigenen Triebe bezwungen zu haben. Eine Mischung aus allem dürfte wahrscheinlich die Anhänger der sogenannten NoFap-Bewegung[40] motivieren, die – woher auch sonst – aus den USA kommt. Sie propagiert den Verzicht auf Selbstbefriedigung und Pornographie-Konsum. Bei Pornographie mag man sich streiten, aber Selbstbefriedigung ist nachgewiesenermaßen nicht schädlich.[41] Trotzdem soll man sie unterlassen. Was anderes könnte das sein als eine Übung in Souveränität – Geist schlägt Körper.

Solche Vergewisserungen der Überlegenheit über sich selbst sind fast automatisch mit dem Empfinden verbunden, etwas Besonderes zu sein, sich von der Masse abzuheben. Bei jedem aufkommenden Trend kann man die Uhr danach stellen, bis die ersten dazu aufrufen, sich zu verweigern. Die Älteren werden sich noch erinnern, dass mit dem Aufkommen der privaten Fernsehsender auch die Mahner auf den Plan traten, die eine Reduktion des Fernsehkonsums forderten. Dasselbe beim Fast Food: Kaum hatte es große Beliebtheit erlangt, fanden es viele schick, sich demonstrativ davon abzuwenden. Und gegenwärtig trifft es vor allem die sozialen Medien: Digital Detox oder Medienfasten heißt hier der Trend gegen den Trend. Der Internet-Kritiker und (!) Microsoft-Mitarbeiter Jaron Lanier ist einer der Gurus, und sein Werk »Zehn Gründe, warum du deine Social-Media-Accounts sofort löschen musst«[42] quasi das Gesangsbuch der Bewegung. Soziale Medien sind nach seinem Urteil Instrumente der Charakterdeformierung, mehr noch: Mist, der uns alle verdirbt.[43] Twitter, so Lanier, mache »die Welt kaputt« und Facebook leiste »Zerstörungsarbeit«. Sein Rat deshalb: Lieber gar nicht digital vernetzt als schlecht.[44] Schön für ihn, dass dieser Rat ein hohes Potenzial für Trendverweigerer hat, denn das hat sein Buch zum Bestseller gemacht. Zumindest eine positive Rückwirkung hätte Digital Detox möglicherweise: die Rückkehr der Geduld. Die scheint uns ja durch die sozialen Netzwerke tatsächlich etwas abhandengekommen zu sein. Dabei ist sie so notwendig, gerade wenn es um vorausschauendes Handeln geht. Das nämlich verlangt, dass man womöglich über Jahre und Jahrzehnte ohne positive Rückmeldung auf das eigene Tun auskommt – und trotzdem nicht damit aufhört, weil es eben richtig ist. Wer heute beispielsweise die Einleitung von Stickstoffen in Flüsse und Seen stoppt, der wird in manchen Fällen erst in 20 bis 30 Jahren positive Veränderungen erleben.[45] Der Prozess braucht eben Zeit. Aber wer soll die Geduld dafür noch aufbringen – im Zeitalter von Twitter, Instagram und Facebook? Bei all diesen sozialen Netzwerken liegen Aktion und Reaktion nur Sekunden auseinander, nicht Jahrzehnte. Auf diesen Sekundentakt sind wir zunehmend konditioniert.

Zurück zum Verzicht als charakterlicher Übung. Dessen Bedeutung wird auch dadurch belegt, dass Menschen bereit sind, für manchen Verzicht zu bezahlen, was sie nie tun würden, wenn es ausschließlich eine Entbehrung für sie wäre. Man hat jedenfalls noch nie davon gehört, dass in Afrikas Hungerregionen Fasten ein Geschäftsmodell darstellt. Bei uns dagegen schon. So spricht zum Beispiel der Leiter einer Klinik für Heilfasten, exklusiv gelegen am Bodensee, vom »Luxus des Verzichts«. Das war seine Reaktion auf die Bemerkung eines Journalisten, dass in der Klinik 2 000 Euro pro Woche dafür verlangt würden, den Gästen das Essen und das eigene Handy vorzuenthalten.[46]

Ungeachtet dessen, wie teuer oder günstig die in diesem Kapitel beschriebenen Arten des Verzichtes sind, sie haben einen Nachteil: Allesamt sind sie recht flüchtiger Natur. Denn man kann sie ablegen und unterlassen, wann immer man will. Sie sind sozusagen à la carte. Das gilt für eine

Religion genauso wie für die Keuschheit oder das Heilfasten am Bodensee. Das alles ist dem Goodwill des Einzelnen unterworfen, und die Welt geht auch nicht unter, wenn man es nicht macht. Ganz anders beim Klimaverzicht. Der ist obligatorisch, wegen der fatalen Folgen des Klimawandels. Man kann also festhalten, dass viele geübte Arten des Verzichts eher eine Frage des Lifestyles sind. Sie sind sozusagen der kleine Bruder des ernsthaften Verzichts.

Der aufklarende Blick

Es ist eine universelle Lebenserfahrung: Man vermisst die Dinge erst dann, wenn man sie nicht mehr hat. Was als selbstverständlich gilt, wird kommentarlos konsumiert, aber oft nicht wertgeschätzt. Verzicht kann da für einen aufklarenden Blick sorgen. Erst durch ihn werden wir gewahr, was wir alles schon haben. Das wäre immerhin eine wichtige Erfahrung in all dem Jammer, der trotz unseres Wohlstandes wie ein Grundrauschen stets präsent ist. Gerade die Deutschen stehen ja, wohl nicht ganz zu Unrecht, in dem Ruf, notorisch eher das Glas halb leer anstatt halb voll zu sehen. Das Klagen im Land reißt auch tatsächlich nie ab. Irgendetwas ist immer schlecht und meist sogar viele Dinge gleichzeitig. In anderen Ländern ist das natürlich nicht anders, aber im Unterschied zu uns spielen die negativen Aspekte des Lebens nicht die Hauptrolle im kollektiven Bewusstsein. Man genießt lieber das Leben anstatt die Untergangsstimmung. Bei uns dagegen: Die Renten sind nicht mehr sicher, die Industrie nicht mehr zukunftsfähig, die überbordende Bürokratie eine Drangsal und Raider heißt jetzt Twix – auch das noch! Dabei leben wir in Zeiten, die jeder Mensch der Vergangenheit als die besten überhaupt einstufen würde. Wir können essen und trinken bis wir platzen – manche tun das auch. Wir jetten um die Welt als wäre es das neue Busfahren und haben Zugriff auf eine nie dagewesene, gewaltige Menge an Medien: gedruckte, gestreamte, gesendete. Überhaupt Entertainment. Unsere Epoche wird ja in der Wissenschaft mit vielem charakterisiert. Aber mit einem nie, dabei ist das eines ihrer prägendsten Merkmale: Wir sind die Epoche des entgrenzten Entertainments. Wo früher Menschen noch aus dem Haus und ins Theater gehen mussten, bekommen wir jetzt praktisch jedes nur gewünschte Schauspiel auf einen Klick in die eigenen vier Wände geliefert. Und das ist dann mit einem Produktionsaufwand in Szene gesetzt, der jedes konventionelle Theater alt aussehen lässt. Und wer trotzdem noch aus dem Haus geht, findet auch dort unbegrenzte Möglichkeiten vor. Man kann zum Heliskiing nach Kanada oder zum Rafting nach Österreich, wie es beliebt. Wer es noch lauter und bunter haben will, geht in einen der zahlreichen Vergnügungsparks oder gleich dorthin, wo der Goldstandard brüllender Unterhaltung gelebt wird: aufs Oktoberfest. Selbst das Einkaufen, früher Notwendigkeit und Last – man denke nur an den armen Peter Rosegger, wie er in einem Tagesmarsch »Christtagsfreude holen ging« – ist heute eine Form des Entertainments. Jedenfalls gab es keine Generation vor uns, die Einkaufen zum Zeitvertreib betrieben hat. »Shoppen« – das Wort hätte in früheren Zeiten nicht nur deshalb Ratlosigkeit ausgelöst, weil es aus einer Fremdsprache stammt. Man hätte auch mit der Tätigkeit, die es bezeichnet, nichts anfangen können.

Kurzum: Der Spaß könnte nie enden. Im Grunde ist der einzig limitierende Faktor für das Entertainment, dass die Zeit der Nutzer nicht unendlich ist. Und trotzdem steht es angeblich so schlecht um unser Dasein. Also her mit dem Verzicht, damit wir wieder wissen, dass wir in guten Zeiten leben. Erst die Diät macht das Essen wertvoll.

Jetzt mal grundsätzlich …

Die Schildkröte mit Flügeln

Viele Problemlagen, die in diesem Buch geschildert wurden, haben eines gemeinsam: Man drückt sich gerne davor, sie endlich anzugehen. In vielen Fällen herrscht noch immer mehr Abscheu vor der Lösung und den Belastungen, die sie mit sich bringt, als vor den Konsequenzen, die eine ungelöste Problemlage verursacht. Das Lehrbuch-Beispiel für die Lösungsabscheu ist – es wurde schon mehrfach angesprochen – der Klimawandel. Der Kampf gegen ihn erinnerte bislang eher an den Gang einer Schildkröte. Einem Tier also, das die Entschleunigung zum Lebensmotto erhoben hat. So etwas hat in der Evolution, im Leben und sogar in der Politik durchaus seine Berechtigung. Nicht alles kann und soll übers Knie gebrochen werden, manchmal führt das langsame Voranschreiten sogar schneller zum Ziel. Hinzu kommt, dass der Klimawandel sich ja auch Zeit gelassen hat. Lange kannten wir ihn gar nicht aus persönlicher Anschauung, sondern nur aus wissenschaftlichen Arbeiten. Jetzt aber ist Tempo in die Angelegenheit gekommen und zwar merklich. Wir wissen sogar, dass es bald schon rasend schnell gehen kann. Das geschieht dann, wenn bestimmte Schwellenwerte erreicht sind. Deren Überschreitung löst bei den sogenannten Kippelementen eine unumkehrbare und sich selbst verstärkende Abwärtsentwicklung aus. Kippelemente sind die Atomsprengköpfe des Klimawandels. Denn bei ihnen handelt es sich um jene Teile des Klimasystems, welche groß genug sind, um bei einem Kollaps massive und irreversible Schäden anrichten zu können. Dazu gehören beispielsweise das grönländische Eisschild oder die tropischen Korallenriffe.[1] Und bei manchen von ihnen sind wir schon nahe am kritischen Stadium.[2] Das zeigt: Der Klimawandel ist Physik und Chemie.

Er folgt Naturgesetzen. Es ist die Mechanik, die schon seit Anbeginn der Zeit vor sich hin werkelt, mit oder ohne uns. Das Unangenehme an Naturgesetzen ist, dass sie in keinster Weise beinflussbar sind. Alles Lebendige muss sie akzeptieren und sich an ihnen ausrichten. Daran ändert sich auch in Zeiten des Klimawandels nichts. Deshalb braucht sie jetzt Flügel, die Schildkröte, recht große, wenn es geht. Ein bizarrer Anblick, zugegeben. Aber nur die fliegende Schildkröte wird uns jetzt noch vor Schlimmerem bewahren können.

Der Verzicht auf Zeit

Zeit ist also der entscheidende Faktor. Mehr Feind als Freund. Das war in unserem Verhältnis zu ihr aber noch nie anders. Viele kennen das beispielsweise von Prüfungen: Das Lernen wird so lange aufgeschoben, bis die verbleibende Zeit kaum noch reicht, um alles zu schaffen. Der Mensch als Individuum und als Gemeinschaft scheint einen Hang zum Aufschieben zu haben. Psychologen erklären uns das mit dem »seelischen Aufwand«, welcher mit einer Aufgabe verbunden ist. Zudem hilft das Hinauszögern, Versagensängste zu bewältigen. Denn wer sich einer Aufgabe erst gar nicht stellt, kann auch nicht an ihr scheitern.[3] Wenn das Ganze pathologische Ausmaße annimmt, dann spricht man von Prokrastination, also dem Zwang, Unangenehmes ständig vor sich herzuschieben – so lange, bis es zu spät ist. Das alles gilt für viele der hier angesprochenen Probleme, aber auch in diesem Fall ist die Klimapolitik das herausstechende Negativbeispiel. Sie nämlich zeigt unstreitig das voll ausgeprägte Krankheitsbild einer Prokrastination. Im Februar 1979 fand auf Einladung der WMO (das ist die Weltorganisation für Meteorologie) die erste Weltklimakonferenz statt. Schon hier wurde festgestellt, dass Treibhausgase in der Atmosphäre »signifikante Änderungen des regionalen oder sogar globalen Klimas« verursachen und »sich negativ auf das Wohlergehen der Menschheit auswirken«.[4] Wer von 1979 bis 2015 (dem Jahr der Beschlüsse von Paris) braucht, also geschlagene 36 Jahre, um sich ernsthaft eines Themas anzunehmen, der leidet definitiv unter krankhafter Aufschieberitis. Und das betrifft nicht nur die Politik. Denn auf das Verhalten der breiten Masse haben die nicht wenigen Konferenzen und Diskussionen auch keinen merklichen Einfluss gehabt. Stattdessen hat man sich mehrheitlich auf die bequemen Zuschauerränge zurückgezogen, über die Unfähigkeit der Politiker geschimpft und ansonsten nichts getan, was irgendwie einem eigenen Beitrag gleichkäme. Im Gegenteil: Der Historiker Frank Uekötter weist in einem Artikel darauf hin, dass der Boom der Billigflieger nach (!) dem spektakulären Gipfel von Rio im Jahr 1992 eingesetzt hat.[5] Aufschieberei und blanke Ignoranz allerorten – das war das Motto über Jahrzehnte. Wenn man dann noch bedenkt, dass die Wirkung von Kohlendioxid in der Atmosphäre bereits seit Ende des 19. Jahrhunderts bekannt ist und erste Bedenken hinsichtlich der Schädlichkeit bereits in den 40er Jahren des 20. Jahrhunderts aufkamen[6], dann addieren sich noch ein paar Jahrzehnte mehr. Es war natürlich auch sehr angenehm: Man hat sich lange damit beruhigt, dass ja noch genügend Zeit sei. Jetzt, hier und heute, am Beginn des 21. Jahrhunderts stehen wir quasi kurz vor dem Prüfungstag und die Menschheit ist nicht vorbereitet. Bei allem, was wir tun, gibt es keinen Zeitpuffer mehr. Es muss jetzt getan werden oder es kommt zu spät. Wir müssen also ab sofort einen weiteren Verzicht üben: den auf Zeit. Unser großzügiger Umgang mit ihr muss zwangsläufig der Vergangenheit angehören. In Deutschland hat am 20. September 2019 so eine Art High Noon stattgefunden. Zum einen hat dieser Tag, wegen eines anstehenden UN-Klimagipfels, national und weltweit Proteste der Bewegung »Fridays for Future« gesehen, welche in die Millionen gingen und damit neue Teilnehmerrekorde verzeichneten. Zum anderen hatte aber auch die Bundesregierung für den 20. September eine entscheidende Sitzung des sogenannten »Klimakabinetts« anberaumt. Auf der Tagesordnung: die Verabschiedung eines Plans zur Erreichung der deutschen Klimaziele. Was stand da drin? Zunächst sehr viele Forschungs- und Förderprogramme. Beides Instrumente, mit denen gerne Politik gemacht wird, denn sie bedeuten ja mehr Geld, und darüber hat sich noch nie jemand beschwert. Außerdem sah das Papier die Einführung eines CO_2-Emissionshandels in den Bereichen Verkehr und Wärme vor. Man hatte nicht vergessen, da auch gleich schon ein Preisschild anzubringen: 10 Euro je Tonne sollte es im Jahr 2021 kosten.[7] Nach Ansicht aller Experten viel zu wenig, um eine Lenkungswirkung zu entfalten. Was nachvollziehbar ist, wenn man bedenkt, dass hierdurch ein

Liter Benzin lediglich rund drei Cent mehr kosten würde.[8] Das liegt im Rahmen der normalen Schwankungsbreite von Kraftstoffen und wird deshalb niemanden vom Fahren abhalten.[9] Später wurden in Nachverhandlungen aus den 10 Euro dann 25, was als besserer Einstieg gesehen werden kann, aber mehr nicht. Denn für Benzin würde das eine Erhöhung um 10 Cent pro Liter bedeuten[10]. Das liegt immer noch im Rahmen dessen, was die Mineralölkonzerne oft im reisefreudigen Sommer auf den Preis aufschlagen.[11] Das hat aber auch noch nie dazu geführt, dass sich die Menschen massenhaft das Autofahren verkniffen hätten. Man muss deshalb kein Wahrsager sein: Auch die 25 Euro werden absehbar nur wenig Lenkungswirkung entfalten. Wer deshalb noch weiter in dem Programm sucht, um vielleicht wirkungsvollere Maßnahmen zu entdecken, der stößt auf das Verbot für den Einbau von Ölheizungen. Die Hoffnungen werden aber schon ein paar Worte weiter enttäuscht, denn das soll erst ab 2026 gelten. Kurzum: Das Programm war und ist allenthalben eine Enttäuschung. Ein eher fades Gebräu aus Geldgeschenken und wirkungsschwachen Maßnahmen. Entsprechend waren die Kommentare in den Medien. An einer Stelle hieß es: »Vor 30 Jahren wären die Klima-Eckpunkte der Koalition eine Revolution gewesen. Heute sind sie ein Desaster.«[12] Ein Grund für diese Einschätzung ist die Tatsache, dass Deutschland seine Klimaschutzziele zwar ehrgeizig angesetzt hat, aber auch deutlich verfehlt. Gegenüber 1990 sollte der Ausstoß von Treibhausgasen bis 2020 um 40 Prozent, bis 2030 um 55 Prozent und schließlich bis 2040 um mindestens 70 Prozent reduziert werden. Im September 2019 war die Prognose, das Ziel würde für 2020 um acht Prozentpunkte klar verfehlt.[13] Dass die Corona-Krise ein paar Monate später ungewollt doch noch zur Zielerreichung beitragen sollte, konnte damals noch niemand ahnen. Allerdings geht man auch davon aus, dass aus dem CO_2-Krisengewinn am Schluss ein Nullsummenspiel wird. Denn es ist zu erwarten, dass nach dem Wiederhochfahren der Wirtschaft umso mehr ausgestoßen wird, weil Nachholeffekte stattfinden. Kommt das so, dann haben wir nach Corona exakt dieselben Probleme wie davor. Und das bedeutet, Deutschland müsste für das Klimaziel 2030 in den Jahren bis dahin mehr CO_2-Einsparung schaffen als in den zurückliegenden dreißig Jahren.[14] Deshalb eben war und ist das Klimaprogramm der Bundesregierung ein »Desaster«: Wer sein Zeitlimit bis zur letzten Sekunde ausreizt, der muss dann in dieser letzten Sekunde eben alles auf einmal liefern. Und genau dies tut das Paket nicht. Der Finanzminister hatte bei der Vorstellung des Papiers gesagt »Wir machen jetzt ernst« – 40 Jahre nach der ersten Weltklimakonferenz.[15]

Freiheit, das sieht man daran, hat einige verlockende Seiten, denen es tapfer zu widerstehen gilt. Dazu gehört, dass wir ja auch die Freiheit haben, nicht zu handeln. Jedenfalls dann, wenn der Druck durch äußere Umstände nicht hoch genug ist. Freiheit kann zum Phlegma verführen. Und viele lassen sich gerne und oft verführen. Die Folgen sind für die Demokratie schwerwiegend. Denn all die Aufschieber überlassen damit automatisch denjenigen das Feld, welche jedes Vakuum entschlossen für ihre Zwecke nutzen. Die Motivation dieser politischen Spezies ist nicht immer die Beste, wenn man bedenkt, dass vor allem Fanatiker diese Energie aufbringen – also der schlechteste Teil der Menschheit. Das beherzte Zugreifen, wo andere untätig dabeistehen, das Begreifen von Verantwortung als Geschenk und nicht als Last, die man besser liegen lassen sollte, das zeichnet sie aus. Diese Haltung war es, welche unter anderem die Nationalsozialisten an die Macht gebracht hat. Ebenso die Kommunisten in Russland. Ende Demokratie.

Aus Gründen des Demokratieerhaltes sollten deshalb Demokraten stets eine ähnlich zupackende Haltung an den Tag legen, wie es ihre Gegner tun. Felder dafür gäbe es genug: Klimaschutz, Gesundheit, Soziales, Nachhaltigkeit – viele wurden in diesem Buch erwähnt. Überall herrscht hier Handlungsdruck. Und der bietet sich quasi als natürlicher Hebel an, damit zupackender agiert wird. Er entfaltet seine Wirkung, indem man dafür sorgt, dass der Handlungsdruck auch spürbar bis zu denen durchdringt, die handeln müssen. In einer Demokratie sind dies übrigens nicht nur die Politiker, sondern ebenso die Wählerinnen und Wähler. Weder die einen noch die anderen sollte man in Watte packen, zum Beispiel von Seiten der Medien. Auch Wissenschaftler haben hier die Aufgabe, ihre Erkenntnisse, zum Beispiel zum Klimaschutz, entsprechend zu vermitteln. Das gelingt vielen noch nicht – was daran ablesbar ist, dass es immer die gleiche kleine Gruppe von Wissenschaftlern ist, welche sich in den Kommentarspalten der Zeitungen oder in den Talkshows im Fernsehen die Türklinke in die Hand gibt. Der Rest wird wenig bis gar nicht wahrgenommen. Es könnte deshalb nicht schaden, wenn Forscher sich in Sachen

Vermittlung professionell beraten oder schulen lassen. Auch durch ihren Beitrag muss klar werden: Es ist keine Zeit mehr!

Der Kurzschluss

Die Trödelei kommt natürlich auch daher, dass bei vielen der zu lösenden Probleme eine psychologische Lücke klafft. Beim Klimawandel ist es so, dass die gravierendsten Folgen erst in der Zukunft eintreten werden. Die Einschränkungen, die notwendig sind, um das zu verhindern, müssen wir uns aber schon jetzt auferlegen. Es ist dasselbe mit der Gesundheit: Die Leiden, welche aus Übergewicht oder falscher Ernährung entstehen, brauchen Jahre, um sich voll zu entwickeln. Um sie zu vermeiden, müssen wir aber heute schon auf das geliebte Fleisch oder den Industriezucker verzichten. Da tun sich viele schwer. Umgekehrt fällt es sehr leicht, auf Zucker zu verzichten, wenn man Zahnschmerzen hat. Denn hier existiert eben keine zeitliche und psychologische Lücke zwischen schädlichem Verhalten und der Folgewirkung. Aktion und Reaktion ist dem Menschen immer noch das liebste Wirkungsmuster, denn da hält sich die Komplexität in Grenzen. Es scheint wohl so zu sein, als habe sich das während der menschlichen Evolution so ergeben: Wir sind vor allem Spezialisten darin, auf unmittelbare Gefahren zu reagieren. Langfristiges Denken spielte im Überlebenskampf während der meisten Zeit unseres Daseins keine Rolle. Überleben hing davon ab, erst einmal die Bedrohungen abzuwenden, die sozusagen vor der Haustür standen – oder vor der Höhle. Der Klimawandel und so manch anderes Großproblem, mit dem wir heute zu kämpfen haben, stellt aber eine langfristige Bedrohung dar. Mit solch abstraktem, in der Zukunft liegendem Unheil tun wir uns eher schwer.[16]

Und als ob das nicht schon genug Handicap wäre, ist da noch die Sache mit unserer kollektiven Lernschwäche. Denn Lernen ist bei uns vor allem dann erfolgreich, so die wissenschaftliche Erkenntnis, wenn unmittelbar eine positive Rückmeldung damit verbunden ist.[17] Das schränkt natürlich erheblich ein. Wie soll man unter diesen Umständen beispielsweise je lernen, dass es gut ist, auf Interkontinentalflüge zu verzichten, damit das Klima gerettet werden kann? Denn die Crux in diesem Fall ist ja, dass es Jahre und Jahrzehnte dauert, bis ein Effekt überhaupt sichtbar wird. Und solche Problemlagen gibt es zuhauf. Nachzulesen beispielsweise in einer Pressemitteilung des niedersächsischen Umweltministeriums vom September 2019. Darin wurde dringend appelliert, und zwar folgendermaßen: »Wenn wir bei der Erderwärmung so weiter machen wie bisher, dann besteht die Gefahr, dass der Meeresspiegel in der Nordsee deutlich über einen Meter bis zum Jahr 2100 ansteigt.« Die fatale Konsequenz sei, so das Ministerium weiter, dass man dann die Gefahr mit den bestehenden Möglichkeiten im Deichbau kaum noch in den Griff bekomme.[18] Der Appell der Ministerialen ist völlig richtig, aber wer denkt heute, wenn er mit dem Auto klimaschädlich ans Meer fährt, schon an die Probleme beim Deichbau im Jahr 2100? Niemand. Denn fast acht Jahrzehnte Zeitspanne liegen jenseits der Lebenswahrnehmung der allermeisten Menschen.

Notwendig wäre deshalb eine Verbindung. Eine, die intellektuell überbrückt, was nach den physikalischen Gesetzen der Zeit erst einmal immer getrennt ist: Gegenwart und Zukunft. Im Prinzip geht es darum, einen Kurzschluss in unserer Wahrnehmung zu verursachen. Was in der Zukunft Schmerzliches kommt, muss sich anfühlen, als wäre es schon Gegenwart. Wie ein Stromschlag eben. Bisher ist uns das leider nicht gelungen. Es gibt in der »Fridays for Future«-Bewegung eine beliebte Parole, die lautet: »Our house is on fire«. Menschen, die irgendwo in einem klimatisierten Konferenzraum sitzen, fühlen sich aber nicht so, als wäre im Gebäude Feuer ausgebrochen. Deshalb hält sich ihre Motivation zu handeln in Grenzen. Außerdem sind viele der Technologien, die den Klimawandel auslösen, Teil unseres Alltags. Zum Beispiel Fahrzeuge mit Verbrennermotor. Ihre Gegenwart ist uns so gewohnt, dass sie kein Risikogefühl auslösen, und damit auch kein klimawirksames Handeln.[19] Erst wenn es wirklich brennt, brechen Aktivitäten aus. Beim Klimawandel wäre der Zeitpunkt aber viel zu spät, denn *das* Feuer bekommen wir dann nicht mehr aus. Deshalb die Notwendigkeit für einen Kurzschluss, zwischen dem was kommt, und unserem Lebensgefühl heute. Eine der Methoden, wie man den hinbekommt, beschreibt das nächste Kapitel.

Der Elefant im Raum

»The Elephant in the room«: Auch bei uns hat die Redewendung aus dem Angelsächsischen inzwischen eine gewisse Bekanntheit erlangt. Das könnte unter anderem daran liegen, dass sie so schön plastisch ist. Beschrieben wird damit ein heikles Problem, das jedem bewusst ist, welches aber niemand ansprechen möchte. Plastisch ist die Redewendung vor allem deshalb, weil sie einen Elefanten ins Bild rückt. Da steht es dann, das riesen Viech, stellvertretend für das Problem, mitten im Raum, und obwohl es niemand übersehen kann und der massige Körper alle Richtung Wand drängt, wird es nicht einmal erwähnt. Alle tun so, als sei er gar nicht da, der Elefant. Man hat eine Cocktailparty vor Augen, die Gäste drängeln sich furchtbar, es ist nicht schön. Mittendrin der einzige ohne Einladung, der Dickhäuter. Er nimmt den ganzen Platz ein. Und was machen die bedrängten Gäste? Smalltalk – ums Wetter, die Börsenkurse oder Sport. Alles Themen, bei denen Elefanten keine Rolle spielen, und das ist ja das Wichtigste in dieser Situation.

Einer der größten Elefanten, die derzeit im politischen Raum herumstehen, hört auf den Namen »Verzicht«. Alle wissen, er ist da. Seine Präsenz lässt sich praktisch schon körperlich wahrnehmen. Da musste dringend etwas geschehen. Also hat man ihn mit einem Tabu belegt, wie mit einem Tarnnetz. Gott sein Dank. Der belästigt uns nicht mehr. Die Lebenserfahrung lehrt allerdings, dass das keine besonders erfolgversprechende Strategie ist. Der Elefant geht ja nicht weg, nur weil man ihn ignoriert. Beispiel Atomenergie: Die Gefahren dieser Technologie waren lange, fast schon seit Anbeginn bekannt. Weil Strom aus Kernreaktoren aber so lukrativ wie bequem ist, hat man sich dafür entschieden, die Risiken einfach zu ignorieren. Der Elefant jedoch ist geblieben, was Orte wie Tschernobyl und Fukushima schlussendlich auszubaden hatten, denn die hat er einfach so mal zertrampelt. Erst deren Schicksal hat dazu geführt, dass man in einer Reihe von Ländern die Augen nicht mehr verschlossen hat und der Ausstieg aus der Kernenergie eingeleitet wurde. Wir lernen daraus: Besser den Elefanten gleich ernstnehmen, anstatt ihn wie Luft zu behandeln.

Das bedeutet nicht nur, die Dinge anzusprechen. Es bedeutet auch, dabei der Versuchung der Schönrederei zu widerstehen. Schönrederei gehört wie die Ignoranz zur Gruppe der frei erhältlichen Betäubungsmittel in der Politik. Beides stumpft die Wahrnehmung der Realität angenehm ab. Darauf zu verzichten, dürfte sich deshalb wie eine Art Entzug anfühlen. Man stelle sich vor, wir, die Wähler, würden von der Politik plötzlich schonungslos und immer mit der harten Realität konfrontiert. Da käme in der ersten Zeit sicher die Sehnsucht nach der seligen Benommenheit hoch, zu der man uns in den letzten Jahren und Jahrzehnten verholfen hat. Aber es nützt ja nichts. Denn Worte können etwas in Gang setzen, wie ein Zündfunke – vorausgesetzt, es sind die richtigen. Wenn aber nur schöngeredet wird, dann zündet da gar nichts. Verzicht ist Verzicht, und damit zunächst einmal unangenehm. Es erscheint als ziemlich fataler Zug der derzeitigen politischen Kommunikation, dass diese Wahrheit möglichst nicht ausgesprochen wird. Sie führt zu einem kolossalen Missverständnis bei einem erheblichen Teil der Bevölkerung. Nämlich dazu, dass geglaubt wird, es gäbe angenehmere Lösungen, zum Beispiel durch technischen Fortschritt. Man verlässt sich darauf, dass die Politik die Wunderwaffe bringen wird, die den Kampf gegen den Klimawandel und andere Probleme stellvertretend gewinnt. Einem selbst bliebe es dann erspart, persönlich an diesem Kampf teilnehmen zu müssen. Hoffnung ist jedoch bisweilen fatal. Denn sie verlagert Lösungen in eine imaginäre Zukunft und hält Gesellschaften davon ab, im Hier und Jetzt zu handeln. So ähnlich ist das im Grunde mit allen Bereichen, in denen Verzicht gefordert wird. Wer seine Hoffnungen darauf setzt – und das sind nicht wenige –, dass die medizinische Forschung schon eine medikamentöse Lösung gegen Fettpolster finden wird, der verspürt wenig Anlass, selbst etwas dagegen zu tun. Das ändert sich höchstens dann, wenn der Arzt klare Worte findet, jede Illusion auf eine baldige, bequeme Lösung zerstört und stattdessen eigene Anstrengungen einfordert. In Sachen Klimawandel müssen die politischen Entscheidungsträger diese Rolle einnehmen. Anderenfalls dürfte die Sache schlecht ausgehen.

Es ist gut möglich, dass der Politik das Aussprechen von unvermeidbaren Wahrheiten auch deshalb schwerfällt, weil sie dabei früher oder später stets mit ihrem Endgegner konfrontiert wird: dem Naturgesetz. Nichts ist in der Politik verhasster als die Naturgesetze, nach denen unsere Welt aber nun einmal funktioniert. Denn die sind unbeeinflussbar, kein Parteitagsbeschluss kann an ihnen etwas ändern, keine Hinterzimmerabsprache ihre Macht begrenzen. Und so stehen sie nun da, seit Anbeginn der Zeit, länger schon als es überhaupt Politik gibt. Sie stehen wie Monolithen, unverrückbar mitten in der politischen Landschaft und niemand kommt um sie herum. Das trifft ausnahmslos alle Politikbereiche, auch die Klimapolitik, oder die Gesundheitspolitik. Es bleibt nichts anderes übrig, als das zu akzeptieren und danach zu handeln. Daraus erwächst die Notwendigkeit zur Konsequenz und zum Handlungsmut. Beides muss man politischen Entscheidungsträgern, gerade in einer Demokratie, abverlangen. Weiterhin so zu tun, als sei politische Taktik prioritärer als Naturgesetze, wird nicht mehr funktionieren. Man wird die Courage finden müssen, Mehrheiten zu erkämpfen, auch für Maßnahmen des Verzichts, speziell für solche, die als Zumutung empfunden werden. Dies ist die Weggabelung, an welcher die Politik zusammen mit ihren Wählerinnen und Wählern steht.

Die Lösung

»Verzicht ist keine Lösung« – das ist eine Parole, die schon seit Jahren, gerade auch bei Kommentatoren in den Medien, gerne genommen und vernommen wird, zum Beispiel wenn es um die Frage des Klimaschutzes geht.[20] »Verzicht ist keine Lösung«, das hört sich ähnlich apodiktisch an wie »Alkohol ist keine Lösung« oder »Gewalt ist keine Lösung«. Und genau das soll es ja auch bewirken: Dem Empfänger der Botschaft wird vermittelt, dass an ihrem Inhalt keinerlei Zweifel angebracht sind. Dabei ist Verzicht oft die einzige Lösung – das wird jeder trockene Alkoholiker bestätigen können. Und selbst dann, wenn es nicht um Suchtmittel geht, ist er in vielen Fällen eine Lösung, und zwar eine die praktikabel ist, wirkungsvoll und zumeist kostengünstig umsetzbar. Das Beispiel Rauchverbot in Gaststätten hat das eindrücklich gezeigt. Gleiches gilt für das Verbot, mit mehr als 0,5 Promille Auto zu fahren. Ein Verzicht für viele, ein Segen für die Allgemeinheit. Und in der Medizin wird das Fasten, eine geradezu extreme Form des Verzichts, schon lange als Therapieform eingesetzt.[21] Auch wenn es viele nicht gerne hören wollen: Verzicht ist eine Lösung. Selbst regierungsoffizielle Ökonomen, die ansonsten jeder Verzichtsethik unverdächtig sind, streiten das nicht mehr ab. Nachzulesen ist das in der sogenannten »Gemeinschaftsdiagnose«, einem Konjunkturgutachten fünf führender Wirtschaftsinstitute in Deutschland, erstellt im

Auftrag des Bundeswirtschaftsministeriums. Dort schreiben die Autoren im September 2019: »Die Klimapolitik erfordert einen Konsumverzicht der heutigen Generationen zugunsten von Investitionen in emissionsärmere Energieerzeugung und in die Verkehrsinfrastruktur.«[22] Na also.

Alle wissen: Abnehmen ist gut für die Gesundheit. Verzicht bringt also nicht nur Entbehrung, sondern auch ganz handfeste persönliche Vorteile. So kann es auch beim Klimaverzicht kommen. Beispiel Auto: Weniger Fahrten werden auch den Lärm in den Städten verringern. In Madrid haben sie diese Erfahrung gemacht, als Ende 2018 ein Großteil der Fahrzeuge aus der Innenstadt verbannt wurde.[23] Die Wissenschaft weiß: Sinkt der Lärm, gehen auch die Herz-Kreislauf-Erkrankungen zurück.[24] Oder in der Ernährung: Weniger Fleischkonsum nützt nicht nur dem Klima, sondern auch der eigenen Gesundheit.[25] In solchen Fällen ist dann sogar der maximale Nutzen erreicht: ein Verzicht, mehrere Lösungen.

Es wird schlimmer, bevor es besser wird

Die Psyche des Menschen »funktioniert« nicht, sie ist ja keine Mechanik. Es gibt da keinen Hebel, den man einfach umlegen könnte, und dann passiert das eine oder das andere. Am nächsten kommt unsere Psyche dem, was man als »funktionieren« bezeichnen könnte, wenn sie alles hat, was sie braucht. Wenn sie schwelgen kann in Emotionen, Gewohnheiten, Vorlieben und Aversionen, Freud und Leid. Und das macht die Sache noch klarer: Man wird sie nie einfach so bedienen können wie eine Maschine. Daher kommt es, dass alles, in das unsere Psyche involviert ist, ein Prozess ist. Nichts passiert von jetzt auf gleich. Das ist mit dem Verzicht nicht anders. Man kann nicht einfach damit anfangen, ohne sich vorher emotional von der bisher gewohnten Sorglosigkeit verabschiedet zu haben. Deshalb werden wir Abschiedsfeiern erleben, ach was, Orgien werden es sein. Wir werden das Klima noch ein letztes Mal auf Teufel komm raus malträtieren. Vor dem endgültigen Untergang der alten Welt des »Alles nehmen und alles haben« wird es noch einmal einen Ausbruch der Lebensgier geben. Erst danach ist Schluss, kann Schluss sein.

Das ein oder andere davon ist bereits im Gange. Schon jetzt beschleicht einen ja der Verdacht, dass noch schnell Langstreckenflüge gemacht werden, bevor es nicht mehr geht. Das könnte auch ein Teil der Erklärung dafür sein, dass beides wächst: Klimabewusstsein und Flugbuchungen. Noch einmal unbekümmert sein, noch einmal unbehelligt von all dem lästigen Wissen. Das ist das Bedürfnis dahinter. In ein Flugzeug steigen zu können, mit dem Gefühl, dass es etwas uneingeschränkt Positives sei, und eine große Errungenschaft, die von nun ab für immer alles zum Guten verändern würde. Ein Gefühl eben, wie man es vor vierzig Jahren hatte. Gleiches gilt für Kreuzfahrten oder die Fahrt zum Bäcker mit dem SUV. Was kommt, kommt. Wir wissen das oder ahnen es zumindest. Es soll aber nicht kommen ohne ein großes Abschiedsfest vom Gestern. Die Trennung vom Leben, wie wir es bisher gekannt haben, fällt leichter, wenn man es noch einmal intensiv ausgekostet hat. Es wird also erst schlimmer, bevor es besser wird. Es ist ein bisschen wie mit dem Run auf Glühbirnen, kurz bevor sie verboten wurden. Man braucht diesen Abschied vom Gewohnten. Heute vermisst keiner mehr die alten Dinger.

Obergrenzen

Der Mensch kommt als maßloses Wesen auf die Welt. Und meist bleibt er das auch. Dazu gesellt sich dann noch unsere Intelligenz. Beides zusammen hat uns dahin gebracht, wo wir heute sind – im Guten wie im Schlechten. Mit der Intelligenz, quasi als Zubehör, kommt noch etwas sehr hilfreiches: Selbsterkenntnis. Je mehr wir über uns und unser Verhalten nachgedacht haben, umso mehr haben wir es den Reflexen entzogen, die aus unserer primitiven Zeit noch überlebt haben. Auf diese Weise ist die Zivilisation entstanden. Wir haben die Wolfsgesellschaft hinter uns gelassen und in weiten Teilen der Menschheit etwas etabliert, das gnädiger und humaner ist als die Natur. Das verlangt uns einiges ab – oft mehr als die Wolfsgesellschaft es täte. Zum Beispiel Selbstbegrenzung, also den Abschied von der angeborenen Maßlosigkeit. Zivilisation und Selbstbeschränkung sind untrennbar miteinander verbunden. Erstere kann ohne Letztere nicht existieren. Das wurde schon früh erkannt, zum Beispiel von Karl dem Großen. Er hat in einem Erlass für seine Krongüter, entstanden im achten oder neunten Jahrhundert, das ist nicht genau feststellbar, für bestimmte Teile Rodungsverbote erlassen. Waldschutz erscheint uns heute als wenig spektakulär, damals war er das jedoch, denn die Abholzung von Wäldern wurde von vielen Zeitgenossen des Karolinger-Kaisers als Sieg des Menschen über die Natur betrachtet.[26] Heute spricht man bei solchen Regelungen von »Obergrenzen«. Es gibt sie in der Rüstungskontrolle (Anzahl der Atomwaffen), in der Medizin (der berühmte Body-Mass-Index) und in der Technik (CO_2-Grenzwerte für Fahrzeuge). Wenn wir nun in ein Zeitalter des Verzichts steuern, dann müssen wir auch für diesen solche Obergrenzen definieren. Auch der Verzicht kann und darf schließlich nicht maßlos praktiziert werden. Ein völlig einleuchtendes Beispiel dafür sind Medikamente. Sie müssen, um wirksam zu sein und zu bleiben, nach bestimmten Kriterien verpackt sein, und dafür benötigt man auch Kunststoffe. Hierauf zu verzichten, wäre fahrlässig. Auch dort, wo Verzicht demokratiegefährdend ist, kann er selbstverständlich nicht befürwortet werden. Wer meint, dass sich bestimmte notwendige Beschränkungen nur diktatorisch durchsetzen lassen – in diesem Buch wurde auf solch irrige Meinungen hingewiesen – der tut so, als sei Demokratie weniger wert als Umweltschutz. Das ist nicht so. Es handelt sich bei solchen Ansichten glasklar um Extremismus und leider ist unser Zeitalter nicht arm an dieser Erscheinung. Es muss deshalb sorgfältig darauf Acht gegeben werden, dass die Verzichtsdebatte nicht davon erfasst wird. Einen Mittelweg zu gehen, das erscheint vielen als wenig konsequent und nicht als die große Lösung. Dabei ist der Mittelweg überhaupt keine schwache Entscheidung – im Gegenteil. Extremisten sind meist die Schwächsten, denn es verlangt keine intellektuelle Anstrengung, sich ständig nur im Absoluten zu bewegen. Sich in der Mitte zu halten, erfordert dagegen jeden Tag neue Entscheidungen – und damit Anstrengung. Sich auf dem Mittelweg zu bewegen, bedeutet, das Gleichgewicht zu halten, obwohl man oft genug strauchelt. Sich auf dem Mittelweg zu bewegen, bedeutet, Überzeugungskraft anstatt Glauben zu besitzen. Glauben reicht fürs Extrem, vom Mittelweg muss man überzeugt sein. Hier hält man sich nur mit guten Argumenten. Deshalb ist der Mittelweg etwas für starke Charaktere und starke Gesellschaften. Ins Extrem zu verfallen, ist das Merkmal der Gescheiterten. In der Mitte zu balancieren, die Kunst. Nicht umsonst bezeichnen wir die Leute auf dem Hochseil als Artisten. Diese hohe Kunst ist auch – trotz aller unbestreitbaren Notwendigkeiten – beim Verzicht gefordert.

Die Quintessenz

Was bleibt nun unter dem Strich? Wie verhält sich das mit dem Verzicht, und was folgt aus all den Überlegungen? Man kann das in Thesen zusammenfassen, zehn an der Zahl. Hier sind sie:

These 1 Das 21. Jahrhundert wird das Zeitalter des Verzichtes. Auf dem Höhepunkt seiner Möglichkeiten wird der Mensch sich neu beschränken lernen.

These 2 Nichts ist absehbar, das den Verzicht entbehrlich macht. Wir können den Horizont noch so lange absuchen, es zeigt sich dort für keines der großen Gegenwartsprobleme eine rein technische Lösung. Technik wird uns nicht retten. Verzicht ist momentan das billigste, effektivste und nicht selten einzige Werkzeug, das wir haben.

These 3 Der Verzicht wird die herausragende Kulturtechnik der kommenden Jahrzehnte sein. Das wird auch die Fähigkeit beinhalten, verantwortungsvolles Handeln heute zu betreiben, obwohl es Wirkung erst in einer fernen Zukunft entfaltet.

These 4 Verzicht tut weniger weh, als man sich das vorstellt. In vielen Fällen tritt früher oder später eine Gewöhnung ein. Der Verzicht sinkt dann unter die Wahrnehmungsschwelle. Das unterscheidet ihn wohltuend vom Zahnschmerz und sollte uns ermuntern, die beiden nicht auf dieselbe Stufe zu stellen.

These 5 Die Bewältigung unserer Probleme ist komplex, und wenn man sie falsch angeht, kann das zu sozialen Verwerfungen führen. Muss aber nicht, denn Verzicht kann das verhindern. Wird er in seiner konsequentesten Form implementiert, nämlich gesetzlich und als Verbot, hat er die unerreichte Eigenschaft, alle gleichermaßen zu treffen. Jede andere Form der Problemlösung steht dahinter zurück. Zum Beispiel die Beeinflussung von Verhalten über Preisgestaltung oder Förderprogramme. Das bringt automatisch soziale Schieflagen mit sich. Gut gemachter Verzicht hat keine Gerechtigkeitslücke.

These 6 Gesetze und Verbote sind kein Sündenfall. Im Gegenteil: Sie sind die effektivste und gerechteste Möglichkeit, den notwendigen Verzicht durchzusetzen. Jede andere Methode hat bislang gravierend versagt.

These 7 Nur Nüchternheit hilft. Verzicht ist eine pragmatische Lösung für eine Reihe von Problemen. Wer ihn jedoch aus anderen Gründen (beispielsweise religiösen) propagiert, schadet der Sache erheblich. Er verwandelt den Verzicht von einer Lösung zu einer Ideologie. Das gilt es zu verhindern.

These 8 Schonkost schadet. Wählerinnen und Wählern wird nichts zugetraut und zu wenig zugemutet. Die Politik trägt auf diese Weise aktiv dazu bei, dass der Handlungsdruck in der Bevölkerung nicht ankommt. Laut Grundgesetz soll die Politik aber zur »Willensbildung«[27] beitragen. Von Willfährigkeit dagegen haben die Mütter und Väter unserer Verfassung an keiner Stelle etwas geschrieben. Deshalb muss der notwendige Verzicht offen angesprochen und begründet werden. Alles andere sabotiert nur die Lösung unserer Probleme und führt darüber hinaus zu Politikverdrossenheit.

These 9 Verzicht vereinfacht vieles. Die Problemlagen, denen wir uns gegenübersehen, sind überkomplex. Sie überfordern viele Menschen, auch die Entscheidungsträger. Verzicht ist ein einfach zu verstehendes Konzept, das man dagegenstellen kann. Denn er ist vergleichsweise unkompliziert einsetzbar und verringert damit nicht nur die Probleme, sondern eben auch die Komplexität.

These 10 Das Jahrhundert des Verzichts hat längst begonnen. Bemerkt worden ist das in den Industrieländern allerdings bislang nicht. Kommt aber noch – ganz sicher.

Wird das Leben in der Zukunft erbärmlich und ärmlich?

Man kann diese Thesen als eine Art Fernglas verstehen. Der Blick hindurch vermittelt ein klar konturiertes Bild der Zukunft. Aber Sehen ist nicht Sein. Es ist erst einmal nur ein Bild. Wie aber würde sich die Realität anfühlen, das Leben, wenn aus dieser Zukunft Gegenwart geworden ist? Wird unser Dasein im Zeitalter des Verzichts erbärmlich und ärmlich sein, freudlos und inhuman? Liegt womöglich das Beste bald hinter uns und vor uns nur noch Entbehrung? Sicher nicht, denn weniger Kreuzfahrten oder Fernreisen machen ein Leben weder erbärmlich noch ärmlich. Da muss man auch mal die Kirche im Dorf lassen. Was in Zukunft fehlen wird, ist das Exzessive. Alles von allem zu haben und zwar dauernd – das wird wegfallen. Kurz gesagt: Die Amazon-Philosophie wird nicht mehr deckungsgleich mit unserer Lebensphilosophie sein. Und das ist kein Nachteil. Wer sein Smartphone acht Jahre benutzt, anstatt sich alle zwei Jahre ein neues zu besorgen, führt kein schlechteres Leben. Gleiches gilt für denjenigen, der im Winter heimisches Gemüse isst, anstatt exotische Früchte, welche um die halbe Welt transportiert wurden. Mit dem Zug kommt man genauso ans Ziel, wie mit einem SUV. Die Liste ließe sich lange fortsetzen. Unterm Strich bedeutet das: Die wesentliche Herausforderung ist nicht der Verzicht, sondern die Umstellung. Das jedenfalls gilt auf der persönlichen Ebene. Auf der volkswirtschaftlichen wird es komplizierter und gefährlicher. Ausgemacht scheint, dass nur eine stationäre Wirtschaft den Erfordernissen der Zukunft genügen kann. Bevor die aber etabliert wird, sind noch viele Fragen zu klären. Zu den wichtigsten gehören die nach der sozialen Sicherheit, dem Angebot von Arbeitsplätzen, dem Funktionieren des Bankenwesens und der ausreichenden Finanzierung staatlicher Aufgaben. Die Hauptinvestition, welche in eine Wirtschaft der Zukunft geleistet werden muss, ist also erst einmal das Nachdenken. Das Ergebnis muss ein praktikables Konzept sein, das später auch implementiert werden kann. Wenn das geschehen ist, wird sich vielleicht herausstellen, dass die stationäre Wirtschaft kein schmerzlich erlebter Rückschritt ist, sondern die nächste Evolutionsstufe unserer Ökonomie. Die Zeiten ungehemmten Wachstums werden dann nur noch als Rüpelphase einer Wirtschaft angesehen werden, die nun in einem reiferen, erwachseneren Stadium angekommen ist. Die Zeiten würden ruhiger, humaner und umweltverträglicher. Ziel ist dann Stabilität und nicht das aggressive Vorwärtspeitschen des BIP. Vielleicht wird man das als Wohltat empfinden und eines Tages verwundert auf Zeiten zurücksehen, in denen die Menschen eher der Wirtschaft, anstatt die Wirtschaft ihnen gedient hat. Käme es so, dann würde sich dabei kaum jemand ärmer fühlen oder sein Leben als erbärmlich betrachten. Ganz im Gegenteil.

Die neue Normalität

Der Verzicht war lange aus unserem Leben verschwunden. Niemand hat ihn vermisst und schon gar nicht hat irgendjemand nach ihm gesucht. Er war ja nicht der verlorene Sohn, sondern ein überwundenes Übel. Jetzt ist er wieder zurück. Aber er hat sich verändert. Das Übel von einst ist die Lösung für morgen. Wir verzichten jetzt, weil wir etwas besser machen wollen. Im Gegensatz zur früher, zum Beispiel während Hungersnöten, wird diesmal niemand einen Schaden davontragen. Im Gegenteil: Man wird einen Nutzen haben. Verzicht ist selten schön, aber es ist ein bedeutender Unterschied, ob das Gefühl, das man dabei hat, ein defensives oder ein offensives ist. Mit dem Verzicht der Zukunft jedenfalls gehen wir nach vorne. In der Vergangenheit haben uns Verzichtsphasen oft genug zurückgeworfen.

Leider ist ja das Wort »Chance« politisch verbraucht. Denn viele Politiker benutzen es vor allem dann, wenn sie kommende Einschränkungen kaschieren wollen. Gerade während der Corona-Zeit hat man das oft gehört. Die Krise, so hieß es da, biete ja auch Chancen.[28] Na ja. Trotz des abgenutzten Charmes der »Chance« soll aber auch hier die Rede davon sein, denn die in diesem Buch benannten Herausforderungen können zumindest unter zwei Aspekten tatsächlich Chancen sein:

Zum Ersten deshalb, weil Gesellschaften bei großen Ereignissen kollektive Erfahrungen machen, die uns dann bewusst und unbewusst über Generationen prägen. Ein gutes Beispiel für ein solches psychologisches Artefakt ist der deutsche Umgang mit Geld. Denn er lässt sich noch heute auf die traumatische Erfahrung der Inflation und Hyperinflation in den Jahren nach dem ersten Weltkrieg zurückführen. Große kriegerische Auseinandersetzungen, wie der Dreißigjährige Krieg und die beiden Weltkriege haben ebenso unzweifelhaft über Jahrzehnte und Jahrhunderte nach ihrem Ende menschliches Verhalten geprägt.[29] Man stelle sich nur einmal vor, welches prägende Erlebnis es für die ganze Menschheit wäre, wenn wir ein globales Problem wie den Klimawandel gemeinsam in den Griff bekämen. Im Klima liegt die Wahrheit. An ihm wird sich zeigen, ob die Menschheit vernünftig und altruistisch genug ist, das erste am Horizont aufgetauchte globale Großproblem ihrer Geschichte gemeinsam zu lösen. Oder daran zu scheitern. Im Erfolgsfall ist das tatsächlich eine Chance. Wir wären fortan noch viel besser als heute für globale Herausforderungen gerüstet, weil wir die Erfahrung gemacht hätten, »es geht«. Im Idealfall würde es sogar zu einem engeren Zusammenrücken der Menschheit führen, weil man bemerkt hat, dass gemeinsames Handeln jenseits von nationalen Egoismen möglich *und* erfolgreich ist. Würden wir den Klimawandel bewältigen, könnten wir den Grundton der menschlichen Entwicklung für die nächsten Generationen setzen. Das gilt auch und gerade angesichts der Tatsache, dass in der Corona-Krise oftmals genau gegenteilig gehandelt wurde. Ein Erfolg gegen den Klimawandel wäre ein guter Konter zu den nationalen Egoismen, die sich in der Corona-Krise vielfach gezeigt haben. Eine positive Erfahrung, die man der negativen entgegensetzen kann.

Zum Zweiten ergibt sich eine Chance daraus, dass die Menschen immer dann gut waren, wenn sie herausgefordert wurden. Es gibt Wissenschaftler, die behaupten, dass ein mildes und menschenfreundliches Klima, wie beispielsweise am Mittelmeer, dazu verleitet hat, sich wirtschaftlich bisweilen unvernünftig zu verhalten.[30] Umgekehrt können raue Regionen den Erfindungsreichtum und den Zusammenhalt stärken. Es spricht nichts dagegen, dass viele der in diesem Buch genannten Herausforderungen eine solche Wirkung entfalten. So gewendet können sie zu einem gesellschaftlichen Innovationsschub führen.

Es bleibt die Erkenntnis: Um Verzicht werden wir nicht herumkommen. Er wird zur neuen Normalität. Vieles davon – das gehört zur Ehrlichkeit – wird auch keine Verhandlungssache sein, sondern eine unumgängliche Notwendigkeit. Niemand sollte aber angesichts des kommenden Zeitaltes des Verzichts in Depressionen verfallen. Es hat schließlich auch Vorteile: Wir überleben.

Endnoten

Verzicht, Freiheit und Demokratie

1 Siehe www.wiwo.de, »Der Westen sollte China kopieren«, Interview mit Jørgen Randers, 08.05.2012.

2 Jørgen Randers, »2052 – Eine globale Prognose für die nächsten 40 Jahre«, oekom, München, 2012.

3 »Die Demokratie schafft das«, Dirk Kurbjuweit, in Der Spiegel, Nr. 43, 19.10.2019.

4 Siehe www.zeit.de, »Der Teufel trägt öko«, Thomas Assheuer, 04.09.2019.

5 John Stuart Mill, »Über die Freiheit«.

6 Siehe www.nachhaltigkeitsrat.de, »Einfach Verzicht predigen funktioniert nicht«, Interview mit Prof. Ann-Christine Duhaime, Interviewer: Ingo Arzt, 18.11.2016.

7 Siehe www.nzz.ch, »Ist weniger wirklich mehr?«, Stefan Klein, Oktober 2016.

8 Siehe www.zeit.de, »Die tägliche Verführung«, Stefanie Schramm, Claudia Wüstenhagen, 10.04.2012.

Vermeidungsstrategien

1 Siehe www.afd.de, »Energie × Umwelt × Klima«, abgerufen im September 2019.

2 Flyer »Energiewende beenden – sichere und preiswerte Energie für alle!«, abgerufen im September 2019 auf www.afd.de.

3 Siehe www.spiegel.de, »Morgen. Versprochen!«, Sigrid Neudecker, 14.04.2006.

4 Siehe www.spektrum.de, »Lexikon der Psychologie: Reaktanztheorie«, abgerufen September 2019.

5 Siehe www.bazonline.ch, »Die Verherrlichung des Natürlichen«, Alex Reichmuth, 18.08.2019, zu Impfgegnern und Reaktanz siehe auch www.wissenschaftskommunikation.de, »Kurz vorgestellt: Neues aus der Forschung im Februar 2018«, Joachim Retzbach, 14.03.2018.

6 Siehe www.aerzteblatt.de, »Studie: Raucher sterben deutlich früher«, 12.08.2014.

7 Zitiert nach www.deutschlandfunk.de, »Langer Streit um den blauen Dunst«, Susanne Grüter, 04.07.2018, das Zitat stammt von Prof. Heino Stöver.
8 Siehe www.dw.com, »Meine Tante hat auch geraucht und ist 100 geworden!«, 04.02.2014, Brigitte Osterath.
9 Veröffentlichung von Rainer Hunold im Westend-Verlag, 2009.
10 Veröffentlichung von Dr. med. Veronika Hollenrieder bei Springer, 2017.
11 Siehe www.focus.de, »Die Wahrheit über Kaffee: So gesund ist das Lieblingsgetränk der Deutschen wirklich«, Malte Rubach, 25.03.2019.
12 Siehe www.spiegel.de, »Länger leben dank Kaffee?«, 11.07.2017.
13 Siehe www.zeit.de, »Kaffeetrinker leben länger«, 10.07.2017, Dagny Lüdemann.
14 Zitiert nach www.deutschlandfunk,de, »Persönliche Angriffe und Falschaussagen«, 29.03.2019, Barbara Schmidt-Mattern.
15 Siehe zum Beispiel www.dw.com, »Warum wir den Klimawandel nicht wahrhaben wollen«, Irene Quaile, 17.02.2014.
16 Siehe zum Beispiel www.rauchfrei-info.de, »Eine gute und eine schlechte Nachricht für Partyraucher«, 28.11.2017.
17 Siehe www.geo.de, »Leben auf kleinem Fuß«, Daniela Singhal.
18 Siehe www.handelsblatt.com, »Besitze so wenig wie möglich«, Vera Münch, 02.05.2016.

Bequeme Auswege

1 »Nullwachstum wäre hilfreich«, in Der Spiegel, Nr. 32, 03.08.2019.
2 Siehe dazu unter anderem: Beratungsstelle Unfallverhütung, »Kurzanalyse Schockkampagnen«, bfu Faktenblatt Nr. 15, Andrea Uhr, Bern 2015; www.gesundheitsberater-berlin.de, »Interview mit Präventionsforscher: ›Die Wirksamkeit von Aufklärungskampagnen im Suchtbereich wird völlig überschätzt‹«, Interview von Anna Ilin mit Prof. Andreas Beelmann, 28.03.2017.
3 Prof. Dr. Joachim Klewes, Christina Rauh, M.A, Change Centre Foundation, »Zusammenfassende Ergebnisse der größten internationalen Meta-Analyse staatlicher Kommunikationskampagnen (MACC)«, Meerbusch, 17.11.2011.
4 Siehe www.stern.de, »Umweltministerium wirbt mit Zombies und Sex für Klimaschutz«, 18.11.2014.
5 Deutscher Bundestag, Drucksache 19/605.
6 »Menschenrechte? Später mal«, Nils Klawitter, in Der Spiegel, Nr. 9, 2018, 24.02.2018.
7 Ebd.
8 Siehe www.spiegel.de, »Warum wir den Klimawandel fürchten, aber nichts dagegen unternehmen«, Lena Puttfarcken, 21.07.2018.
9 Zitiert nach »Forscher warnt: Verbraucher wissen nicht, wie es in einem Schlachthof wirklich zugeht«, in »Rundblick – Politikjournal für Niedersachsen«, Nr. 184, 21.10.2019.

10 Ebd.

11 Bundesministerium für Umwelt, Naturschutz und Reaktorsicherheit, zusammen mit Umweltbundesamt, »Umweltbewusstsein in Deutschland 2002«, Berlin 2002.

12 Umweltbundesamt, »Bewertung der Verpackungsverordnung«, Texte 20/2010, Dessau-Roßlau, April 2010.

13 Siehe www.spiegel.de, »Was wurde eigentlich aus dem Dosenpfand?«, Victor Gojdka, 19.03.2015.

14 Siehe www.dw.com, »Viel mehr Klimaschutz gefordert«, Sabine Kinkartz, 02.05.2019.

15 »Trotz Klimadebatte steigt der Absatz von Flugbenzin stark«, in FAZ, 01.08.2019.

16 Sport Utility Vehicles, gemeint sind damit Geländelimousinen oder Stadtgeländewagen (Quelle: Wikipedia, »SUV«, abgerufen September 2019).

17 »Die große Heuchelei«, Markus Feldenkirchen et al., in Der Spiegel, Nr. 38, 14.09.2019,

18 Siehe www.spiegel.de, »Wie Bürokraten Wohnträume zerstören«, Christian Hunziker, 17.02.2019.

19 Alle genannte Fakten zur Selbstverpflichtung Holzschutzmittel stammen aus der Arbeit von Christian Hillengaß, »Erfolgsbedingungen freiwilliger Selbstverpflichtungen im Umweltbereich«, Grin-Verlag, München, Ravensburg, 2007

20 (EU) 528/2012 Verordnung des Europäischen Parlaments und des Rates über die Bereitstellung auf dem Markt und die Verwendung von Biozidprodukten, kurz »Biozid-Verordnung«, Quelle: https://eur-lex.europa.eu.

21 Gena Gibson et al., »Evaluation of Regulations 443/2009 and 510/2011 on CO_2-Emissions from light-duty vehicles – Final Report«, hrsg. von der Europäischen Kommission, 08.04.2015, auf https://ec.europa.eu/clima/sites/clima/files/transport/vehicles/docs/evaluation_ldv_co2_regs_en.pdf.

22 Agora Verkehrswende, »Klimaschutz im Verkehr: Maßnahmen zur Erreichung des Sektorziels 2030«, Berlin, August 2018, auf www.agora-verkehrswende.de; Gena Gibson et al., »Evaluation of Regulations 443/2009 and 510/2011 on CO_2-Emissions from light-duty vehicles – Final Report«, hrsg. von der Europäischen Kommission, 08.04.2015, auf https://ec.europa.eu/clima/sites/clima/files/transport/vehicles/docs/evaluation_ldv_co2_regs_en.pdf.

23 »Nichtraucherschutz in Hotellerie und Gastronomie«, Vereinbarung zwischen DEHOGA Bundesverband und BMGS vom 01.03.2015, zu finden auf https://web.archive.org.

24 Ebd.

25 Landtag Nordrhein-Westfalen, Drucksache 14/4834.

26 Siehe www.focus.de, »Zehn Jahre Rauchverbot in Gaststätten: Die Kliniken merkten schnell einen Unterschied«, 29.06.2018.

27 Sämtliche Fakten zu dem Versuch stammen aus folgendem Artikel: www.scinexx.de, »Klimaschutz: Nach mir die Sintflut?«, 07.12.2019.

28 Bundesinstitut für Berufsbildung, »Datenreport zum Berufsbildungsbericht 2019«, Bonn, 2019.

29 Zitiert nach www.tagesspiegel.de, »Deutschlands führende Ökonomen fordern Konsumverzicht«, Thorsten Mumme, 02.10.2019.

30 Siehe www.welt.de, »Wird so das Energieproblem der Menschheit gelöst?«, Maria Engel, 08.02.2015.

31 Siehe www.spd-geschichtswerkstatt.de, »Atomkraft«.

32 Siehe www.faz.net, »Am Ende des Fortschritts«, Robert Gast, 01.07.2011.

33 Siehe www.iter.org.

34 Siehe www.sueddeutsche.de, »Die Geldverbrennungsmaschine der Physik«, Patrick Illinger, 17.10.2016.

35 Siehe www.welt.de, »Wird so das Energieproblem der Menschheit gelöst?«, Maria Engel, 08.02.2015.

36 Christian Kerschner: »Unerreichbare Ziele«, in »Wissenschaft & Umwelt interdisziplinär«, Nr. 13, 2009, S. 122–134.

37 Siehe www.umweltbundesamt.de, »Carbon Capture and Storage«, 14.08.2018.

38 Siehe www.zeit.de, »Die Mär vom Wasserstoff«, Dirk Asendorpf, 07.10.2004.

39 Shell Deutschland, Wuppertal Institut, »Energie der Zukunft?«, Studie, Hamburg 2017.

40 Jeremy Rifkin, »Die H_2-Revolution.« Fischer-Taschenbuch-Verlag, Frankfurt, 2005.

41 Siehe www.br.de, »Elektroauto und Wasserstoffauto im Vergleich«, 22.06.2019.

42 Siehe www.spiegel.de, »Motor des Fortschritts«, Jürgen Pander, 29.10.2014.

43 Deutsches Klima-Konsortium, Positionspapier »Perspektiven für die Klimaforschung 2015 bis 2025«, S. 8, Berlin, Mai 2015, auf https://mpimet.mpg.de/fileadmin/download/DKK_Positionspapier_Mai_2015_im_Webformat.pdf.

44 Herman E. Daly, »Wirtschaft jenseits von Wachstum«, Verlag Anton Pustet, Salzburg, 1999, S. 88.

45 Siehe www.focus.de, »Cool down, Erde«, Barbara Abrell, 07.11.2006. Ziel war, mit dem Eisen das Wachstum von Plankton anzuregen und damit die Einlagerung von Kohlendioxid im Meer zu steigern. Siehe hierzu auch: Aus Politik und Zeitgeschichte, 69. Jg., Nr. 47–48, 18.11.2019, »Kleine Geschichte der Klimadebatte«, Frank Uekötter, S. 14.

46 Siehe www.mpimet.mpg.de, Max-Planck-Institut für Meteorologie, »Was ist Geoengineering?«.

47 Siehe www.dw.com, »Geo-Engineering – Ist es eine gute Idee, das Klima zu manipulieren?«, Jennifer Collins, 12.10.2017.

48 »Feasibility of cooling the Earth with a cloud of small spacecraft near the inner Lagrange point (L1)«, Roger Angel, Proceedings of the National Academy of Sciences of the United States of America, 14.11.2006, https://doi.org/10.1073/pnas.0608163103.

49 Siehe www.mpimet.mpg.de, Max-Planck-Institut für Meteorologie, »Was ist Geoengineering?«.

50 Siehe www.spiegel.de, »Plan B für eine zu heiße Erde«, Christopher Schrader, 12.07.2017.

51 Siehe www.dwd.de, Deutscher Wetterdienst, »Der Ausbruch des Vulkans Tambora in Indonesien im Jahr 1815 und seine weltweiten Folgen, insbesondere das ›Jahr ohne Sommer‹ 1816«, Dr. Susanne Haeseler, 27.07.2016.

52 Ebd.

53 Siehe www.dw.com, »Geo-Engineering – Ist es eine gute Idee, das Klima zu manipulieren?«, Jennifer Collins, 12.10.2017.

54 Siehe www.spiegel.de, »Plan B für eine zu heiße Erde«, Christopher Schrader, 12.07.2017.

55 Boston Consulting Group, Prognos, »Klimapfade für Deutschland«, Philipp Gerbert et al., Studie im Auftrag des BDI, Januar 2018, auf www.vci.de.

56 Medianwert.

57 »How long does innovation and commercialisation in the energy sectors take? Historical case studies of the timescale from invention to widespread commercialisation in energy supply and end use technology«, Robert Gross et al., Energy Policy 123 (2018) S. 682–699.

58 Siehe hierzu https://www.clearingstelle-eeg-kwkg.de/StromEinspG.

59 Bundesministerium für Wirtschaft und Energie, »Erneuerbare Energien in Zahlen (2019)«, S. 11, Abb. 6, Berlin, Oktober 2020, auf www.bmwi.de.

60 Ministerial Council on Renewable Energy, Hydrogen and Related Issues, »Basic Hydrogen Strategy«, 2017, auf www.meti.go.jp/english/.

61 Siehe www.nationale-plattform-elektromobilitaet.de.

62 Nationale Plattform Elektromobilität, »Fortschrittsbericht 2018 – Markthochlaufphase«, Berlin, Mai 2018, auf www.nationale-plattform-elektromobilitaet.de.

63 Siehe www.spiegel.de, »So realistisch sind die Forderungen der Autokritiker«, Nils-Viktor Sorge, 19.09.2019.

64 Siehe www.katholisch.de (Webportal der Katholischen Kirche in Deutschland), »Papst kritisiert CO_2-Kompensation für Flugreisen«, 05.02.2017.

65 Wirtschaftswoche, Nr. 31, 26.07.2019, »Der Preis der Sünde«, Simon Book, Jacqueline Goebel.

66 Siehe www.katholisch.de, »Papst kritisiert CO_2-Kompensation für Flugreisen«, 05.02.2017.

67 Siehe www.spektrum.de, »Moderner Ablasshandel«, Alexander Mäder, 30.10.2017.

68 Siehe www.zeit.de, »40 Prozent mehr Spenden für CO_2-Ausgleich«, 12.06.2019.

69 Siehe www.destatis.de, »56,5 Millionen Passagiere starteten im 1. Halbjahr 2018 von deutschen Flughäfen«, Pressemitteilung Nr. 313 vom 23.08.2018.

70 »Der Preis der Sünde«, Simon Book, Jacqueline Goebel, in Wirtschaftswoche, Nr. 31, 26.07.2019.

71 Siehe www.freitag.de, »Hört endlich auf zu fliegen«, Susanne Götze, Nr. 05/2019.

Verzicht für das Klima

1 Stiftung für Zukunftsfragen, Forschung aktuell, Nr. 276, 39. Jahrgang, 07.02.2018, https://www.stiftungfuerzukunftsfragen.de.

2 Siehe https://www.umweltbundesamt.de/umwelttipps-fuer-den-alltag/garten-freizeit/urlaubsreisen#textpart-1.

3 »Der Preis der Sünde«, Simon Book, Jacqueline Goebel, in Wirtschaftswoche, Nr. 31, 26.07.2019.

4 Forschungsgemeinschaft Urlaub und Reisen e.V., »Erste ausgewählte Ergebnisse der 48. Reiseanalyse zu ITB 2018«, https://reiseanalyse.de/wp-content/uploads/2018/06/RA2018_Erste-Ergebnisse_DE.pdf.

5 »Der Kreuzfahrtirrsinn«, Dinah Deckstein et al., in Der Spiegel, Nr. 33, 10.08.2019.

6 Siehe www.spiegel.de, »Nur zwölf Prozent der Deutschen verzichten fürs Klima auf Flugreise«, Maria Marquart, 18.06.2019.

7 Siehe www.stern.de, »Umweltsünder Kreuzfahrtschiffe: Das sind die dreckigsten Hafenstädte und Reedereien«, Till Bartels, 06.06.2019.

8 Siehe www.bmu.de, »Weltschifffahrtsorganisation IMO beschließt weltweites Schwefellimit in Kraftstoffen ab 2020«, 30.10.2016.

9 Siehe www.fodors.com, »Fodor's No List 2019«.

10 Orte, die nicht wollen, dass man sie besucht.

11 Siehe www.br.de, »Overtourism: Lösungssuche am Walchensee«, 18.07.2019.

12 Alle Zahlen zu CO_2-Äquivalenten: Klimarechner des Institutes für Energie- und Umweltforschung Heidelberg, https://www.klimatarier.com/de/CO2_Rechner.

13 Siehe www.spiegel.de, »Was nützt es, vegan zu essen?«, Guido Mingels, Ann-Kathrin Nezik, 26.04.2019.

14 »Essen für Alle«, in Die Zeit, 08.08.2019.

15 Zwischenstaatlicher Ausschuss für Klimaänderungen, oft auch kurz als Weltklimarat bezeichnet. Siehe dazu www.de-ipcc.de.

16 IPCC Special Report, »Climate Change and Land«, Valérie Masson-Delmotte et al., 2019, auf www.ipcc.ch.

17 CO_2-Äquivalent: Sämtliche Treibhausgase werden in ihrer Treibhausgas-Wirkung auf CO_2 umgerechnet.

18 IPCC Special Report, »Climate Change and Land«, Valérie Masson-Delmotte et. al., S. 488, Abb. 5.12, 2019, auf www.ipcc.ch.

19 United Nations Environment Programme, »Emissions Gap Report 2018 – Executive summary«, Nairobi, November 2018, auf: http://www.unenvironment.org/emissions-gap.

20 Prof. Dr. Claus Leitzmann, Dr. Markus Keller, »Vegetarische Ernährung«, Justus-Liebig-Universität Gießen, http://geb.uni-giessen.de/geb/volltexte/2011/8117/pdf/SdF-2011-01_20-30.pdf.

21 Bundesministerium für Ernährung und Landwirtschaft, »Deutschland, wie es isst – Der BMEL-Ernährungsreport 2019«, Berlin, Januar 2019.

22 Siehe www.dge.de, »Weniger Fleisch auf dem Teller schont das Klima«, Pressemitteilung vom 01.04.2015.

23 Bundesministerium für Ernährung und Landwirtschaft, »Deutschland, wie es isst – Der BMEL-Ernährungsreport 2019«, Berlin, Januar 2019; »Wie lebende Maschinen«, Nicola Abé, in Der Spiegel, Nr. 33, 10.08.2019, .

24 Siehe www.tagesspiegel.de, »Die neuen Burger mit Fake-Meat«, Kai Röger, Felix Denk, 31.05.2019.

25 Siehe www.laves.niedersachsen.de, »Schwermetalle in Fischen und Fischereierzeugnissen«.

26 Siehe www.thuenen.de, »Plastik in Fischen – ein Problem?«, Ulrike Kammann, Thomas Lang.

27 Siehe taz, »Ist Fisch essen jetzt auch tabu?«, Sven-Michael Veit, Nr. 24./25.08.2019.

28 Greenpeace e.V., »Fisch Einkaufsratgeber«, Hamburg, Januar 2016.

29 Siehe taz, »Ist Fisch essen jetzt auch tabu?«, Sven-Michael Veit, Nr. 24./25.08.2019.

30 Siehe www.dw.com, »Chinas Präsident Xi schlägt scharfe nationalistische Töne an«, 20.03.2018.

31 Siehe www.tagesspiegel.de, »Klimawandel: Warum tun wir so wenig?«, Armin Lehmann, 24.01.2019.

Verzicht für die Umwelt

1 Siehe www.nabu.de, »Weniger Bienen, Fliegen, Schmetterlinge«, Bernd Pieper.

2 Ebd.

3 Siehe https://folio.nzz.ch/, »Wenn das Summen verstummt«, Dirk Asendorpf, Nr. August 2018.

4 Ebd.

5 Siehe www.quarks.de, »Wie gefährlich ist Glyphosat?«, Mathias Tertilt, 27.09.2018.

6 Siehe www.vzhh.de, »Glyphosat Vorsorgeprinzip anwenden!«, 28.11.2017.

7 Siehe www.nzz.ch, »Gute Alternativen zu Glyphosat sind dünn gesät«, Stephanie Lahrtz, 26.10.2017.

8 Ebd.

9 Siehe www.deutschlandfunk.de, »Ein simpler Zucker stoppt das Unkraut«, Lucian Haas, 11.03.2019.

10 Siehe www.nzz.ch, »Gute Alternativen zu Glyphosat sind dünn gesät«, Stephanie Lahrtz, 26.10.2017.

11 Siehe www.sueddeutsche.de, »Spielzeug-Millionär mit sieben Jahren«, Kathrin Werner, 22.02.2019.

12 Siehe www.quarks.de, »So wirkt sich Chinas Einfuhrverbot auf unseren Plastikmüll aus«, Inka Reichert, 29.04.2019.

13 Siehe www.dw.com, »Plastikmüll-Export nach Asien in der Kritik«, Hans Spross, 28.06.2019.

14 Es muss angemerkt werden, dass nach Asien vor allem Industriemüll und nicht Hausmüll exportiert wurde (www.quarks.de, »So wirkt sich Chinas Einfuhrverbot auf unseren Plastikmüll aus«, Inka Reichert). Das macht aber insofern keinen Unterschied, als dass der Industriemüll ja nicht zuletzt dafür anfällt, Konsumprodukte herzustellen.

15 Siehe www.n-tv.de, »Der Müll ist der Spiegel unseres Konsums«, Interview von Kiara Pieper mit Hans-Georg Böcher, 10.02.2019.

16 Siehe www.taz.de, »Giftstoffe und Plastikberge«, Kathrin Burger, 06.04.2019.

17 »Verpackungen von Milchprodukten im Wandel der Zeit«, Gesa Westphalen, Hamburg, 2013, https://reposit.haw-hamburg.de/bitstream/20.500.12738/6233/1/lsab13_56_BA_BT.pdf.

18 Siehe www.faz.de, »Die Kunststoff-Industrie und das Mentalitätsproblem«, Martin Franke, 13.09.2018.

19 Siehe www.welt.de, »Verzicht auf Plastikverpackungen bringt ein neues Problem«, Michael Gassmann, 02.04.2018.

20 »Gutes Gewissen to go«, Nils Klawitter, in Der Spiegel, Nr. 38, 14.09.2019.

21 Siehe www.zeit.de, »Für immer Dein«, Dirk Asendorpf et al., 18.04.2018.

22 Siehe www.n-tv.de, »Der Müll ist der Spiegel unseres Konsums«, Interview von Kiara Pieper mit Hans-Georg Böcher, 10.02.2019.

Verzicht für die Gesundheit

1 Siehe www.planet-wissen.de, »Süßstoffe«, Melanie Jost, Franziska Badenschier, Andrea Böhnke, 17.03.2017.

2 Siehe www.spiegel.de, »Wie sich die Gier nach Zucker austricksen lässt«, Carola Kleinschmidt, 12.08.2019.

3 Ebd.

4 Siehe www.test.de, »Der Nutri-Score soll 2020 kommen«, 30.09.2019.

5 Ernährungs Umschau international, »Nutri-Score: Evidence of the effectiveness of the French front-of-pack nutrition label«, Nr. 12, 2017, Chantal Julia, Serge Hercberg, auf www.ernaehrungs-umschau.de.

6 Siehe www.spiegel.de, »Wie Ministerin Klöckner die Lebensmittelampel behindert«, Nicolai Kwasniewski, 29.04.2019.

7 Siehe www.spiegel.de, »Klöckner gibt Widerstand gegen Nutri-Score auf«, 30.09.2019.

8 Siehe www.pharmazeutische-zeitung.de, »Dicker Bauch als Sexsymbol«, Ulrike Abel-Wanek, 14.05.2014.

9 Siehe www.pharmazeutische-zeitung.de, »Dicker Bauch als Sexsymbol«, Ulrike Abel-Wanek, 14.05.2014.

10 Siehe www.aerzteblatt.de, »Gesundheitsrisiken von Übergewicht und Gewichtszunahme«, Hans Hauner, 1996; 93 (51–52).

11 Siehe www.aerzteblatt.de, »Gesundheitsrisiken von Übergewicht und Gewichtszunahme«, Hans Hauner, 1996; 93 (51–52).

12 Siehe www.spiegel.de, »Fressfeinde«, Maren Keller, 01.10.2016.

13 Abgerufen Anfang Oktober 2019.

14 Z.B. Fit for Fun, E-Book »Abnehmen ohne Verzicht«, auf www.fitforfun.de, oder »Endlich Wunschgewicht! – ohne Verzicht«, Allen Carr, Goldmann, München, 2015.

15 Siehe www.spiegel.de, »Urlaub für den Darm«, Jens Lubbadeh, 02.03.2017.

16 Siehe www.spiegel.de, »Ich habe zehn Kilogramm abgenommen«, Emil Nefzger, 14.02.2018.

17 »Fasten – Reinigung von Körper und Seele«, PDF-Broschüre, Focus Online, auf https://pdf.focus.de/focus-online-fasten-ratgeber.html.

18 Siehe www.spiegel.de, »In Fastenzeiten nehmen Menschen sich mehr Zeit für sich«, Interview von Jana Hauschild mit Dr. Annemarie Trinkl, 06.03.2014; www.spiegel.de, »Die Biologie des Hungerns«, Philip Bethge, Laura Höflinger, Julia Koch, 28.03.2011.

19 Siehe www.zvw.de, »Minimalismus: Mit wenig Besitz glücklich werden«, Bernd Klopfer, 13.08.2019.

20 Siehe www.wissenschaft.de, »Magersucht: Erbe aus der Steinzeit«, Kathrin Burger, 19.06.2007.

21 Siehe www.sueddeutsche.de, »Wenn Besitz zur Last wird«, Silke Bigalke, 26.04.2011.

22 Siehe www.spektrum.de, »Lexikon der Biologie – Antibiotika«, abgerufen September 2019.

23 Siehe www.focus.de, »Antibiotika – Alkohol, Nebenwirkungen, Resistenzen: Die 17 wichtigsten Fakten«, Monika Preuk, 04.03.2016.

24 Siehe www.spiegel.de, »WHO-Umfrage enthüllt gewaltige Wissenslücken«, 16.11.2015.

25 Siehe www.spiegel.de, »Resistente Keime bald gefährlicher als Krebs«, 02.06.2015.

26 Siehe www.zeit.de, »Das tödliche Henne-Ei-Problem«, Jakob Simmank, 30.11.2017.

27 Siehe www.zeit.de, »Das bringt uns noch um«, Kai Bierman et al, 04.12.2014.

28 Ebd.

29 Siehe www.br.de, »Wie gefährlich sind sie wirklich?«, Sabine Lindlbauer und Claudia Erl, 08.02.2018.

30 Ebd.

31 Siehe www.zeit.de, »Strengere Regeln für Antibiotikanutzung bei Nutztieren beschlossen«, Jakob Simmank, 26.10.2018.

32 Siehe Reinhild Benning, »Wenn der Medizinschrank der Welt leerer wird« in: »Der kritische Agrarbericht 2018«, auf www.kritischer-agrarbericht.de.

33 Siehe www.spiegel.de, »Wohin die Agrarsubventionen fließen«, Nicolai Kwasniewski et al., 29.05.2018.

34 Siehe www.welt.de, »Jammern für mehr Subventionen – Landwirte sollten mehr Demut zeigen«, Stephan Maaß, 22.08.2018.

Verzicht aus sozialen Gründen

1 Siehe www.klett.de, Infoblatt Ein-Kind-Politik Chinas, Dr. Wilfried Korby.

2 »8. Convention on the Elimination of All Forms of Discrimination against Women«, New York, 18. Dezember 1979, https://treaties.un.org/Pages/ViewDetails.aspx?src=TREATY&mtdsg_no=IV-8&chapter=4&lang=en#14.

3 Siehe www.klett.de, Infoblatt Ein-Kind-Politik Chinas, Dr. Wilfried Korby.

4 Siehe www.tagesschau.de, »Der Baby-Boom in China bleibt aus«, Axel Dorloff, 06.03.2019.

5 Verena Brunschweiger, »Kinderfrei statt Kinderlos«, Büchner-Verlag, Marburg, 1999.

6 Siehe www.wp.de, »Debatte entfacht: Lehrerin ruft zum Leben ohne Kinder auf«, 13.03.2019; www.quarks.de, »Wie klimaschädlich sind Kinder wirklich?«, Annika Franck, 27.05.2019.

7 Herman E. Daly, »Wirtschaft jenseits von Wachstum«, Verlag Anton Pustet, Salzburg, 1999, S. 163.

8 Siehe www.quarks.de, »Wie klimaschädlich sind Kinder wirklich?«, Annika Franck, 27.05.2019.

9 Berlin Institut für Bevölkerung und Entwicklung, »Was tun, wenn das Wachstum schwindet?«, Berlin, Juni 2017.

10 Siehe www.br.de, »Wie Facebooks Lobbyisten gegen Datenschutz gekämpft haben«, Gregor Schmalzried, 04.03.2019.

11 Ebd.

12 Siehe www.sueddeutsche.de, »Sprachassistenten verlieren ihre menschlichen Ohren«, Simon Hurtz, 04.08.2019.

13 Ebd.

14 Zitiert nach www.zeit.de, »Die Datenexhibitionisten«, Kai Biermann, 18.04.2011.

15 Siehe ebd.

16 Siehe www.spiegel.de, »Privatsphäre ist so was von Eighties«, Interview von Ole Reißmann mit Julia Schramm, 10.03.2011.

17 Siehe www.sueddeutsche.de, »Das elektronische Dorf«, Adrian Lobe, 11.09.2019.

18 (EU) 2016/679 auf www.eur-lex.europa.eu.

19 Siehe www.welt.de, »Was ist die Vorratsdatenspeicherung?«, 19.03.2008.

20 Siehe www.zeit.de, Themenseite »Wir sind alle verdächtig«.

21 Siehe www.netzpolitik.org, »Bundesverwaltungsgericht: Die Vorratsdatenspeicherung bleibt weiter ausgesetzt«, Andre Meister, 25.09.2019.

22 Siehe www.tagesschau.de, »›Recht auf Vergessen‹ nicht weltweit«, 24.09.2019.

23 Siehe www.telegraph.co.uk, »Wikipedia founder: EU's Right to be Forgotten is ›deeply immoral‹«, Sophie Curtis, Alice Philipson, 06.08.2014.

24 Siehe https://transparencyreport.google.com, Stand September 2019.

25 URL: »Uniform Resource Locator« (Standard zum Aufrufen von Inhalten, z. B. Webseiten).

26 »›Sollte ich aus dem Fenster fallen, wurde ich geschubst‹«, Interview von von Martin Knobbe, Jörg Schindler mit Edward Snowden, in Der Spiegel, 13.09.2019.

27 Siehe www.welt.de, »Im Kampf gegen Terror ist Datenschutz das erste Opfer«, Manuel Bewarder, Florian Flade, 08.07.2016.

28 Siehe www.spiegel.de, »Unsere Sicherheit ist eine Inszenierung«, Sascha Lobo, 31.05.2017.

29 »Bild der Woche«, in Der Spiegel, Nr. 29, 14.07.2018.

30 Siehe www.bento.de, »So sieht das streng kontrollierte Internet in China aus«, Natalie Mayroth, 28.07.2016.

31 Siehe www.faz.de, »Sind die nicht putzig?«, Mark Siemons, 17.04.2007.

32 Siehe www.tagesschau.de, »Auf dem Weg zur totalen Überwachung«, Axel Dorloff, Daniel Satra, 24.03.2019.

Wie geht das? Verzicht in der Praxis – Teil 1

1 Siehe www.deutsche-apotheker-zeitung.de, »Intervallfasten ohne Vorteile«, Dr. Petra Jungmayr, 18.05.2017.

2 Siehe www.spektrum.de, »Muss Wachstum sein?«, Peter Victor, 26.11.2010.

3 Herman E. Daly, »Wirtschaft jenseits von Wachstum«, Verlag Anton Pustet, München, 1999, S. 226.

4 Hannoversche Beteiligungsgesellschaft Niedersachsen mbH, »2016 Business Report«, 28.04.2017, auf www.mf.niedersachsen.de.

5 Land Niedersachsen, »Haushaltsplan für das Haushaltsjahr 2015 – Einzelplan 15«, S. 168 ff., auf www.mf.niedersachsen.de.

6 Siehe www.nlwkn.niedersachsen.de, »Küstenschutz und Deichbau in Niedersachsen: Antworten auf häufig gestellte Fragen«.

7 Siehe www.wiwo.de, »So abhängig ist Deutschland von der Autoindustrie«, Martin Selwert, Stefan Recclus, 27.07.2017.

8 »Motorschaden«, Ullrich Fichtner et al., in Der Spiegel, Nr. 44, 26.10.2019.

9 Siehe www.zeit.de, »Jungen Städtern sind Autos nicht mehr wichtig«, 19.08.2018.

10 Niko Paech, Björn Paech, »Vom Wachstumsdogma zur Postwachstumsökonomie«, erschienen in Huncke, W. et al., »Wege in die Nachhaltigkeit«, Hessische Landeszentrale für politische Bildung, Wiesbaden, 2013.

11 Grundgesetz für die Bundesrepublik Deutschland, Art. 104b, Abs. 1, Nr. 3, siehe dazu auch Kommentar BeckOK Grundgesetz, Eppinger/Hillgruber, 41. Edition zu Art. 104b, Rn. 11–14.

12 Siehe www.spiegel.de, »Rückkehr der Milliardenhilfen?«, David Böcking, 14.08.2019.

13 Herman E. Daly, »Wirtschaft jenseits von Wachstum«, Verlag Anton Pustet, Salzburg, 1999, S. 47.

14 Ebd., S. 113.

15 Siehe https://data.oecd.org, OECD Data, Gross domestic product (GDP).

16 Siehe www.ntv.de, »Hamburg im ›Schulkrieg‹«, 17.07.2010.

17 Siehe ebd., 17.07.2010; www.daserste.ndr.de, »Kampf um Schulreform: Eliten wollen unter sich bleiben«, Fernsehbeitrag, 18.02.2010.

18 Siehe www.spiegel.de, »Grünenpolitikerin Andreae wird Chefin von Energieverband«, 13.08.2019.

19 Siehe www.nwzonline.de, »Zukunft in Niedersachsen«, Klaus Wieschemeyer, 06.08.2019.

20 Siehe www.zeit.de, »Der Schein trägt«, Elisabeth Raether, 07.08.2019.

21 Boston Consulting Group, Prognos, »Klimapfade für Deutschland«, Philipp Gerbert et al., Studie im Auftrag des BDI, Januar 2018, auf www.vci.de.

22 Bei einem Reduktionsziel bei Treibhausgasen von 80 Prozent bis 2050.

23 Siehe www.deutschlandfunkkultur.de, »Ressourceneffizienz ist nicht genug«, 30.04. 2018.

24 Siehe www.sueddeutsche.de, »Kerosinverbrauch deutscher Airlines minimal gestiegen«, 03.07.2017.

25 Siehe www.swr.de, »Wie viel Energie braucht das Netz?«, Jörg Hommer, Pascal Kiss, 02.01.2017.

26 Siehe www.zdf.de, »Energieintensive Herstellung: Smartphones 2040 die größten Klimakiller«, Elisabeth Schmidt, 31.05.2018.

27 Niko Paech, Björn Paech, »Vom Wachstumsdogma zur Postwachstumsökonomie«, erschienen in Huncke, W. et al., »Wege in die Nachhaltigkeit«, Hessische Landeszentrale für politische Bildung, Wiesbaden, 2013.

28 Ebd.

29 Herman E. Daly, »Wirtschaft jenseits von Wachstum«, Verlag Anton Pustet, Salzburg, 1999, S. 134.

30 Ebd., S. 195.

31 Siehe www.umweltbundesamt.de, »Textilindustrie«, 15.08.2014.

32 Berlin Institut für Bevölkerung und Entwicklung, »Was tun, wenn das Wachstum schwindet?«, Berlin, Juni 2017, S. 49.

33 Helmholtz Zentrum für Umweltforschung, »Identifying barriers towards a post-growth economy – a political economy view«, Sebastian Strunz, Harry Schindler, November 2017.

34 Berlin Institut für Bevölkerung und Entwicklung, »Was tun, wenn das Wachstum schwindet?«, Berlin, Juni 2017. S. 66.

35 Brian Czech, Herman E. Daly: »Die Steady-State-Ökonomie: Was sie ausmacht, was sie mit sich bringt und was sie genau bedeutet«, in »Wissenschaft & Umwelt interdisziplinär«, Nr. 13, 2009, S. 115–121.

36 Herman E. Daly, »Wirtschaft jenseits von Wachstum«, Verlag Anton Pustet, 1999, München, S. 197.

37 Siehe www.zoll.de, »Antidumping«, abgerufen Dez. 2019.

38 Berlin Institut für Bevölkerung und Entwicklung, »Was tun, wenn das Wachstum schwindet?«, Berlin, Juni 2017.

39 Herman E. Daly, »Wirtschaft jenseits von Wachstum«, Verlag Anton Pustet, 1999, München, S. 205.

40 Ebd., S. 201.

41 Ebd., S. 263 u. 264.

42 Berlin Institut für Bevölkerung und Entwicklung, »Was tun, wenn das Wachstum schwindet?«, Berlin, Juni 2017, S. 41.

43 Elmar Altvater: »Horror vor Null-Wachstum«, in »Wissenschaft & Umwelt interdisziplinär«, Nr. 13, 2009, S. 101–109.

44 Siehe https://data.worldbank.org, »GDP growth (annual %) – Japan«; Helene Schuberth: »Nullwachstum – Schrecken für Reich, Arm und Umwelt? Eine Replik«, in »Wissenschaft & Umwelt interdisziplinär«, Nr. 13, 2009, S. 110–114.

45 Christian Kerschner: »Unerreichbare Ziele«, in »Wissenschaft & Umwelt interdisziplinär«, Nr. 13, 2009, S. 122–134.

46 Niko Paech, Björn Paech, »Vom Wachstumsdogma zur Postwachstumsökonomie«, erschienen in Huncke, W. et al., »Wege in die Nachhaltigkeit«, Hessische Landeszentrale für politische Bildung, Wiesbaden, 2013.

47 Siehe www.oekorausch.de, »Wirtschaft ohne Wachstum«, Lenka Petzold, 06.10.2017.

48 Niko Paech, Björn Paech, »Vom Wachstumsdogma zur Postwachstumsökonomie«, erschienen in Huncke, W. et al., »Wege in die Nachhaltigkeit«, Hessische Landeszentrale für politische Bildung, Wiesbaden, 2013.

49 Dr. Norbert Reuter, »Stagnation im Trend – Leben mit gesättigten Märkten, stagnierenden Ökonomien und verkürzten Arbeitszeiten«, zuerst erschienen in »Wissenschaft & Umwelt interdisziplinär«, Nr. 13, 2009, S. 176–188.

50 Einleitung zum Kapitel »Wohlstand neu definieren«, in Tim Jackson, »Wohlstand ohne Wachstum – das Update«, oekom-Verlag, München, 2017,

51 Siehe https://steadystate.org.

52 Herman E. Daly, »Wirtschaft jenseits von Wachstum«, Verlag Anton Pustet, München, 1999, S. 262 ff.

53 Einleitung zum Kapitel »Wohlstand neu definieren« in Tim Jackson, »Wohlstand ohne Wachstum – das Update«, oekom-Verlag, München, 2017.

54 Dr. Norbert Reuter, »Stagnation im Trend – Leben mit gesättigten Märkten, stagnierenden Ökonomien und verkürzten Arbeitszeiten«, zuerst erschienen in »Wissenschaft & Umwelt interdisziplinär«, Nr. 13, 2009, S. 176–188.

55 Berlin Institut für Bevölkerung und Entwicklung, »Was tun, wenn das Wachstum schwindet?«, Berlin, Juni 2017.

56 Zitat des Politikwissenschaftlers Elmar Altvater in Dr. Norbert Reuter, »Stagnation im Trend – Leben mit gesättigten Märkten, stagnierenden Ökonomien und verkürzten Arbeitszeiten«, zuerst erschienen in »Wissenschaft & Umwelt interdisziplinär«, Nr. 13, 2009, S. 176–188.

57 Sabine Donauer, »Faktor Freude«, edition Körber Stiftung, Hamburg, 2015.

58 Bertelsmann Stiftung, Umfrage in Deutschland, Zeitraum 12.7. bis 13.7.2010, »Bürger wollen kein Wachstum um jeden Preis«.

59 Die Zahl gilt für das Jahr 2016, Quelle: »Daten und Fakten zum deutschen Forschungs- und Innovationssystem – Datenband Bundesbericht Forschung und Innovation 2018«, hrsg. vom Bundesministerium für Bildung und Forschung, Berlin, Juni 2018. Hinweis: Es handelt sich um Projekt- und Ressortforschung (Ressortforschung: Forschungsaufträge, die von den Ministerien zur Vorbereitung von politischen Entscheidungen vergeben werden).

60 Siehe www.focus.de, »Diesel-Verbote kommen bundesweit: Enteignung der Autofahrer beginnt erst«, Sebastian Viehmann, 08.09.2018.

61 Siehe www.wirtschaftslexikon.gabler.de, Definition des Begriffes Enteignung: »die vollständige oder teilweise Entziehung vermögenswerter Rechtspositionen im Sinn des Art. 14 I 1 GG (Eigentum) durch einen gezielten hoheitlichen Rechtsakt zum Wohl der Allgemeinheit, d. h. zur Erfüllung bestimmter öffentlichen Aufgaben.«

62 Siehe www.adac.de, »Dieselfahrverbot: Alle Fragen und Antworten«, 01.08.2019.

63 Siehe www.stuttgarter-zeitung.de, »18.000 Diesel müssen in die Garage«, Konstantin Schwarz, 31.03.2019.

64 Siehe www.heise.de, »Berlin: Diesel-Fahrverbote in acht Straßen«, Volker Briegleb, 23.07.2019.

65 Siehe www.hessenschau.de, »Dieselfahrverbot in Darmstadt – Fragen und Antworten«, 01.06.2019.

66 Siehe www.hamburg.de, »FAQ Dieseldurchfahrtsbeschränkungen«, Behörde für Umwelt und Energie.

67 Landeshauptstadt Stuttgart, Tiefbauamt, »Straßennetz in Stuttgart seit 1980 nach Art und Länge«, Tabelle Nr. 495.

68 Siehe www.bmvi.de, »Infrastruktur«, Mai 2019.

69 Siehe dazu auch: www.stuttgarter-nachrichten.de, »Enteignet durch das Fahrverbot?«, Christoph Link, 25.01.2019.

70 Das betrifft alle Benziner ab dem Jahr 2000 und Diesel ab dem Jahr 2006 zugelassen, Quelle: www.faz.net, »Madrid verbannt Autoverkehr aus der Innenstadt«, 30.11.2018.

71 Siehe www.taz.de, »Luft sauberer dank Fahrverboten«, Reiner Wandler, 09.05.2019.

72 Siehe www.taz.de, »Madrid gibt wieder Gas«, Reiner Wandler, 19.06.2019.

73 »Repräsentative Erhebung von Pro-Kopf-Verbräuchen natürlicher Ressourcen in Deutschland (nach Bevölkerungsgruppen)«, Silke Kleinhückelkotten, H.-Peter Neitzke, Stephanie Moser, Dessau-Roßlau, in Umweltbundesamt, TEXTE 39/2016, Januar 2016, auf www.umweltbundesamt.de.

74 Siehe www.spiegel.de, »So könnte eine deutsche CO_2-Steuer funktionieren«, 26.04. 2019, David Böcking.

75 Siehe www.br.de, »CO_2-Steuer: In mehreren EU-Ländern längst Standard«, 12.07.2019.

76 Deutsch französisches Büro für die Energiewende, »CO_2-Bepreisung in Frankreich«, Marie Boyette, Februar 2018.

77 Um den ökologischen Fußabdruck zu ermitteln, wird der Lebensstandard eines Menschen und der daraus resultierende ökologische Aufwand in Flächenverbrauch als einheitliches Maß umgerechnet.

78 »Size matters – Canada's Ecological Footprint, By Income«, Hugh Mackenzie et al., Canadian Center for policy alternatives, 2008, auf www.policyalternatives.ca.

79 Median: Teilt die Verteilung (hier des Haushaltseinkommens) in zwei gleich große Teile. »Der Median ist der mittlere Wert eine Gruppe von Zahlen, die nach Größe sortiert sind. Der Median entspricht der Zahl, welche genau in die Mitte diese Gruppe fällt und diese so teilt, dass 50 % der nach Größe sortierten Zahlen darüber und 50 % der Zahlen darunter liegen.« (eurostat, »Statistics Explained«, auf https://ec.europa.eu; Statistische Monatshefte Niedersachsen 10/2019).

80 Bezugsjahr: 2013, Statistisches Bundesamt, Fachserie 15, Heft 6, »Wirtschaftsrechnungen – Einkommens- und Verbrauchsstichprobe – Einkommensverteilung in Deutschland«, 15. März 2018, auf www.destatis.de.

81 Siehe www.diw.de, »20 Jahre Ökosteuer: finanz- und sozialpolitisch top, umweltpolitisch ein Flop«, Pressemitteilung, 27.03.2019.

82 Ebd.

83 Bündnis 90/Die Grünen, »Programm zur Bundestagswahl '98 – Grün ist der Wechsel«, auf www.boell.de, die entsprechende Passage lautet: »Wir wollen die einmalige Erhöhung der Mineralölsteuer im ersten Jahr um 50 Pfennig und schrittweise in den Folgejahren um jeweils 30 Pfennig. Nach unserem Konzept würde 1 Liter Benzin nach 10 Jahren rund 5 DM kosten.«

84 Siehe www.taz.de, »5 Mark pro Liter Benzin«, Hanna Gersmann, 30.08.2014.

85 Die Abgabe bezieht sich allerdings vor allem auf den Wärmebereich und erfasst weder Strom noch Mobilität, siehe dazu: Internationale Politik und Gesellschaft, »Klima als Verliererthema«, Christoph Gatz, 05.08.2019, auf www.ipg-journal.de.

86 Internationale Politik und Gesellschaft, »Klima als Verliererthema«, Christoph Gatz, 05.08.2019, auf www.ipg-journal.de.

87 Siehe www.handelsblatt.com, »Das Märchen von den Millennials, die sich nicht für Besitz interessieren«, Norbert Häring, 05.08.2019.

88 Menschen, die zwischen 1980 und 2000 geboren wurden.

89 Siehe www.spiegel.de, »So haben die Millennials die Arbeitswelt verändert«, Lena Greiner, 01.03.2018.

90 Siehe www.tagesschau.de, »Spaß, Selbstverwirklichung und Yoga«, 22.10.2015.

91 Siehe www.handelsblatt.com, »Das Märchen von den Millennials, die sich nicht für Besitz interessieren«, Norbert Häring, 05.08.2019.

92 MIT Center for Energy an Environmental Policy Research, »Generational Trends in Vehicle Ownership and Use: Are Millennials Any Different?«, Christopher R. Knittel, Elizabeth Murphy, April 2019, S. 13, www.ceepr.mit.edu.

93 Zitiert nach www.br.de, »Geschichte des Eigentums«, 27.06.2007.

94 Siehe www.kba.de, »Jahresbilanz des Fahrzeugbestandes am 1. Januar 2019«.

95 Siehe www.statista.com, »Bevölkerung – Zahl der Einwohner in Deutschland nach Altersgruppen am 31. Dezember 2017 (in Millionen)«.

96 Siehe www.sueddeutsche.de, »Wie man sich Mobilität ohne eigenes Auto kaufen kann«, Max Hägler, Christina Kunkel, 07.01.2019.

97 Es handelt sich um den Škoda Octavia Kombi, www.adac.de, »Die 10 günstigsten Autos der Mittelklasse im ADAC Autokosten-Check«, 26.08.2019.

98 Siehe www.kek-online.de, »Fernsehnutzung«, abgerufen September 2019.

99 Siehe www.allilanz-pro-schiene.de, »Daten & Fakten«, 07/2019.

100 Siehe www.diepresse.com, »Sharing-Economy ist nicht wirklich ökologischer«, 09.08. 2019.

101 Siehe www.carsharing.de, »CarSharing entlastet Umwelt und Verkehr«, abgerufen September 2019; www.wiwo.de, »Warum Carsharing der Umwelt nicht hilft«, Dominik Reintjes, 07.09.2018.

102 Siehe www.wiwo.de, »Warum Carsharing der Umwelt nicht hilft«, Dominik Reintjes, 07.09.2018.

103 Siehe www.dw.com, »Mehr Nachhaltigkeit durch ›Sharing Economy‹?«, Hilke Fischer, 19.09.2015.

104 Siehe www.diepresse.com, »Sharing-Economy ist nicht wirklich ökologischer«, 09.08. 2019.

105 Siehe www.malteser.de, »Teilen statt Kaufen: Sharing Economy«, abgerufen September 2019.

In medias res – die Herausforderungen (eine Auswahl)

1 Siehe www.mdr.de, »Kleine Furzologie – eine Kulturgeschichte des Pupsens«, Michael Schulte.

2 Siehe www.fr.de, »Primark schadet Umwelt und Mensch – wie sehr, zeigt jetzt eine Studie«, Kathrin Hartmann, 14.06.2019.

3 »Menschenrechte? Später mal«, Nils Klawitter, in Der Spiegel, Nr. 9, 2018, 24.02.2018.

4 Siehe https://sz-magazin.sueddeutsche.de, »Im Kaufrausch«, Silke Wichert, 11.09.2016.

5 Ebd.

6 »Pulse of the fashion industry«, Global Fashion Agenda and The Boston Consulting Group, 2017, auf www.globalfashionagenda.com.

7 Siehe www.spiegel.de, »So irrsinnig ist das Geschäft mit der Wegwerfmode«, Philip Bethge et al., 09.01.2018.

8 Siehe www.fr.de, »Primark schadet Umwelt und Mensch – wie sehr, zeigt jetzt eine Studie«, Kathrin Hartmann, 14.06.2019.

9 Ebd.

10 Siehe hierzu auch https://de.wikipedia.org, »Konsumismus«

11 Siehe www.faz.net, »Keine neuen Pumps, keine teure Ökotour«, Nina Rehfeld, 07.11.2007.

12 Ebd.

13 Siehe www.umweltbundesamt.de, »Flächenverbrauch in Deutschland und Strategien zum Flächensparen«, 01.08.2019.

14 Siehe www.umweltbundesamt.de, »Struktur der Flächennutzung«, 27.11.2019.

15 Niedersächsisches Ministerium für Umwelt und Klimaschutz, 6. Regierungskommission, »Abschlussbericht des Arbeitskreises ›Flächenverbrauch und Bodenschutz‹«, S. 12, Dezember 2011.

16 Siehe www.umweltbundesamt.de, »Flächenverbrauch in Deutschland und Strategien zum Flächensparen«, 01.08.2019 sowie »Siedlungs- und Verkehrsfläche«, 27.11.2019.

17 Siehe www.umweltbundesamt.de, »Siedlungs- und Verkehrsfläche«, 27.11.2019.

18 Niedersächsisches Ministerium für Umwelt und Klimaschutz, 6. Regierungskommission, »Abschlussbericht des Arbeitskreises ›Flächenverbrauch und Bodenschutz‹«, S. 5, Dezember 2011.

19 Siehe www.umweltbundesamt.de, »Flächensparen – Böden und Landschaften erhalten«, 01.08.2019.

20 Niedersächsisches Ministerium für Umwelt und Klimaschutz, 6. Regierungskommission, »Abschlussbericht des Arbeitskreises ›Flächenverbrauch und Bodenschutz‹«, S. 12, Dezember 2011.

21 Siehe www.spiegel.de, »Der absehbare Zufall«, Gisela Gross, 30.12.2018.

22 Siehe www.wiwo.de, »Was die Deutschen für Silvester ausgeben«, 29.12.2014.

23 Siehe www.umweltbundesamt.de, »Dicke Luft zum Jahreswechsel«, 27.12.2018.

24 Siehe www.lgl.bayern.de, Bayerisches Landesamt für Gesundheit und Lebensmittelsicherheit, »Gesundheitliche Bewertung der PM10- und Feinstaub-Problematik«, Prof. Dr. med. Hermann Fromme, 13.02.2019.

25 Siehe www.umweltbundesamt.de, »Feinstaub«, 05.01.2018; Vortrag Dirk Wintermeyer (Umweltbundesamt) et al., »Feinstaub in der Außenluft – ein Gesundheitsrisiko in Deutschland?« auf https://mobil.bfr.bund.de/cm/343/feinstaub-in-der-aussenluft-ein-gesundheitsrisiko-in-deutschland.pdf.

26 Siehe www.lgl.bayern.de, Bayerisches Landesamt für Gesundheit und Lebensmittelsicherheit, »Gesundheitliche Bewertung der PM10- und Feinstaub-Problematik«, Prof. Dr. med. Hermann Fromme, 13.02.2019.

27 Siehe www.duh.de, Pressemitteilung vom 23.10.2019, »Deutsche Umwelthilfe beantragt in 98 mit Feinstaub belasteten Städten den Stopp der Feuerwerk-Böllerei und zeigt saubere Alternativen für Silvester auf«.

28 Siehe www.noz.de, »Lässt sich Osnabrück das Böllern verbieten?«, Jörg Sanders, 24.10.2019.

29 Siehe www.wifr.com, »Fireworks: What's Legal, What's Not in Illinois«, 28.06.2019; Office of the Illinois State Fire Marshal, »Aproved an prohipited consumer fireworks and unregulated novelties«, 23.03.2015, https://www2.illinois.gov.

30 Siehe www.bundestag.de, »Zoos in Deutschland mit Wachstum«, Bericht aus dem Tourismus-Ausschuss vom 27.06.2018.

31 Verband der Zoologischen Gärten e.V., FAQs, »Wie viele Zoos gibt es und wie viele Menschen besuchen sie?«, auf www.vdz-zoos.org.

32 Ebd.

33 Siehe https://ze.tt/, »Tiere hinter Gittern: Weg mit den Zoos!«, Philipp Kienzl.

34 Siehe www.peta.de, »Die 10 größten Irrtümer über Zoos«, April, 2018.

35 Siehe https://ze.tt/, »Tiere hinter Gittern: Weg mit den Zoos!«, Philipp Kienzl.

36 Ebd.

37 Siehe www.haz.de, »›Peinlich für Deutschland‹: Expertin verurteilt Wildtierhaltung im Zirkus«, Interview mit Charlene Wolf, Flemming Goldbecher, 03.05.2019.

38 Siehe www.taz.de, »Tod auf der Rennbahn«, Maximilian König, 15.09.2017.

39 Siehe www.peta.de, »Haustiere«, abgerufen im November 2019.

40 Siehe www.peta.org, »Aquariums and Marine Parks«.

41 Siehe www.spiegel.de, »Diskussion um Zoo-Schließungen in Costa Rica«, 08.08.2013.

42 Siehe www.sueddeutsche.de, »Manege frei von Tieren?«, Cristina Helberg, 05.06.2017.

43 »Bye Bye Beautiful«, Thilo Neumann, in Der Spiegel, Nr. 45, 02.11.2019.

44 Siehe www.nw.de, »Händler in Kalifornien dürfen nur noch Welpen aus Tierheimen verkaufen«, Talin Dilsizyan, 03.01.2019; ursprünglich www.bento.de, nun auf www.spiegel.de, »US-Bundestaat Maryland verkauft keine Welpen mehr in Tierhandlungen«, Maren Schwarz, 25.04.2018.

45 Siehe www.faz.net, »An den Finanzmärkten steigt das Fieber«, Markus Frühauf, 12.12.2015.

46 Siehe www.nzz.ch, »Ausnahmezustand am Schweizer Kapitalmarkt«, Anne-Barbara Luft, 23.08.2019.

47 Siehe www.wiwo.de, »Gut fürs Gewissen und die Rendite«, Leonard Kehnscherper, 14.09.2017.

48 Ebd.

49 Ebd.

50 Siehe www.wind-energie.de, »Markteinbruch um zwei Drittel …«, Bundesverband Windenergie, Pressemitteilung vom 28.08.2018.

51 Siehe www.sueddeutsche.de, »Gold kann nichts, außer glänzen«, Victor Gojdka, 17.04.2019.

52 Siehe www.spiegel.de, »Das Blut, das an den Barren klebt«, Alexander Jung, 20.09.2019

53 Siehe www.sueddeutsche.de, »Gold kann nichts, außer glänzen«, Victor Gojdka, 17.04.2019.

54 Siehe www.spiegel.de, »Das Blut, das an den Barren klebt«, Alexander Jung, 20.09.2019.

55 Siehe www.spiegel.de, »Die Öl-Nation Norwegen wird immer grüner«, Claus Hecking, 12.06.2019.

56 Siehe www.faz.net, »Die schwäbische Hausfrau«, Patrick Bernau, 16.05.2010.

57 Siehe www.deutschlandfunk.de, »Keine Neuverschuldung geplant«, Theo Geers, 23.11.2018.

58 Siehe www.deutschlandfunk.de, »Fluch und Segen der schwarzen Null«, Theo Geers, 14.05.2018.

59 Siehe www.zeit.de, »Bröckelland?«, Mark Schieritz, 27.07.2017.

60 Siehe www.faz.net, »Deutschland hat 52 Milliarden Euro weniger Schulden«, 31.07.2019; www.wiwo.de, »Vergesst die Schwarze Null!«, Marcel Fratzscher, Claus Michelsen, 02.03.2019.

61 Siehe www.nzz.ch, »Der Trend zu Anleihen mit Negativrendite nimmt zu«, Andreas Uhlig, 11.08.2019.

62 Siehe www.spiegel.de, »Erstmals alle Bundesanleihen mit negativen Zinsen«, 02.08.2019.

63 Siehe www.sueddeutsche.de, »Wer Deutschland zehn Jahre Geld leiht, zahlt jetzt drauf«, 14.06.2016.

64 Siehe www.autoblog.com, »The cars of notorious dictators«, Erin Marquis, 21.04.2015.

65 Siehe www.dw.com, »Putin fährt jetzt ›made in Russia‹«, 07.05.2018.

66 Siehe www.focus.de, »Erdogans Krieg gegen die Kurden: Welche Rolle deutsche Waffen in Nordsyrien spielen«, Christoph Giese, 17.10.2019.

67 Ebd.

68 Dabei handelt es sich um Einrichtungen, die es erlauben, eine Waffe, zum Beispiel ein Maschinengewehr, aus dem Inneren eines Militärfahrzeuges zu bedienen.

69 Siehe www.br.de, »Jemen-Krieg: Deutsche Waffen spielen größere Rolle als bekannt«, Philip Grüll et al., 27.02.2019.

70 Bundesministerium für Wirtschaft und Energie, »Bericht der Bundesregierung über ihre Exportpolitik für konventionelle Rüstungsgüter im ersten Halbjahr 2019«, Berlin, November 2019, auf www.bmwi.de.

71 The Economist, »Democracy Index 2018: Me too?«, London, 2019, auf www.eiu.com.

72 Siehe www.swr.de, »Was aß der Mensch vor rund 1.000 Jahren?«, Ana Rios, 14.01.2015

73 Siehe www.historisches-lexikon-bayerns.de, »Ernährung (Spätmittelalter/Frühe Neuzeit)«, Barbara Kink.

74 Bundesministerium für Ernährung und Landwirtschaft, »Zeitreise durch die Ernährung«, Berlin, 2018, auf www.bmel.de.

75 Eine Pflanzenart, die biologisch nicht zu den Getreiden gehört, in der Verwendung aber ähnlich ist.

76 Siehe www.focus.de, »Vergessen Sie Superfoods! Heimische Produkte sind besser und günstiger«, Urs Marti, 12.09.2018.

77 Siehe www.verbraucherzentrale.de, »Superfood: Diese Alternativen sind gesund und günstig«, 18.07.2019.

Wie geht das? Verzicht in der Praxis – Teil 2

1 Abgerufen im September 2019.

2 Niko Paech, Björn Paech, »Vom Wachstumsdogma zur Postwachstumsökonomie«, erschienen in Huncke, W. et al., »Wege in die Nachhaltigkeit«, Hessische Landeszentrale für politische Bildung, Wiesbaden, 2013.

3 Siehe www.planet-wissen.de, »Wölfe in Deutschland«.

4 Siehe www.mdr.de, »Umfrage: Deutsche sehen den Wolf positiv«, 18.04.2019.

5 Siehe dazu auch www.wwf.at, »Mutter-Erde-Studie zu Konsumverhalten zeigt: ›Wir nutzen Gegenstände tendenziell länger, aber es ginge noch mehr‹«, Sarah Bimingstorfer, 04.06.2019.

6 Siehe www.taz.de, »Wir brauchen eine Verbotspartei«, Sebastian Erb, 17.06.2019.

7 Bundesverband der Energie- und Wasserwirtschaft, www.bdew.de.

8 Siehe www.bdew.de, »Beschluss zum Kohleausstieg schafft Planungssicherheit«.

9 Siehe www.zeit.de, »Unter Strom«, Matthias Breitinger, Tina Groll, 17.10.2018.

10 Bundesanstalt für Arbeitsschutz und Arbeitsmedizin, »Nationales Asbest-Profil Deutschland«, Dortmund, Berlin, Dresden 2015, auf www.bmas.de.

11 (EU) 2016/679 auf www.eur-lex.europa.eu.

12 Siehe www.aerzteblatt.de, »Tabakkonsum in den USA: Erfolgreicher Kampf gegen den Rauch«, Nora Schmitt-Sausen, Nr. 48, 2014.

13 Siehe www.bundeswahlleiter.de, »Bundestagswahl 2017: 61,5 Millionen Wahlberechtigte«, Pressemitteilung 01/17, 03.02.2017.

14 Siehe www.spiegel.de, »Was heißt das eigentlich noch, ›liberal‹?«, Christian Stöcker, 04.08.2019.

15 Siehe www.focus.de, »Ab wann verbieten welche Länder Benzin- und Dieselautos?«, Sebastian Viehmann, 21.09.2018.

16 Siehe www.spiegel.de, »Wissenschaftler fordern Ende der kostenlosen Rücksendung«, 11.12.2019.

17 Ebd.

18 Siehe dazu auch Harald Welzer, »Nachhaltigkeitstransformation ist eine Sache der Praxis«, in Aus Politik und Zeitgeschichte, Nr. 47–48, 2019.

19 IPCC Special Report, »Global warming of 1,5 °C«, Kap. 4.4.3.1., Valérie Masson-Delmotte et al., 2018, auf www.ipcc.ch.

20 Siehe www.faz.net, »Die Stunde der Selbstgerechten«, Stefan Tomik, 27.03.2009.

21 Siehe www.suedkurier.de, »Waffenrecht auch zehn Jahre nach dem Amoklauf von Winnenden umstritten«, 08.03.2019; siehe auch »Angst vor den Schützen«, Petra Bornhöft et al., in Der Spiegel, Nr. 13, 2009.

22 Siehe www.suedkurier.de, »Waffenrecht auch zehn Jahre nach dem Amoklauf von Winnenden umstritten«, 08.03.2019.

23 Siehe dazu https://causa.tagesspiegel.de, »Öko-Autoritär? Nein, Danke!«, Ralf Fücks.

Von Lifestyle, Gutsherren und Trittbrettfahrern

1 Siehe www.stern.de, »Zwischen diesen Fotos liegen 14 Jahre: Wie Moderatorin Anastasia jung bleibt«, 15.03.2017.

2 Siehe www.vice.de, »Ich habe fünf Tage lang wie Gwyneth Paltrow gelebt«, Michael Buchinger, 15.10.2015.

3 Siehe www.faz.net, »Ein Scheck vom Präsidenten«, 03.04.2017.

4 Siehe www.spiegel.de, »Die Ein-Dollar-Elite der Wall Street«, Marc Pitzke, 07.04.2008.

5 Zitiert nach www.spiegel.de, »Die Ein-Dollar-Elite der Wall Street«, Marc Pitzke, 07.04.2008.

6 Ebd.

7 Siehe dazu beispielsweise https://causa.tagesspiegel.de »Öko-Autoritär? Nein, Danke!«, Ralf Fücks.

8 Siehe »The Joint Appeal in Religion and Science: Statement by Religious Leaders at the Summit on Environment«, 03.06.1991, New York City, auf https://fore.yale.edu/sites/default/files/files/Joint%20Appeal.pdf.

9 Siehe www.evkirche-erlenbach.de, »Klimawandel und die Folgen. Ein Predigt-Slam am Buß- und Bettag 2018«.

10 1. Timotheus 6, abgerufen auf https://www.bibelwerk.shop/einheitsuebersetzung/.

11 Siehe www.die-linke.de, »Das Klima, nicht den Kapitalismus retten«, Bernd Riexinger, Lorenz Gösta Beutin, 28.06.2019.

12 Siehe @rootsandwingslifestyle.

13 Alle Zitate aus der Puls-Reportage »Nachhaltig reisen: Wie geht umweltbewusster Urlaub?«, auf YouTube.

14 Luftfahrt-Bundesamt, www.lba.de, Statistik: »Anzahl der in Deutschland zum Verkehr zugelassenen Luftfahrzeuge«.

15 Siehe www.daec.de, »Zahlen, Daten, Fakten 2018«.

16 Siehe www.daec.de, »Fliegen lernen«.

17 »Mei, jetzt schalt' i um«, Interview von Bettina Musall mit Andrea Winkler, in Der Spiegel, Nr. 17, 1999.

18 Siehe www.kba.de, »Bestand an Krafträdern am 1. Januar 2019 sowie die Fahrzeugdichte«, Stand: 1. Januar 2019.

19 Siehe www.dw.com, »Sturmjäger – Leidenschaft für extremes Wetter«, Judith Hartl, 01.10.2013.

Über Konsumenten und andere Extremisten

1 Das Original-Zitat lautet: »Ich bin für Realitätssinn. Von Kindern und Jugendlichen kann man nicht erwarten, dass sie bereits alle globalen Zusammenhänge, das technisch Sinnvolle und das ökonomisch Machbare sehen. Das ist eine Sache für Profis«, zitiert nach www.spiegel.de, »Eine Sache für Profis«, 10.03.2019.

2 Siehe www.n-tv.de, »1,4 Millionen demonstrieren in Deutschland«, 20.09.2019.

3 Siehe https://volksbegehren-artenvielfalt.de/.

4 »#berlin #sommer«, in Der Spiegel, Nr. 32, 04.08.2018.

5 »Die Welt retten, ohne sich einzuschränken – geht das?«, Simon Hage et al., in Der Spiegel, 12.07.2019.

6 Siehe www.porsche.com, »Club Mitgliedschaft«.

7 Siehe www.sueddeutsche.de, »Dreckige Provokation«, Thomas Harloff, 11.07.2014.

Nicht erschrecken – es ist nur Verzicht

1 Massimo Montanari, »Der Hunger und der Überfluss: Kulturgeschichte der Ernährung in Europa«, C. H. Beck., München, 1993.

2 Beide Beispiele aus Amartya Sen, »Poverty and Famines. An Essay on Entitlement and Deprivation.« Clarendon Press, Oxford, 1982.

3 Dominik Collet, »Hungern und Herrschen. Umweltgeschichtliche Verflechtungen der Ersten Teilung Polens und der europäischen Hungerkrise 1770–1772«, Franz Steiner Verlag, Stuttgart, 2014.

4 Siehe www.aerzteblatt.de, »Erster Weltkrieg 1914–1918: Hunger und Mangel in der Heimat«, 2015, Prof. Dr. med. Wolfgang U. Eckart.

5 »Zeit für den grünen Wandel«, Bundestagswahlprogramm 2013, Bündnis 90/Die Grünen.

6 Siehe www.deutschlandfunkkultur.de, »Der Aufbau Ost nach der Wende«, 21.10.2015, Wolf-Sören Treusch.

7 Siehe www.focus.de, »Kohl gab intern zu: Wahlkampfversprechen ›blühender Landschaften‹ war ein »Fehler«, 26.05.2018.

8 Siehe www.vorwaerts.de, »Die SPD und die deutsche Einheit«, Renate Faerber-Husemann, 02.10.2015.

9 Internationale Politik und Gesellschaft, »Klima als Verliererthema«, Christoph Gatz, 05.08.2019, aus www.ipg-journal.de.

10 Siehe www.tagesschau.de, »Ein Vorschlag und viele offene Fragen«, Marcel Heberlein, 07.08.2019.

11 Rundblick – Politikjournal für Niedersachsen, Nr. 133, 08.08.2019, »Höhere Fleisch-Steuer stößt bei Otte-Kinast auf Ablehnung«.

12 Zitiert nach www.sueddeutsche.de, »Nacht der langen Formeln«, Michael Bauchmüller et al., 20.09.2019.

13 Siehe www.br.de, »Klimaschutz und Verkehr: ›Mobilität wird teurer werden‹«, Kirsten Girschick, 24.03.2019.

14 Ein Beispiel findet sich hier: Kreishandwerkerschaft Essen, Pressemitteilung vom 18.07.2018, »Kreishandwerkerschaft Essen fordert ›grüne Welle‹ nicht nur für die Alfredstraße«.

15 Siehe https://vm.baden-wuerttemberg.de, »Fragen und Antworten – Wirkungsgutachten Luftreinhalteplan Stuttgart«, siehe Antwort zu der Frage »Hilft eine ›Grüne Welle‹ die Luftbelastung zu senken?«.

16 Siehe www.spiegel.de, »Anschnallen bitte!«, Kai Posmik, 23.12.2010.

17 Siehe www.fr.de, »Ohne Gurt und mit 1,5 Promille – so fuhr man früher Auto«, René Kohlenberg, 07.01.2016.

18 Siehe www.spiegel.de, »Polizei fordert Null-Promille-Grenze«, 15.02.2011.

19 Zitiert nach www.deutschlandfunk.de, »Langer Streit um den blauen Dunst«, Susanne Grüter, 04.07.2018, das Zitat stammt von Prof. Heino Stöver.

20 Deutsches Krebsforschungszentrum, »Nichtraucherschutz wirkt – eine Bestandsaufnahme der internationalen und der deutschen Erfahrungen«, Ute Mons et al., Rote Reihe, Band 15, Heidelberg 2010, auf www.dkfz.de; www.spiegel.de, »Kneipen haben das Rauchverbot überlebt«, 02.01.2017.

21 Die Zahlen stammen aus dem Jahr 2010, Quelle: Deutsches Krebsforschungszentrum, »Nichtraucherschutz wirkt – eine Bestandsaufnahme der internationalen und der deutschen Erfahrungen«, Ute Mons et al., Rote Reihe, Band 15, Heidelberg 2010, auf www.dkfz.de.

22 »28. Oktober 1717: Einführung der Allgemeinen Schulpflicht durch den Soldatenkönig stösst auf Widerstand«, in RBB, »Preußen – Chronik eines deutschen Staates«, auf www.preussenchronik.de.

23 Siehe hierzu Neil Postman, »Das Verschwinden der Kindheit«, S. Fischer-Verlag, Frankfurt am Main, 1987.

24 Siehe www.tagesspiegel.de, »Die Ausbeutung der Kinder«, Andreas Austilat, 04.06.2010.

25 Ebd.

26 Sigmund Freud, »Das Unbehagen in der Kultur«, S. Fischer-Verlag, Frankfurt am Main, 1930, auf https://gutenberg.spiegel.de; siehe dazu auch www.zeit.de, »Das Leben ist zu schwer für uns«, Micha Brumlik, 04.12.2019.

27 Agora Verkehrswende, »Klimaschutz im Verkehr: Maßnahmen zur Erreichung des Sektorziels 2030«, Berlin, August 2018, auf www.agora-verkehrswende.de.

28 Siehe www.zeit.de, »Die meisten Autofahrer fahren 130«, 06.04.2019; www.spektrum.de, »Was bringt ein Tempolimit wirklich?«, Christopher Schrader, 15.02.2019.

29 Siehe www.spektrum.de, »Was bringt ein Tempolimit wirklich?«, Christopher Schrader, 15.02.2019; www.spiegel.de, »Scheuer beklagt ›ständige Gängelung‹«, 27.01.2019.

30 Siehe www.spiegel.de, »Bremsen für den Fortschritt«, 14.11.2019, Lena Frommeyer.

31 Siehe www.spiegel.de, »Lob der Langsamkeit«, Marco Evers, 15.11.2019.

32 Siehe www.spiegel.de, »Niederlande beschließen Tempo 100 auf Autobahnen«, 13.11.2019.

33 Siehe https://freedomhouse.org, »Freedom in the World 2017 – Table of Country Scores«.

34 Siehe www.katholisch.de, »Fastenzeit: 40 Tage Vorbereitung«, 17.02.2015.

35 Siehe www.focus.de, »So funktioniert der muslimische Fastenmonat«, 04.06.2019.

36 Siehe www.br.de, »Fasten als Einkehr«, 07.02.2018.

37 Siehe www.br.de, »Askese als Lebensaufgabe«, 14.02.2018.

38 Siehe www.br.de, »40 Tage bewusst leben«, 07.02.2018.

39 Siehe www.juedische-allgemeine.de, »Fasten«, Noemi Berger, 29.06.2015.

40 »Fap« bedeutet umgangssprachlich onanieren.

41 Siehe www.rnz.de, »Wie Selbstbefriedigung mittlerweile verunglimpft wird«, Alexandra Stahl, 21.04.2018.

42 Erschienen bei Hoffmann und Campe, Hamburg 2018.

43 Siehe www.spiegel.de, »Dieser Mist verdirbt uns alle!«, Interview mit Helene Laube und Guido Mingels, 02.11.2018.

44 Siehe www.spektrum.de, »Für immer offline«, Adrian Lobe, 09.08.2018.

45 Umweltbundesamt, »Gewässerschutz mit der Landwirtschaft«, Januar 2010, Dessau-Roßlau, S. 13, auf www.umweltbundesamt.de.

46 Siehe www.ksta.de, »Fasten am Bodensee – Der Luxus des Verzichts«, Lioba Lepping, 10.08.2017.

Jetzt mal grundsätzlich....

1 Siehe www.pik-potsdam.de, »Kippelemente – Achillesfersen im Erdsystem«.

2 Siehe www.zeit.de, »Was, wenn die Welt am 1,5-Grad-Ziel scheitert?«, Nick Reimer, Dagny Lüdemann, 08.08.2018.

3 Siehe www.focus.de, »Der Hang zum Trödeln ist angeboren«, 11.04.2014.

4 Siehe www.bpb.de, »Zeitleiste: Die internationalen Klimaverhandlungen – eine Chronik«, Toralf Staud, 10.02.2015.

5 »Kleine Geschichte der Klimadebatte«, Frank Uekötter, in Aus Politik und Zeitgeschichte, 69. Jg., Nr. 47-48, 18.11.2019, S. 14.

6 Siehe www.bpb.de, »Die Entdeckung des menschlichen Einflusses auf das Klima«, Christiane Beuermann, 07.05.2013.

7 »Eckpunkte für das Klimaschutzprogramm 2030« vom 20.09.2019, auf www.bundes regierung.de.

8 Siehe www.sueddeutsche.de, »Die Welt steht auf«, Michael Bauchmüller, 20.09.2019.

9 Siehe www.adac.de, »So haben sich die Spritpreise seit 1950 entwickelt«, 10.09.2019.

10 Siehe www.zeit.de, »Das kostet der CO_2-Kompromiss die Verbraucher«, Tilman Steffen, Katharina Schuler, 16.12.2019.

11 Siehe www.adac.de, »So haben sich die Spritpreise seit 1950 entwickelt«, 10.09.2019.

12 Siehe www.spiegel.de, »Gute Nacht«, Susanne Götze, 20.09.2019.

13 Siehe www.spiegel.de, »Antworten auf die zehn wichtigsten Fragen zum Klimawandel«, Mara Küpper et al., 19.09.2019.

14 Siehe www.spiegel.de, »Gute Nacht«, Susanne Götze, 20.09.2019.

15 www.sueddeutsche.de, »Die Welt steht auf«, Michael Bauchmüller, 20.09.2019.

16 Siehe www.klimafakten.de, »Warum unser Gehirn darauf programmiert ist, den Klimawandel zu ignorieren«, 25.07.2016.

17 Siehe www.tagesspiegel.de, »Klimawandel: Warum tun wir so wenig?«, Armin Lehmann, 24.01.2019.

18 Niedersächsisches Ministerium für Umwelt, Energie, Bauen und Klimaschutz, Pressemitteilung Nr. 120/2019, »Umweltminister Olaf Lies zu Klimabericht: ›Wir müssen jetzt dringend etwas für den Klimaschutz tun‹- ›Von unseren Entscheidungen heute hängt ab, wie unsere Enkelkinder leben‹«, 25.09.2019.

19 Siehe dazu www.theclimatecenter.org, Zusammenfassung von »Don't Even Think About It: Why Our Brains Are Wired To Ignore Climate Change«, von George Marshall durch Jock Gilchrist: »Climate Denial: Why climate change is the global crisis that no one talks about«, 27.03.2017.

20 Siehe beispielsweise www.manager-magazin.de, »›Verzicht ist keine Lösung‹«, Interview von Simon Hage mit Prof. Anders Levermann, 14.06.2007; www.welt.de, »›Mit Verzicht kommen wir im Klimaschutz nicht weiter‹«, Interview von Claudia Ehrenstein mit Minister Volker Wissing, 19.08.2019.

21 Siehe www.bzfe.de, »Fasten – Moderne Aspekte eines klassischen Naturheilverfahrens«, Andrea Ciro Chiappa, abgerufen Oktober 2019.

22 »Gemeinschaftsdiagnose #2–2019«, im Auftrag des Bundesministeriums für Wirtschaft und Energie, 26.09.2019, auf www.gemeinschaftsdiagnose.de.

23 Siehe www.deutschlandfunk.de, »Madrids gute Erfahrungen mit Fahrverboten«, Marc Dugge, 03.04.2019.

24 Siehe www.aerzteblatt.de, »Auswirkungen von Lärm auf das Herz-Kreislauf-System«, Omar Hahad et al., in Dtsch. Ärztebl. Int. 2019, 116: S. 245–250,

25 »Jeder kann etwas ändern«, Interview mit Prof. Sabine Gabrysch, in Der Spiegel, Nr. 32, 2019,

26 Siehe www.zeit.de, »Karls Tür«, Ulrich Grober, 10.04.2014.

27 Grundgesetz für die Bundesrepublik Deutschland, Artikel 21, Absatz 1.

28 Siehe www.faz.net, »Modi sieht Corona-Krise auch als Chance«, Sabine Hein, 07.04. 2020.

29 Siehe www.tagesspiegel.de, »Klimawandel: Warum tun wir so wenig?«, Armin Lehmann, 24.01.2019.

30 Siehe www.spiegel.de, »Was Umweltrisiken in der Geschichte bewirkten«, Interview von Johannes Saltzwedel mit John F. Haldon, 18.09.2019.